dtv

Seit der britische Soziologe Frank Furedi selbst Vater geworden ist, hat er die unter Eltern grassierende Orientierungslosigkeit, ihre Selbstzweifel und Schuldgefühle hautnah erlebt – und sich nicht anstecken lassen. In seinem frischen und klarsichtigen Buch entwirft er ein Panorama von Elternschaft heute: Mütter und Väter sind relativ allein gelassen, da das »ganze Dorf« als Miterzieher längst nicht mehr existiert. Stattdessen wartet eine Vielzahl von Experten in allen Medien mit einer Fülle von Informationen, Ratschlägen und Rezepten auf, unüberschaubar, verwirrend und oft widersprüchlich. Gerne wird dabei auch der Mythos vom »verwundbaren Kind« bemüht. Dies alles erzeugt ein allgemeines Klima der Verunsicherung und vermehrt bei den Eltern den Glauben an die eigene Inkompetenz. Ein Irrglaube, wie Frank Furedi meint. Er kennt und verrät auch einige wirksame Gegenmittel: gesunder Menschenverstand, Urteilsfähigkeit, Selbstvertrauen und Mut zur eigenen Autorität.

Frank Furedi, geboren 1947, lehrt Soziologie an der Universität Kent, ist Autor mehrerer Bücher und Vater eines Sohnes.

Frank Furedi

Warum Kinder mutige Eltern brauchen

Aus dem Englischen übersetzt
von Stefanie Schäfer

Deutscher Taschenbuch Verlag

Ungekürzte Ausgabe
März 2004
Deutscher Taschenbuch Verlag GmbH & Co. KG,
München
www.dtv.de

Die britische Originalausgabe erschien 2001 unter dem Titel
›Paranoid Parenting. Abendon Yow Anxieties and be a Good Parent‹
bei Allen Cane, The Penguin Press, London.

unter dem Titel: Die Elternparanoia.
Warum Kinder mutige Eltern brauchen
Umschlagkonzept: Balk & Brumshagen
Umschlaggestaltung: © Getty Images/David Hanover
Gesetzt aus der Times
Satz: Fuldaer Verlagsagentur, Fulda/Greiner & Reichel, Köln
Druck und Bindung: Druckerei C. H. Beck, Nördlingen
Gedruckt auf säurefreiem, chlorfrei gebleichtem Papier
Printed in Germany · ISBN 3-423-34072-X

Inhalt

Danksagung

Nach einer Radiodiskussion über die Ängste von Eltern regte mich eine Hörerin via E-Mail an, ein Buch über dieses Thema zu schreiben. Ich fand sofort Gefallen an dieser Idee, zögerte aber zunächst, dieses Projekt in Angriff zu nehmen. Schließlich gab mir meine Lebensgefährtin Ann den entscheidenden Anstoß dazu, mit meiner akademischen Ausbildung einmal etwas Praktisches und Nützliches anzufangen und ein Buch darüber zu schreiben, warum Kinder mutige Eltern brauchen. Zahlreiche Mütter und Väter, die ich interviewte und mit denen ich sprach, ermutigten mich in meinem Vorhaben. Auch die unermüdliche Unterstützung meiner Agentin Maggie Pearlstine brachte dieses Projekt voran. Margaret Bluman, als Herausgeberin ein Traum für jeden Autor, half mir dabei, während der Arbeit an meinem Buch mein eigentliches Ziel nicht aus den Augen zu verlieren. Bruno Waterfield und Ellen Raphael unterstützten mich bei den Recherchen und machten mehr Material ausfindig, als ich brauchte. Und mein fünfjähriger Sohn Jacob bestärkte mich in der Überzeugung, dass die Kindheit nicht von den Erwachsenen vereinnahmt werden muss. Dieses Buch ist ihm gewidmet.

Einführung

Ich bin mir nicht sicher, ob ich dieses Buch mehr als Soziologe, der zufällig Vater eines fünfjährigen Sohnes ist, geschrieben habe oder als Vater eines fünfjährigen Kindes, der sich auf soziologischer Ebene brennend für die Beziehungen zwischen den Generationen interessiert. Meine akademische Ausbildung hat mich keineswegs auf die sonderbare Welt der elterlichen Ängste vorbereitet, die so viele Väter und Mütter zu plagen scheinen. Schon bei der Geburt meines Sohnes Jacob vor gut fünf Jahren dämmerte mir, dass das Leben gefährlich ist und von Anfang an erhebliche Risiken bereit hält.

Der Alarm ging praktisch sofort los. Im Krankenhaus erklärten uns die Schwestern sorgfältig die hausinternen Maßnahmen zur Vereitelung von Kindesentführungen. Dann vergewisserten sich besorgte Freunde, ob wir über die neuesten Ratschläge zur Verhütung des plötzlichen Kindstods informiert seien. Verwandte wägten die Fallstricke unterschiedlicher Formen der Kinderbetreuung gegeneinander ab: Sie diskutierten über die Gefahren, die von Kindermädchen ausgehen können (potenzielle Kindesmisshandlung) und verglichen sie mit den Gefahren, die womöglich in Kindertagesstätten lauern (potenzielle Vernachlässigung). Aber erst als meine Mutter verkündete, sie könne sich im Fernsehen keine Sendungen mehr über Babys anschauen, weil sie dadurch regelrecht in Angst und Schrecken versetzt würde, wurde uns das ganze Ausmaß der Eltern-Paranoia klar. Es war, als wäre das Überleben meines Kindes permanent bedroht.

Sehr schnell wird Eltern wie uns heutzutage die Einsicht vermittelt, dass jedermann feste Ansichten über die Probleme hat, die das Großziehen von Kindern mit sich bringt. Während Politiker regelmäßig verkünden, was ihrer Meinung nach einen »guten« oder »verantwortungsvollen« Elternteil ausmacht, steht zugleich ein ganzes Heer von Experten bereit, die uns mit »hilfreichen« Erkenntnissen aus der Erziehungswissenschaft bombardieren. Diese Branche bringt eine endlose Reihe von Handbüchern, Broschüren und Merkblättern hervor, die alle behaupten, den mittlerweile völlig verängstigten Müttern und Vätern unbedingt nötiges Wissen zu vermitteln.

Es hat den Anschein, als seien paradoxerweise gerade die Eltern die einzigen, die nicht wissen, was das Beste für ihr Kind ist. Sie wurden von den selbst ernannten Experten in die Rolle dilettantischer Amateure hineingedrängt. Infolgedessen ist der elterliche Umgang mit Kindern heutzutage von einem Mangel an Selbstbewusstsein geprägt und mit einem hohen Maß an Ängstlichkeit durchsetzt.

Die meisten Eltern, die ich kenne, fragen sich nicht einfach nur, ob sie gute Mütter oder Väter sind, sondern quälen sich permanent mit Selbstzweifeln herum. Zudem scheinen die Menschen, sobald sie ein Kind haben, die Welt mit anderen Augen zu sehen. Wird ein Mann zum »Vater« und eine Frau zur »Mutter«, verwandeln sich andere Erwachsene plötzlich in potenziell gefährliche Fremde. Eine Mutter erzählt:

Heute Morgen bin ich mit James in den Supermarkt gegangen, zu Tesco's, und ein Mann von etwa fünfzig Jahren hat mit ihm gesprochen. Der erste Gedanke, der mir durch den Kopf schoss, war: »Lass mein Kind in Ruhe!«, obwohl er höchstwahrscheinlich einfach nur nett sein wollte. Ich kann mich in dem Moment selbst nicht leiden, aber sobald jemand meinen Sohn anfasst oder mit ihm spricht, werde ich sofort misstrauisch.

Eltern versuchen nicht nur, ihre Kinder vor Fremden zu beschützen – nein, sie misstrauen sogar denjenigen, die sie selbst mit der Betreuung ihres Nachwuchses beauftragt haben. Nachbarn, Kindermädchen, Angestellte in Kindertagesstätten: Niemand ist über jeden Verdacht erhaben.

Obwohl Kindesmisshandlung durch Aufsichtspersonen Gott sei Dank extrem selten ist und ganz sicher nicht häufiger vorkommt als in den vorangegangenen Jahrzehnten, genügt ein einziger Aufsehen erregender Fall von Misshandlung durch ein Kindermädchen, um eine Welle elterlicher Ängste auszulösen. Traurig, aber wahr: In den letzten Jahren ist der Sicherheitsaspekt zu einer der Hauptsorgen von Eltern geworden, die sich für eine vorschulische Betreuung ihrer Kinder entscheiden. Eine Studie aus dem Jahr 1997 zu diesem Thema ergab, dass von zehn Fakten, die ihre Entscheidung beeinflussen würden, wenn sie zwischen zwei ähnlichen Einrichtungen wählen müssten, nur die »betreuenden Personen« noch vor der Sicherheit rangierten.[1] Daher überrascht es nicht, dass viele Kindertagesstätten heutzutage in puncto Sicherheitsvorkehrungen fast mit offenen Vollzugsanstalten konkurrieren können. Zum Beispiel die Londoner Kindertagesstätte Happy Times: Diese Kita mit 119 Plätzen brüstet sich mit der neuesten Sicherheitstechnologie, inklusive einem Handflächen-Erkennungssystem. Erwachsene, die die Kita betreten wollen, müssen ihren persönlichen, vierstelligen Sicherheitscode eingeben und ihre Hand auf einen Scanner legen, der sie entweder einlässt oder aussperrt, je nachdem, ob er ihren Handflächenabdruck erkennt oder nicht. Happy Times wirbt außerdem mit Überwachungskameras, die den Eingang der Kindertagesstätte observieren.

High-Tech-Absicherung ist zu einem Marketing-Faktor geworden, den private Kindertagesstätten nutzen, um Kunden zu werben. Der Crawford Kindergarten in London war die erste Kindertagesstätte in Großbritannien, die es Eltern ermöglichte, ihre Kinder von zu Hause oder von ihrem Büro aus mit Hilfe der Videoüberwachung in den Kita-Räumen zu beobachten. Im September 1999 verkündete die Bolton School Nursery in Manchester, man habe eine Webcam installiert, damit die Eltern über das Internet ein Auge auf ihre Kinder haben könnten. In den Vereinigten Staaten hat eine Firma mit dem an Orwell'sches »Neusprech« gemahnenden Namen Parentwatch, Inc. eine Website eingerichtet, die Life-Videoaufnahmen ihrer Kinder überträgt.

Kaum zu glauben, aber inzwischen gilt die Praxis, Kindermädchen, Aufsichtspersonen und Kindern gleichermaßen hinterherzuspionieren, als gutes und richtiges Elternverhalten, das beweist, dass man verantwortungsbewusst ist. In Amerika verwanzen Eltern die Telefone ihrer Kinder, installieren heimlich Kameras in ihren Zimmern und schicken von den Kopfkissen aufgeklaubte Haarsträhnen zur Drogenanalyse ins Labor. Eltern-Paranoia äußert sich in Misstrauen und zunehmenden Forderungen nach immer drastischeren Sicherheitsmaßnahmen. Und wie nicht anders zu erwarten, sind Industrie und Handel nur allzu gern dazu bereit, den elterlichen Hunger nach mehr Sicherheit zu stillen.

Im August 1999 kündigte die britische Supermarktkette Tesco's ein Versuchsprogramm an, bei dem Kleinkinder elektronisch markiert werden sollten, um die Ängste der Kunden, ihre Kinder könnten weglaufen oder von Pädophilen entführt werden, zu beschwichtigen. Damit folgen sie lediglich dem Beispiel ihrer Kollegen in Nordamerika, wo elektronische Markierungen in Supermärkten und Kindertagesstätten bereits weit verbreitet sind. Ängstliche Eltern begrüßen dies als ein Mittel, um stets zu wissen, wo ihre Kinder sich befinden.

Diese ganze neue Technologie ist wunderbar, und zweifellos würden viele berufstätige Mütter und Väter sich gerne hin und wieder für ein paar Minuten vom Arbeitsplatz wegschleichen, um ihre Kinder in der Kindertagesstätte spielen zu sehen. Aber müssen Eltern denn immer ganz genau wissen, was ihre Kleinen treiben? Müssen sie ihre Aktivitäten wirklich ständig überwachen? Hat es nicht auch etwas Schäbiges, wenn Eltern ihren Kindern und denen, die sie betreuen, nachspionieren? Gott sei Dank setzen die meisten Eltern auch heute noch Vertrauen in Kindermädchen und ErzieherInnen. Doch schon allein die Tatsache, dass einige von ihnen sich lieber auf eine Kamera als auf das Wort einer Erzieherin verlassen, lässt für die Zukunft nichts Gutes ahnen.

Keine technische Lösung ist imstande, den Eltern ihre Ängste zu nehmen. Es ist ihnen schlechterdings unmöglich, das Leben ihrer Kinder 24 Stunden am Tag zu überwachen. Im Gegenteil: Moderner Überwachungsschnickschnack führt eher dazu, elterliche Ängste zu intensivieren denn zu beschwichtigen.

Die zwanghafte Sorge um die Sicherheit der Kinder hat zu einer fundamentalen Neudefinition von Elternschaft geführt. Traditionell wird von guten Eltern erwartet, dass sie sich ihren Kindern liebevoll zuwenden, sie fördern und ihnen soziale Werte und Normen vermitteln. Heute jedoch gehört auch die Überwachung ihrer Aktivitäten dazu. Ständig wird Eltern geraten, ihre Kinder zu beaufsichtigen. Ein übertriebenes Gefühl der Bedrohung breitet sich aus, was zu der Forderung führt, dass Kinder niemals allein gelassen werden und am besten immer in Sichtweite eines Elternteils bleiben sollten. Experten schüren die Angst, so dass es heutzutage schon als Akt der Vernachlässigung gilt, sein Kind draußen spielen zu lassen.

Bei der Verbreitung dieser irrationalen Ansichten spielen die Medien eine wichtige Rolle. Jeder Zwischenfall, an dem ein Kind beteiligt ist, dient als Vorwand für die Forderung nach erhöhter Wachsamkeit und neuen Formen der Beaufsichtigung. Sogar Berichte, die an und für sich als »gute Nachrichten« betrachtet werden könnten, werden in diesem Sinne interpretiert. Im August 1999 lieferte ein Bericht des European Review of Injury Surveillance and Control den Beweis dafür, dass britischen Kindern im europäischen Vergleich am seltensten etwas zustößt. Es hieß darin, dass im vergangenen Jahrzehnt die Anzahl der Kinder, die bei Unfällen ums Leben kamen, um die Hälfte gesunken sei. Doch anstatt diese Nachricht freudig zu begrüßen, nutzten die so genannten Sicherheitsexperten die Gelegenheit zu einer Warnung vor Selbstzufriedenheit und sogar zu der Forderung nach noch mehr elterlicher Überwachung der Kinder. Der Kommentar des Sprechers der Royal Society for the Prevention of Accidents (Königliche Gesellschaft zur Verhütung von Unfällen) zu diesem Bericht lautete: »Es ist wichtig, dass Eltern ihre Kinder so intensiv wie möglich beaufsichtigen.«

Tödliche Unfälle von Kindern sind gottlob überaus selten, doch wenn sie sich einmal ereignen, lösen sie einen Aufschrei nach verstärkter Regulierung aus. Nachdem der 15 Monate alte Dillon in einem Teich ertrunken und ein weiteres Kleinkind nur knapp mit dem Leben davongekommen war, startete der *Mirror* – unterstützt von einigen Parlamentsmitgliedern und Personen des öffentlichen Lebens – eine Kampagne, in der Eltern dazu gedrängt wurden, ihre Gartenteiche zuzuschütten. »Dies ist eine lebenswichtige Botschaft«, betonte die Fernsehjournalistin Esther Rantzen, »denn Kleinkinder können selbst in ganz flachem Wasser ertrinken.«[2] Das trifft zwar zu, gilt jedoch genauso für Planschbecken oder Badewannen.

Die Forderung nach permanenter elterlicher Beaufsichtigung bedeutet eine ungeheure Belastung für Väter und Mütter. Dieser Druck von außen hat dazu geführt, dass sich die Beziehungen von Müttern und Vätern zu ihren Kindern grundlegend geändert haben.

Um die Aktivitäten ihrer Kinder überblicken zu können, haben Eltern es so eingerichtet, dass ihre Kinder ihre Freizeit überwiegend zu Hause verbringen. Mehr und mehr Eltern erlauben es ihren Sprösslingen nicht, alleine draußen zu spielen. Aktivitäten, die noch in den siebziger Jahren absolut normal waren – dass Kinder allein zur Schule gingen oder draußen herumtollten –, werden immer seltener. Stattdessen fahren die Eltern ihre Kinder mit dem Auto in die Schule und kutschieren sie nach der Schule in den Hort oder zu organisierten, von Erwachsenen betreuten Freizeitaktivitäten.

Da mutet es wie grausame Ironie an, dass aus Kreisen, in denen man sich mit den Problemen der Institution Familie beschäftigt, immer wieder Klagen kommen, Eltern würden nicht genügend Zeit mit ihren Kindern verbringen. Die Ansicht, dass heutzutage eine neue Generation selbstsüchtiger, karriereorientierter Erwachsener sich weigere, die Verantwortung für das Großziehen ihrer Kinder zu übernehmen, ist ziemlich weit verbreitet. Doch solche Klagen bewegen sich fernab der Realität. Es gehört zu den unausrottbaren Mythen unserer Zeit, Väter und Mütter verbrächten heute weniger Zeit mit ihren Kindern als früher. Das Gegenteil ist der Fall: Die neuen kulturellen Normen, die die konstante Beaufsichtigung von Kindern fordern, nehmen die Zeit der Eltern sehr stark in Anspruch. Allerdings verbringen Väter und Mütter so viel Zeit damit, auf ihre Kinder aufzupassen, dass den Kindern wenig Möglichkeiten zum freien Spielen bleiben. Forschungen unter der Leitung von Stuart Waiton, einem schottischen Sozialwissenschaftler, ergaben, dass die Ängste der Eltern um ihre Kinder zu einem durchschnittlichen Spielzeitverlust von einer Stunde pro Tag führen.[3]

Kindern zu erlauben, allein für sich zu spielen, ist von grundlegender Bedeutung für ihre persönliche Entwicklung. Kinder blühen auf, wenn sie die Freiheit haben, die Welt zusammen mit ihren Freunden zu erkunden. Und im Übrigen brauchen ja auch die Eltern hin und wieder ihren Freiraum.

Wer den Nutzen der permanenten Beaufsichtigung von Kindern anzweifelt, läuft Gefahr, der Verantwortungslosigkeit bezichtigt zu werden. Es kann passieren, dass sich die Nachbarn das Maul zerreißen, wenn Eltern ihre Kinder alleine zur Schule gehen lassen. Heutzutage gehört es für »gute Eltern« wohl dazu, Kinder vor den Erfahrungen, die das Leben mit sich bringt, zu schützen – sie zu beaufsichtigen und zu begleiten, um für ihre Sicherheit zu sorgen.

Dieses Buch untersucht das Phänomen der »Eltern-Paranoia« und versucht zu erklären, warum Kinder großzuziehen zu einem so problematischen Unterfangen geworden ist. Es bleibt zu hoffen, dass durch die genauere Betrachtung dieser beunruhigenden Entwicklung mehr Väter und Mütter wieder dazu ermutigt werden, an ihre angeborene Fähigkeit, tüchtige Eltern zu sein, zu glauben. Für die Ängste, die die Eltern-Paranoia schüren, gibt es eigentlich kaum Anlass. In unseren Breiten leben Kinder heutzutage weit gesünder und sicherer als zu jedem anderen Zeitpunkt in der Geschichte, und sofern wir dem Druck widerstehen, unsere Ängste an ihnen auszulassen, werden sie wahrscheinlich gedeihen und zu ausgeglichenen Erwachsenen heranreifen.

Über ängstliche Eltern und »Batteriekinder«

Inzwischen wird man sich in Großbritannien allmählich der schädlichen Auswirkungen der Eltern-Paranoia bewusst. Seit 1997 haben zahlreiche Studien auf den Einfluss elterlicher Ängste auf Kinder hingewiesen. Es besteht Einigkeit darüber, dass die Sorge der Eltern um die Sicherheit ihrer Kinder neurotische Formen angenommen hat. Hauptsächlich beziehen sich diese zwanghaften Befürchtungen auf die Gefahr, die von Fremden ausgeht *(»stranger-danger«)* – eine Sorge, die britische Eltern seit den 80er Jahren quält. 1993 veröffentlichte die Aktionsgruppe Kidscape einen Bericht mit dem Titel »Wie sicher sind unsere Kinder?«. Daraus ging hervor, dass 95 Prozent der Befragten in einer Liste von Befürchtungen die Angst vor einer möglichen Entführung ihres Kindes durch einen Unbekannten ganz obenan stellten. Zwei Jahre später veröffentlichte die Wohlfahrtsorganisation Barnardo's eine Umfrage, der zufolge fast 70 Prozent aller Eltern das Gefühl hatten, ihre Wohngegend sei unsicher. Die Hälfte von ihnen erklärte, sie würden ihre Kinder niemals ohne die Aufsicht eines Erwachsenen draußen spielen lassen. 1998 ergab eine Umfrage des Meinungsforschungsinstitutes Mori, dass fast 80 Prozent der befragten Eltern ihre Kinder während der Sommerferien nicht unbeaufsichtigt im Park spielen ließen. Umfragen anderer Institute bestätigten diesen Trend.

Elterliche Ängste in Bezug auf *stranger-danger* wurden in den vergangenen Jahren schon häufig problematisiert. Zahlreiche Experten werfen Eltern, die ihre Kinder nicht hinauslassen, vor, sie würden ihre Sprösslinge wie Batteriehühner halten. Zudem weisen Pädagogen und Psychologen auf die Gefahr hin, dass bereits kleine Kinder zu *couch potatoes* werden – Dickerchen, die nur noch auf dem Sofa hocken –, weil »furchtsame Eltern« die Abenteuerlust britischer Kinder im Keim ersticken. Eine kürzlich erschienene Studie der Wohlfahrtsorganisation Mental Health Foundation kam zu dem Ergebnis, dass Kinder, die nicht draußen spielen dürfen, nicht genügend Selbstvertrauen entwickeln.

Es versteht sich von selbst, dass Eltern-Paranoia die Qualität der Kindheit mindert. Kinder müssen beim Spielen für sich sein können: Unbeaufsichtigte Aktivitäten – bei denen sie ihre Grenzen unabhängig von einem Erwachsenenrahmen austesten – sind von entscheidender Bedeutung für ihre Entwicklung. Sie müssen Fehler machen können und daraus Konsequenzen ziehen dürfen. Dabei lernen sie, Entscheidungen für sich selbst zu treffen – etwas, das sie unter den aufmerksamen Augen eines Elternteils niemals tun können. Kinder ständig zu überwachen und sie in Watte zu packen behindert nicht nur die Entfaltung des kindlichen Potenzials, es schadet auch der gesellschaftlichen Entwicklung. Denn eine Gesellschaft, in der Abenteuerlust und Ehrgeiz auf der Strecke bleiben, bringt sich selbst in Gefahr, und genau das kann eintreten, wenn die Sozialisation von Kindern im Wesentlichen darin besteht, ihnen Ängste einzuimpfen.

Paradoxerweise tragen gerade die Leute, die sich über die schädlichen Auswirkungen elterlicher Ängste beklagen, dazu bei, ihnen Vorschub zu leisten.

Zum Beispiel die NSPCC (National Society for the Prevention of Cruelty to Children, Nationale Gesellschaft zur Verhinderung von Gewalt gegen Kinder): Ihre Proteste gegen überbehütende Eltern gehen auf seltsame Weise mit »Panikmache« einher. Im Frühjahr 1999 lancierte die Gesellschaft im Fernsehen eine aufrüttelnde Kampagne gegen Kindesmissbrauch, wobei sie sich einer »Schocktaktik« bediente, die speziell dafür entwickelt wurde, Eltern wachzurütteln und zu ängstigen. Die NSPCC-Richtlinien über die Sicherheit von Kindern während der Sommerferien, die noch im selben Jahr erschienen, waren ebenfalls kaum dazu geeignet, Eltern zu ermuntern, ihre Behütungsmaßnahmen zu lockern. Diese Richtlinien besagten nämlich, dass kleine Kinder an öffentlichen Orten niemals unbeaufsichtigt gelassen werden sollten. Dieser Ratschlag lässt sich nur schwer mit der Forderung vereinbaren, Kinder alleine zur Schule gehen oder draußen spielen zu lassen – außer man geht davon aus, dass ein Erwachsener die Kinder »beschattet«.

Auch andere Kritiker elterlicher Ängste leisten einen großen Beitrag zur Verstärkung dieses Problems. Zum Beispiel wurde in einer Untersuchung von Community Care die Angst von Eltern gegenüber Fremden kritisiert. Diese Angst würde ihre Aufmerksamkeit nur von einer angeblich viel größeren Gefahr für die Kinder ablenken – nämlich vom »Missbrauch durch Mitglieder der eigenen Familie«.

Der Ausdruck elterlicher Ängste ist also auf subtile Weise mit den Umtrieben der Kindersicherheits-Branche verknüpft. Die Expertenschar lässt keine Gelegenheit aus zu verkünden, Kinder seien permanent gefährdet. Sicherheitskampagnen, die eine schier unfassbare Zahl von Gefahren thematisieren – von Kindesmissbrauch und plötzlichem Kindstod bis zu *stranger-danger* und Sonnenbaden – kolportieren allesamt die Botschaft, dass Kindheit eine extrem gefährliche Erfahrung darstelle. Praktisch jeder Aspekt der Kindheitserfahrung wird zu einer Sicherheitsfrage gemacht. Und wenn Experten erst einmal anfangen, nach neuen Gefahren zu suchen, kann man davon ausgehen, dass sie fündig werden.

Da nun Kinder so viel Zeit eingepfercht zu Hause verbringen, muss auch die Sicherheit der heimischen Umgebung einer intensiven Prüfung unterzogen werden. Eltern werden ständig vor den Gefahren gewarnt, die zahlreiche Spielzeuge für das Wohlergehen ihrer Kinder darstellen. »Wendy Houses«, Spielhäuser, denen Generationen von Eltern als sicheres Sommer-Freizeit-Vergnügen vertrauten, wurden kürzlich als potenzielle Todesfallen entlarvt. Jeder, der den Artikel in der Sonntagszeitung mit der Schlagzeile »Todesfalle Wendy Houses – eingebaute Gefahr für Kinder« überfliegen würde, müsste den Eindruck gewinnen, es seien tatsächlich Kinder gestorben oder ernsthaft verletzt worden.[4] Doch bei aufmerksamer Lektüre zeigt sich, dass es solche Vorfälle überhaupt nicht gegeben hat. Der Artikel bezog sich gar nicht auf irgendwelche tatsächlichen Todesfälle oder eingetretenen Verletzungen, sondern zog lediglich die *Möglichkeit* in Betracht, dass Kinder sich in der Tür oder in den Fensterangeln von Spielhäusern ihre kleinen Fingerchen einklemmen könnten. Greenpeace wiederum warnte vor den Gesundheitsrisiken von Babyspielzeugen, aufblasbaren Büchern, Quietscheentchen für die Badewanne sowie Rasseln, weil sie giftige Chemikalien enthielten. Wissenschaftler haben außerdem ein Verbot von Baby-Laufgestellen gefordert, weil sie angeblich bei Kleinkindern gefährliche Verletzungen verursachten. Der Child Accident Prevention Trust, eine Organisation zur Unfallverhütung, rät Eltern sogar, den Schnuller ihrer Kinder regelmäßig zu kontrollieren, damit die Kleinen nicht an einem Bruchstück ersticken, falls er kaputtgehen sollte.

Eltern zu erschrecken scheint der Lebenszweck von Sicherheitsberatern für den häuslichen Bereich zu sein. Die Botschaft lautet: Wenn Sie gedacht haben, Sie könnten Ihr Kind schützen, indem Sie es zu Hause behalten, sollten Sie darüber noch einmal gründlich nachdenken. Die Gefahr lauert überall!

Schonungslose Ratschläge

Während ich dies schreibe, wird gerade im Radio über eine neue Studie berichtet, in der es heißt, Kinder absorbierten bis zu 50 Prozent mehr Strahlung von Handys als Erwachsene, weshalb diese Geräte eine ernste Gesundheitsgefahr für sie darstellten. Dr. Gerald Hyland, Physiker an der Universität von Warwick, warnt Eltern davor, die Telefone als Geschenke an ihre Kinder »auszuteilen«. Das sei ein schwerwiegender Fehler. Damit stecken die Eltern wieder einmal in der Klemme. Denn viele Eltern statten ihre Kinder mit Handys aus, damit sie anrufen können, falls sie einmal nicht wissen, wie sie nach Hause kommen sollen und abgeholt werden müssen.

Informationen über Gesundheitsgefahren für Kinder schüren auf besonders perfide Weise elterliche Ängste. Im März 1998 wurden zahlreiche Eltern in Großbritannien von einer Studie aufgeschreckt, die behauptete, es bestehe eine Verbindung zwischen dem Masern-Mumps-Röteln-Impfstoff (MMR) und Morbus Crohn sowie einem Spektrum autistischer Störungen bei Kindern. Obwohl der Chief Medical Officer, offizieller Gesundheitsberater der Regierung, öffentlich erklärte, dass es keine Verbindung zwischen MMR und Autismus gebe, weigerten sich fortan Tausende von Eltern, ihre Kinder impfen zu lassen. Als ein Jahr später eine andere Studie behauptete, diese Impfung könne bei Kleinkindern ernsthafte Darmerkrankungen auslösen, drohte der Immunisierungsmaßnahme eine ernsthafte Gefahr. Liam Donaldson, der Chief Medical Officer, war gezwungen, die Warnung herauszugeben, dass eine Unterlassung der Impfung eine Masern-, Mumps- und Röteln-Epidemie zur Folge haben werde.

Die MMR-Panik ist ein gutes Beispiel für das Dilemma, vor das Eltern durch Schreckensnachrichten über Gesundheitsgefahren gestellt werden. Wem sollen sie glauben: den »Experten« oder den »Experten«? Eine wesentliche Ursache für die Schwierigkeiten, die Eltern heutzutage haben, ist nämlich die ständig anwachsende Menge von Fachleuten, die von einem theoretischen Standpunkt aus argumentieren.

Die aktivste Quelle für Ratschläge, die zur Verunsicherung von Eltern beitragen, sind die Medien. Alle Väter und Mütter werden von der mediengespeisten Angst gequält, der plötzliche Kindstod oder Krippentod (auch Sudden Infant Death Syndrome, SIDS genannt) könnte eines Nachts auch ihr Kind treffen. Diese Befürchtungen werden regelmäßig durch neue Untersuchungen intensiviert, die behaupten, wieder eine neue Ursache für den Krippentod entdeckt zu haben. Kleine, obskure Studien zu diesem Thema, die vorherigen Ergebnissen widersprechen, werden als seriöse Nachrichten verkauft. So gab es 1998 eine breite öffentliche Diskussion um eine Studie, in der behauptet wurde, der plötzliche Kindstod würde durch die Verschmutzung der Luft mit Auto- und Industrieabgasen verursacht. Ein anderer Bericht warnte vor Quilts, der nächste suggerierte, dass Babys durch das Fliegen in Flugzeugen einer signifikant erhöhten Gefahr des Krippentodes ausgesetzt seien. Bei dieser Fülle an Warnungen ist es für Eltern schlichtweg unmöglich, gelassen zu bleiben.

Das Ergebnis solcher schonungslosen Veröffentlichungen über den Krippentod ist eine Flut von Ängsten, die in keinem Verhältnis zum tatsächlichen Ausmaß des Problems steht. Der plötzliche Kindstod kommt äußerst selten vor. In Großbritannien sterben daran pro Jahr weniger als 300 von 588.000 lebend geborenen Babys. Die Kampagnen schüren die Angst vor einem tragischen Ereignis, das höchst unwahrscheinlich ist. Sie erreichen so, dass die Freude der Eltern an den ersten Lebensmonaten ihres Babys geschmälert wird. Fast hat es den Anschein, als sei es das Ziel der Krippentod-Kampagnen, den Eltern Schuldgefühle einzuimpfen.

Unter dem Diktat der allgemeinen Angstverbreitung geraten sogar Praktiken, die in der Vergangenheit als vorteilhaft für die Kindesentwicklung betrachtet wurden, ins Zwielicht. Schauen wir uns einmal die Sache mit dem Schlafen von Kindern im Bett der Eltern an. In den vergangenen Jahren haben sich zahlreiche Fachleute für das gemeinsame Schlafen ausgesprochen. Es sei förderlich für das Kind, begünstige das Stillen und stärke die Bindung zwischen Eltern und Kind. Die Praxis wurde gerade bei jungen Paaren beliebt, die, weil tagsüber abwesend, sich nachts nur ungern von ihrem Kind trennten. Im September 1999 jedoch gab die amerikanische Verbraucherschutzorganisation US Federal Consumer Product Safety Commission eine alarmierende Erklärung heraus, in der Eltern davon abgeraten wurde, mit Kindern unter zwei Jahren in einem Bett zu schlafen. Angeblich bestehe ein großes Risiko, das Kind versehentlich zu ersticken oder zu erwürgen. »Schlafen Sie nicht neben Ihrem Baby und legen Sie es auch nicht in ein Bett für Erwachsene«, riet Ann Brown, die Vorsitzende der Kommission. Man sollte doch glauben, dass diese Äußerung, die die tägliche Praxis von Millionen von Eltern betraf, auf Forschungen beruhte, die eindeutig bewiesen, dass Babys starben, nur weil sie im Bett ihrer Eltern geschlafen hatten. Doch die Studie hatte nichts in dieser Art vorzuweisen. Die Autoren gaben zu, dass sie keine anderen Risikofaktoren in Betracht gezogen hatten. Sie vermeldeten lediglich, dass 557 Kinder unter zwei Jahren gestorben waren, während sie mit ihren Eltern in einem Bett schliefen. Zwar konnte der Bericht keinerlei kausalen Zusammenhang zwischen dem gemeinsamen Schlafen und dem Tod kleiner Kinder nachweisen, doch er bot ganz klar einen weiteren Gegenstand für elterliche Besorgnis.

Man kann nur Mitleid mit den Eltern haben, die sich bis dahin an den Worten von Dr. Miriam Stoppard, Expertin für Kindesentwicklung, orientiert haben: »Ich habe nie geglaubt, dass es dem Baby oder uns schaden könne, wenn ich es mit zu uns ins Bett nehme.« Der neue Bericht, dem weitere Ratschläge folgten, zwingt sie nun, ihre Ansichten zu überdenken. Das erfolgreiche Handbuch *What to Expect the First Year,* verfasst von drei amerikanischen Müttern mit Hilfe einer Schar von Ärzten und Erziehungsfachleuten, konfrontiert Eltern, die ihr Kind bei sich schlafen lassen, mit einem ganzen Katalog an Risiken: Schlafprobleme, Entwicklungsprobleme, Orientierungsprobleme in Gruppen Gleichaltriger, Eheprobleme, Sicherheitsprobleme, Abgrenzungsprobleme – sogar Probleme mit den Zähnen.

Doch auch Miriam Stoppard erhält Unterstützung: Zum Beispiel mit dem Buch *The Year after Childbirth*, in dem Sheila Kitzinger ihren Lesern versichert, es sei »nicht die sicherste Lösung«, wenn sie ihr Kind allein schlafen ließen. »Es gibt einige Anhaltspunkte dafür, dass die Bewegungen einer Mutter im Schlaf sowie die Geräusche, die sie produziert, die Atmung eines Babys anregen.« Doch kaum beeilt sich dann die Mutter, ihr Kind wieder zu sich ins Bett zu nehmen, erschreckt sie der *Which? Guide to Children's Health* mit noch um einiges höheren Risiken und verkündet, Untersuchungen würden beweisen, dass »das Teilen des Bettes mit einem Elternteil oder beiden Eltern« zu den Faktoren gehöre, die »mit einer erhöhten Wahrscheinlichkeit des plötzlichen Kindstodes« assoziiert würden. Damit haben wir Eltern den Schwarzen Peter sowieso, egal wie wir es anstellen. Wer nach der Lektüre dieser Ratschläge überhaupt nicht mehr schlafen kann, sind die entsetzten Eltern.

Natürlich ist es seit jeher ein grundlegendes Problem gewesen, Babys zum Einschlafen zu bewegen. In seinem klassischen Handbuch *Säuglings- und Kinderpflege*, erklärte der inzwischen verstorbene Dr. Spock, es gebe eine ganz einfache Lösung für das Einschlafproblem: Lege dein Kind zu einer vernünftigen Zeit ins Bett, sage ihm liebevoll, aber entschieden gute Nacht, gehe aus dem Zimmer raus, und gehe nicht wieder rein. Kann es einen deutlicheren Rat geben?

Doch leider sieht Penelope Leach in ihrem Buch *Die ersten Jahre deines Kindes* dies keineswegs so klar und deutlich. Sie findet, sich loszureißen und das Baby weinend zurückzulassen, könne nicht die richtige Antwort sein, und rät, zum Baby zurückzukehren, wenn es schreit. Doch genau in dem Moment, da Sie sich still und klammheimlich ins Kinderzimmer zurückschleichen, klingen Ihnen wieder Dr. Spocks warnende Worte in den Ohren, es sei wichtig, sich nicht auf Zehenspitzen in den Raum hineinzuschleichen, um sich zu vergewissern, dass es dem Baby gut geht oder um es durch Nähe zu beruhigen. Dadurch rege es sich nur noch mehr auf und weine wesentlich länger. Also drehen Sie wieder ab, nur um mit einer kürzlich veröffentlichten Studie konfrontiert zu werden, in der es heißt, dass das Schreienlassen des Babys es nicht nur um seinen nächtlichen Schaf bringe, sondern gar sein ganzes Leben ruinieren könne.

Auch die Erziehung zur Sauberkeit ist zum Schlachtfeld rivalisierender Kindesexperten geworden. In den Vereinigten Staaten forderte John Rosemond, ein Bestsellerautor von Büchern über Kindererziehung, in vielen Zeitungsartikeln eine Rückkehr zu traditionellen Methoden der Kindererziehung. Er vertritt die Meinung, dass Kinder ab zwei Jahren zur Sauberkeit erzogen werden sollten. Der Prozess, so sagt er, sollte so einfach und direkt sein wie bei einem vier Wochen alten Hundewelpen, den man zur Stubenreinheit erzieht. Dr. T. Berry Brazelton hingegen, ein bekannter amerikanischer Erziehungs-Guru, ist über Rosemonds Vorschlag entsetzt. Er argumentiert, dass Eltern, die ihre Kinder zur Sauberkeit zwingen, bei ihnen langfristig Probleme auslösen können. Inzwischen müssen sich verwirrte Eltern fragen, ob sie es ihren Kindern überlassen sollen, zu entscheiden, wann sie bereit sind, auf die Toilette zu gehen, oder ob sie die Sache lieber selbst in die Hand nehmen und ihre Kinder in die Geheimnisse dieser Wissenschaft einweihen sollen. Doch wofür sie sich auch entscheiden: Irgendein Experte wird ihnen auf die Finger klopfen, weil sie es falsch gemacht haben.

Richtig gehässig wird die Debatte, wenn es nicht nur um metaphorisches Klopfen, sondern um die Frage geht, ob Eltern ihre Kinder schlagen dürfen. Zahlreiche Experten für Kinderschutz vertreten die Meinung, dass das Schlagen von Kindern eine Form der Misshandlung darstellt. 1997 wurden sie in ihrem Standpunkt vom Europäischen Gerichtshof für Menschenrechte in Straßburg bestärkt, der einem britischen Jungen Schadenersatz in Höhe von 10.000 Pfund zuerkannte. Er hatte seinen Stiefvater verklagt, weil dieser ihn geprügelt hatte. Die britische Regierung hingegen erklärte, sie wolle zwar sicherstellen, dass Kinder vor schweren Körperstrafen geschützt würden, verteidigte andererseits aber das Recht der Eltern, ihre Kinder zu schlagen. Damit vertritt sie die Überzeugung der meisten Eltern, die glauben, es sei akzeptabel, ein ungezogenes Kind zu schlagen. Eine Umfrage des Meinungsforschungsinstitutes ICM im Sommer 1999 ergab, dass sieben von zehn Elternpaaren die körperliche Züchtigung von Kindern befürworten. Die Umfrage sorgte bei Organisationen wie Epoch (End Physical Punishment for Children – Schluss mit der körperlichen Bestrafung von Kindern) für Enttäuschung, die glauben, dass das Schlagen von Kindern die Gewalt in der Gesellschaft legitimiere. Eine neuseeländische Firma mit dem Namen Safe Smack (»Sicheres Schlagen«) Limited hatte sich die Verunsicherung der Eltern in diesem Punkt bereits geschickt zu Nutze gemacht. Im Oktober 1997 brachten sie ein Safe-Smack-Eltern-Programm heraus, das unter anderem einen patentierten Lederriemen mit dem Namen »Uncle Sam Smacker« enthielt. Die Firma behauptete, der Gebrauch dieses Riemens sei »der einzig sichere Weg, Kinder zu schlagen« und versicherte potenziellen Kunden, der Gebrauch dieses Produkts sei gut für Kinder. Wie nicht anders vorauszusehen, verurteilten die NSPCC sowie andere Kinderschutz-Organisationen den Uncle Sam Smacker als gefährlich.

Die Kontroverse um die Frage, wie Erwachsene ihre Kinder disziplinieren sollten, verweist auf den hochgradig politischen Charakter von Kindererziehung. All die Ratschläge haben wenig mit den spezifischen Bedürfnissen eines Kindes zu tun. Vielmehr sind sie Ausdruck konkurrierender Ideologien, die besagen, wie eine angemessene Form des Familienlebens auszusehen hat. Zahlreiche Gegner des Schlagens misstrauen den Motiven der Eltern, wenn diese ihre Kinder disziplinieren. Die Befürworter hingegen vertreten häufig das Ziel, traditionelle Familienwerte wiederherzustellen.

Die Diskussion über körperliche Strafen ist integraler Bestandteil der gegenwärtigen Tendenz, jeden Aspekt elterlichen Verhaltens in Frage zu stellen. Eltern, die Druck auf ihre Kinder ausüben, damit sie im Sport oder in der Schule gute Leistungen erbringen, werden gern der »emotionalen Misshandlung« bezichtigt, während gleichzeitig diejenigen, die die Erziehung ihrer Kinder den Lehrern überlassen, stigmatisiert werden, weil sie sich angeblich nicht genug um die Zukunft ihrer Kinder kümmern. Die immer größere Flut von Ratschlägen bringt nicht zuletzt mit sich, dass man Eltern, die nicht auf dem neuesten Stand sind, häufig unterstellt, hochgradig verantwortungslos zu sein. Diejenigen, die die Ratschläge erteilen, fungieren nämlich zugleich als eine Art Erziehungspolizei, und zwar indem sie – manchmal unabsichtlich – Routineaspekte des Elternseins zu brisanten wissenschaftlichen oder ideologischen Fragen machen. Wenn ihre Ratschläge irgendetwas erreichen, dann die Intensivierung der Eltern-Paranoia.

Sind Eltern inkompetent?

Da niemand diese Flut an widersprüchlichen Ratschlägen beherzigen kann, ist der Vorwurf, Eltern seien »inkompetent«, besonders perfide. Eine Auswertung von 1.025 Artikeln sowie Beratungskolumnen zum Thema Kindererziehung, durchgeführt von Mary McCaslin und Helen Infanti in den USA, brachte ans Licht, dass in 97 Fällen die Eltern als das eigentliche Problem hingestellt wurden. Und während man Eltern einerseits für die Probleme verantwortlich macht, spricht man ihnen andererseits die Kompetenz ab, sie zu lösen: In 68 Prozent der Artikel wurde den Eltern empfohlen, dem Ratschlag eines Experten Folge zu leisten, und nur in 29 Prozent äußerte man den Vorschlag, die Eltern sollten nach ihrem eigenen Gutdünken handeln.[5]

Experten für Kindererziehung beklagen sich oft darüber – und nur teilweise im Scherz –, dass das Großziehen von Kindern der einzige Beruf sei, der keine strenge Ausbildung oder Prüfung erfordere. Im Mai 1999 veröffentlichte Barnardo's einen Bericht, in dem es um die Notwendigkeit einer »Ausbildung für Eltern« ging. Man stellte folgende rhetorische Frage: »Sie erhalten Anleitungen für alle anderen Bereiche Ihres Lebens, warum also nicht für die Kindererziehung?« Solche Versuche, Elternschaft zur einer enorm komplizierten Fähigkeit zu stilisieren, die eine spezielle Ausbildung erfordert, können äußerst aufdringliche und totalitäre Formen annehmen. In den USA haben Experten vorgeschlagen, Eltern sollten in Zukunft eine Lizenz von der Regierung anfordern müssen, Kinder großziehen zu dürfen. Jack C. Westman zum Beispiel vertritt in seinem Buch *Licensing Parents: Can We Prevent Child Abuse Neglect?* auf recht extreme Weise die Überzeugung, zahlreiche Mütter und Väter seien nicht dazu geeignet, Kinder großzuziehen. Autoritäre Experten wie er drücken sich allerdings gerne um die Frage herum, was mit Frauen geschehen solle, die ohne eine Lizenz schwanger werden.

Gott sei Dank sind die meisten Experten weit zurückhaltender und hüten sich, so etwas wie eine Elternlizenz zu fordern. Sie begnügen sich damit, auf elterliche Mängel aufmerksam zu machen. Zum Beispiel verkündet Professor John Gottman, Autor von *The Heart of Pa-*

renting dogmatisch, es gebe »einen großen Unterschied zwischen dem Willen, richtig mit seinen Kindern umzugehen, und der nötigen Fähigkeit, dies auch zu tun«. Gottmans Botschaft ist deutlich: »Lesen Sie mein Buch, sonst können Sie als Eltern nur versagen.«[6]

In der Regel bezichtigt man die Eltern zuerst der Inkompetenz, um ihnen anschließend die schrecklichen Konsequenzen aufzuzeigen, die ihr Versagen für das zukünftige Wohlergehen ihrer Kinder bedeutet. Was Eltern in die Paranoia treibt, ist das Paradox, dass sie einerseits als hoffnungslos inkompetent hingestellt werden, andererseits aber größere Verantwortung für das Wohlergehen ihrer Kinder tragen als die Eltern früherer Generationen. Die Professionalisierung der Elternschaft hat dazu beigetragen, das Vertrauen von Männern und Frauen in ihre natürliche Fähigkeit, Eltern zu sein, zu unterminieren. Sie hat die Auffassung verstärkt, dass wir alle professionelle Hilfe von außen benötigten, um mit grundlegenden Dingen des Großziehens von Kindern fertig zu werden. Diese Professionalisierung der Kindererziehung infantilisiert Eltern, die ihrerseits darauf reagieren, indem sie ihre Kinder wie eine bedrohte Tierart behandeln.

Wenn Elternsein nicht mehr vorrangig als innige Beziehung, in der Gefühle und Wärme eine Rolle spielen, gesehen wird als vielmehr die Fähigkeit, die richtigen Methoden korrekt anzuwenden, dann erhält die Rolle des Experten eine besondere Bedeutung. Dann muss die Kindererziehung aus der Familie herausgenommen werden, damit aufgeklärte Fachleute die Dinge in die Hand nehmen können. Und genau das passiert, wie wir gesehen haben.

Zweifellos ist man ursprünglich davon ausgegangen, dass diese ganzen professionellen Ratschläge und Interventionen zu einer selbstbewussteren und besser informierten Generation neuer stolzer Eltern führen würde. Stattdessen hat es den Anschein, als wären Eltern heutzutage unsicherer und weniger selbstbewusst, als es ihre eigenen Eltern je waren.

Der Grund, warum die Professionalisierung des Familienlebens die Effektivität von Eltern schwächt, liegt darin, dass die Beziehung zwischen Eltern und Kind nicht auf eine Reihe von Fähigkeiten reduziert werden kann.

Professionelle Einmischung beruht auf der praxisfernen Überzeugung, dass Elternsein, da es gelernt werden kann, auch gelehrt werden muss. Diese irrige Meinung lässt jedoch die elementare Beziehung zwischen menschlicher Erfahrung und Lernen außer Acht. Selbstbewusste Eltern lernen durch ihre ureigene Lebenserfahrung, und die lässt sich nun einmal nicht in den von Experten konzipierten Kursen vermitteln.

Aber um das Ganze noch schlimmer zu machen, erteilen die Spezialisten nicht nur Ratschläge. Als meine Frau vor kurzem unseren Sohn Jacob in die Kindertagesstätte brachte und erklärte, er habe blaue Flecken, weil er gefallen sei, witzelte eine Angestellte, darüber müsse man aber das Jugendamt informieren. Alle lachten – ein bisschen nervös. Hinterher flüsterte eine Mutter meiner Frau zu: »Amy hatte letzte Woche zwei blaue Flecken – wenn Sie wüssten, welche Angst ich hatte, dass man das falsch interpretieren könnte!« Ihre Sorge ist symptomatisch für das Klima unserer Zeit. Irgendetwas ist gründlich schiefgegangen, wenn Eltern in der Angst leben müssen, schon der unschuldigste Vorfall könne den Verdacht einer Kindesmisshandlung erregen. Unter solchen Umständen ist es doch wirklich nicht weiter verwunderlich, wenn Eltern Paranoia entwickeln.

Während meiner Untersuchungen zu diesem Thema lernte ich viel von den Eltern, die ich interviewte. Vielleicht die wichtigste Erkenntnis, die ich hinzugewonnen habe, ist, dass wir zwar nicht alle paranoide Eltern sind, aber dennoch niemand von uns sich diesem Klima der Verunsicherung entziehen kann, das die Kindererziehung heutzutage überschattet. An unseren Ängsten und Reaktionen können wir nur wenig ändern. Aber wenn wir verstehen lernen, warum wir uns so verhalten und nicht anders, können wir hoffentlich etwas gegen die schrecklichen Auswirkungen tun, die unser Verhalten auf unseren Nachwuchs hat.

Eltern-Paranoia – was ist das eigentlich?

Tony hat seinen Beruf als Lehrer aufgegeben. Auch wenn er es nicht so nennt, war es doch die »Eltern-Paranoia«, die ihn aus der Grundschule in West Sussex vertrieb, an der er drei Jahre lang unterrichtet hatte. Als er seinen Schuldienst antrat, hatte Tony eigentlich erwartet, dass vor allem der problematische Umgang mit undisziplinierten Kindern ihn belasten könnte. Auf die Aufgabe, mit »schwierigen«, ängstlichen Eltern umzugehen, war er allerdings nicht vorbereitet. Die strapaziösesten Momente seines Arbeitslebens waren die, in denen er sich mit »besorgten Müttern« auseinander setzen musste. Er stößt einen Seufzer aus, wenn er uns von der Mutter erzählt, die darauf bestand, dem Zug hinterherzufahren, der ihren Sohn nach Frankreich brachte, um sicherzugehen, dass er heil ankam. Voller Überdruss erinnert er sich daran, wie der Schulausflug der Fünftklässler ans Meer abgeblasen wurde, weil es zwei Eltern Magenschmerzen bereitete, dass ihre Kinder auf der Reise auch fünfundvierzig Minuten in einem Privatfahrzeug mitfahren sollten. Ob die Autos auch verkehrssicher seien? Wer würde ihr Kind zur Toilette begleiten? Wer würde dafür sorgen, dass die Sicherheitsgurte richtig saßen? War in den Autos geraucht worden und würden ihre Kinder zu Opfern des Passivrauchens werden? Der geplante Piratentag am Strand fand schließlich auf der Schulwiese statt – Meer, Sand und Abenteuer mussten die Kinder sich eben herbeiphantasieren und zahlreiche pädagogische Zielsetzungen waren torpediert worden. Aufgebracht über die »Probleme, die nur in den Köpfen der Eltern existieren«, machte Tony dann eine Karriere außerhalb des Lehrberufs.

Natürlich ist es normal, dass Eltern sich um das Wohlergehen ihrer Kinder sorgen. Elterliche Ängste sind nichts Neues. Ein kurzer Blick auf die Seiten der *Nursery World*, einer Kinder-Fachzeitschrift aus den 20er und 30er Jahren, zeigt uns, dass schon unsere Großeltern von den gleichen Zweifeln, Sorgen und Ängsten heimgesucht wurden, die auch heute noch Väter und Mütter quälen. Ein häufig wiederkehrendes Thema war: »Verläuft die Entwicklung meines Kindes normal?«

Kindliche Wutanfälle, Schüchternheit, Aggressionen, Eifersucht, Daumenlutschen, Nägelbeißen und die Weigerung, schlafen zu gehen, von all dem ist in den Leserbriefen schon damals die Rede. Viele erflehten eine Antwort darauf, was die Kummerkastentante der Zeitschrift als ein »Problem, so alt wie das Elternsein selbst« bezeichnete – nämlich, »wie wir Kinder dazu kriegen, uns zu gehorchen«.

Es sieht fast so aus, als hätte sich nicht viel verändert. Doch die Ähnlichkeiten täuschen. In der Vergangenheit konzentrierten sich elterliche Ängste nämlich auf Probleme innerhalb der Familie. Die Gesundheit kleiner Kinder – ob körperlich, seelisch oder geistig – war ein wichtiger Punkt, um den man sich Gedanken machte, ebenso wie die Vorbereitung der Sprösslinge auf ihre weiteren Stationen im Leben – Schule, Beruf, Ehe. Und natürlich machte sich die ältere Generation häufig Sorgen darüber, dass ihre Kinder in schlechte Gesellschaft geraten oder generell »ein böses Ende« nehmen könnten. Doch die Bedenken unserer Großeltern wurden in einem anderen Ton geäußert als heute.

Liest man diese Lesebriefe aus den 20er Jahren, erhält man unterm Strich ungefähr folgenden Eindruck: »Unser Familienleben ist ganz in Ordnung, nur diese *eine* Sache würden wir gerne ändern.«

Die Mütter und Väter hingegen, die heute an Elternzeitschriften schreiben, scheinen nicht nur über einen bestimmten Aspekt der Kindererziehung beunruhigt zu sein, im Gegenteil: Viele von ihnen wirken regelrecht überwältigt von der Riesenmenge an problematischen Fragestellungen, mit denen sie konfrontiert werden. Es sieht so aus, als würde heutzutage jede Winzigkeit – wie man Kinder zur Sauberkeit erzieht, ab wann man sie alleine lassen kann, ob man sie dazu zwingen soll, ihr Gemüse aufzuessen – aufgrund eines weit verbreiteten Mangels an elterlicher Gelassenheit zu einem großen Problem gemacht. Dies weist darauf hin, dass es bedeutende Veränderungen in der Art und Weise gegeben haben muss, wie Erwachsene die Aufgabe, sich um Kinder zu kümmern, bewältigen. Das auffälligste Symptom dieser Entwicklung ist die allgemeine panische Sorge um ihre Sicherheit.

Keine Frage wurde in den vergangenen Jahren einer genaueren Betrachtung unterzogen als diese. Das Thema ist mittlerweile so brisant, dass ein einziger Vorfall genügt, um eine hitzige öffentliche Debatte sowie Forderungen nach neuen Maßnahmen auszulösen. Zum Beispiel führte der tragische Mord an einer englischen Jugendlichen, dem sie während eines organisierten Schüleraustauschs in Frankreich zum Opfer fiel, zu einer Überprüfung der Sicherheit von Schulausflügen – trotz der Tatsache, dass es sich bei diesem Vorfall ganz klar um eine einmalige Ausnahme handelte. Gott sei Dank kommen solche Verbrechen selten vor – nicht wegen der von den Schulbehörden empfohlenen Sicherheitsmaßnahmen, sondern weil es nur eine winzige Zahl von Leuten gibt, die zu derartigen Gräueltaten neigen. Aller Wahrscheinlichkeit nach ist ein 15-jähriges Mädchen in einem Schlafsaal in St. Gervais sicherer aufgehoben als im Ford Fiesta ihres 18-jährigen Freundes auf der Autobahn.

Die öffentliche Sorge um die Sicherheit hat zwanghafte Ausmaße angenommen. Schon die entfernte Möglichkeit, dass Kinder an den kleinen Spielzeugen in Cornflakes-, Schokoladen- oder Chips-Packungen ersticken könnten, hat Forderungen nach deren Verbot ausgelöst. Nun haben Kleinkinder aber die Angewohnheit, praktisch alles zu verschlucken, was so herumliegt. Müssen wir deshalb also Münzen, Tempotaschentücher, Murmeln …? Baby-Laufgestelle, die es schon seit Jahren gibt und mit denen kleine Kinder, schon bevor sie laufen gelernt haben, durch die Gegend sausen, wurden als gefährlich gebrandmarkt, weil Kinder damit umkippen oder die Treppe hinunterfallen könnten. Zugegeben, diese Gefahr ist realistischer als die, an verschluckten Pokémon-Karten zu sterben, doch auch dabei geht man hauptsächlich von dem potenziellen Risiko aus und nicht von tatsächlichen Unfällen.

Einmal ausgebrochen, heftet sich die Eltern-Paranoia rasch an jede neue Praxis, die mit Kindern zu tun hat. Nehmen wir einmal die *In-vitro-Fertilisation* (IVF), die künstliche Befruchtung im Reagenzglas – für viele die einzige Möglichkeit, ein Kind zu bekommen. Anstatt diese Möglichkeit freudig zu begrüßen, warnten Forscher kürzlich vor hypothetischen Gefahren, die den auf diese Weise gezeugten Kindern drohen könnten. So wird behauptet, dass IVF Veränderungen in der genetischen Ausstattung der Kinder bewirken und dadurch ihre geistige Entwicklung negativ beeinflussen könne. Es gab Spekulationen darüber, ob aus Spermien, bei denen nachgeholfen werden muss, damit sie eine Eizelle befruchten können, genauso gesunde Babys entstehen wie aus Spermien, die von selbst schwimmen. Psychologen grübeln darüber nach, ob Paare, die nach Jahren der Unfruchtbarkeit mit Hilfe der künstlichen Befruchtung Eltern werden, eine emotional stabile Beziehung zu ihren so heiß ersehnten Kindern aufbauen können. Andere wiederum geben zu bedenken, dass IVF-Kinder vielleicht zu sehr geliebt werden und dann möglicherweise nicht in der Lage sind, die Erwartungen ihrer Eltern zu erfüllen. Es ist nur eine Frage der Zeit, bis es unserer überreizten Phantasie gelingen wird, IVF zu einem Aspekt der Kindersicherheit zu machen.[1]

Ein Internetzugang eröffnet jungen Menschen ganz erstaunliche Informations- und Kommunikationsmöglichkeiten. Trotzdem wird das Internet weithin als eine Technologie betrachtet, die eine neue *Gefahr* für Kinder darstellt. Vieles in der Diskussion um das World Wide Web dreht sich darum, wie man junge Leute vor seinen Gefahren schützen kann, etwa unschuldige Kinder davor, über »Seiten für Erwachsene« zu stolpern oder in die Hände von Pädophilen zu geraten. »Im Internet lauern viele Gefahren auf Ihr Kind, doch für den Preis eines Ortsgesprächs können Sie das vermeiden«, verspricht die Zeitungsannonce eines Internetproviders, der sich darauf spezialisiert hat, Kinder im Cyberspace zu schützen. Derart manipulative Marketingstrategien gehen davon aus, dass sich die Eltern-Paranoia in bare Münze umsetzen lässt.

Leider bietet die virtuelle Realität auch einen unendlichen Raum für Angstvorstellungen. Sie ist eine unbekannte Welt, in der unsere Furcht vor dem unsichtbaren Fremden sich ungehindert austoben kann. Da Kinder oft geschickter im Umgang mit dem Internet sind, stehen die Eltern zwangsläufig vor unbequemen neuen Herausforderungen, wenn sie ihre Sprösslinge kontrollieren wollen. »Sie haben ja keine Ahnung, was da draußen alles rumspukt«, vertraute mir ein Vater an. Er beschwor das Gespenst von Kinderschänderringen herauf, die online im Schatten lauern, bereit, sich per E-Mail auf seine arglosen Teenager-Kinder zu stürzen. Zwar vermochte niemand, mit dem ich gesprochen habe, tatsächlich von einem Kind zu berichten, das zu Schaden gekommen ist, doch trotzdem betrachten alle das Internet als ein immens großes Problem. Und offensichtlich gibt es noch mehr Gründe, sich Sorgen zu machen. Im April 2000 klärte Dr. Jane Healy, eine amerikanische Erziehungspsychologin, die Elternschaft darüber auf, dass Computer auch die Gehirnentwicklung von Kindern beeinträchtigen könnten.[2]

Auch das altmodische Fernsehen wird häufig wegen seines negativen Einflusses auf Kinder verurteilt. Eltern beschweren sich darüber, das Fernsehen erziehe ihre Kinder dazu, hochgradig kaufsüchtig zu werden, und klagen, Videospiele würden ihre Kinder vom Lesen oder Fahrrad fahren abhalten. Das führt so weit, dass Eltern, die den Videorecorder zeitweise als elektronischen Babysitter nutzen, wegen dieses pragmatischen Einsatzes Schuldgefühle haben. Und die Fachleute schüren solche Ängste noch. Eine amerikanische Studie mahnt zum Beispiel, dass der Einfluss der Medien auf Kinder »Anlass zu ernsthafter Sorge sein sollte, nicht nur für Eltern und Erzieher, sondern auch für Ärzte, Vertreter des öffentlichen Gesundheitswesens sowie Politiker«.[3]

Eltern misstrauen dem Internet und dem Fernsehen, weil sie generell nicht so recht wissen, wie sie mit den äußeren Einflüssen umgehen sollen, die auf ihre Kinder einwirken. Zahlreiche dieser Einflüsse – Werbung im Fernsehen, Konsumterror, das Internet – erscheinen ihnen als Teil einer komplexen neuen Welt, die sie verunsichert.

1998 interviewte die Initiative Families for Freedom (Familien für Freiheit) zweihundert Elternpaare. Die Ergebnisse sind erschreckend. Den meisten der befragten Mütter und Väter stellt sich die Welt als feindliche Umgebung für ihre Kinder dar. Sie benutzen ganz selbstverständlich Wörter wie »besorgt« und »verängstigt«, wenn sie ihre Gefühle in Bezug auf ihre Kinder beschreiben, besonders, wenn sie draußen im Freien sind. Auch als die Marketingorganisation System Three im gleichen Jahr für die BBC eine öffentliche Meinungsumfrage über die Sicherheit von Kindern in Schottland durchführte, sprach aus den Resultaten das vorherrschende Gefühl, Kinder seien heute wesentlich gefährdeter als vor zwanzig Jahren. Obwohl die Rate der Kindermorde durch Unbekannte in Schottland äußerst niedrig ist, glaubten 79 Prozent der Befragten, die Anzahl dieser Fälle habe sich erhöht, und 38 Prozent meinten, die Erhöhung sei sogar »dramatisch«. Eine große Mehrheit – 83 Prozent – glaubte außerdem, dass heutzutage auf den Straßen Schottlands mehr Kinder Verkehrsunfällen zum Opfer fielen als früher. Tatsächlich jedoch ist diese Zahl in den letzten zwanzig Jahren um 60 Prozent *gesunken*. Die gewaltige Kluft, die sich zwischen der Wahrnehmung von Erwachsenen und den tatsächlichen Risiken, denen Kinder ausgesetzt sind, auftut, wird auch von anderen Studien im anglo-amerikanischen Raum bestätigt. Bei einer Umfrage im Jahr 1995 unter amerikanischen Kinderärzten erklärten die Befragten, dass elterliche Ängste unter ihren Patienten immer mehr zunähmen – und dass diese Ängste dazu tendierten, in keinem Verhältnis zu tatsächlich vorhandenen Risiken zu stehen. Die Diskrepanz zwischen realen und vermeintlichen Gefahren war besonders auffällig, wenn es um wirklich ernsthafte Bedrohungen für das Wohl der Kinder ging, etwa Entführungen, Umweltgifte oder Krebserkrankungen.[4]

Diese Kultur der Angst bringt Eltern dazu, die unabhängigen Aktivitäten ihrer Kinder außer Haus einzuschränken. Noch 1971 durften in England acht von zehn 8-Jährigen alleine zur Schule gehen; heute darf das nur knapp jedes zehnte Kind. Im Alter von 11 Jahren ging früher fast jedes Kind alleine zur Schule, heute sind es nur noch 55 Prozent, mit fallender Tendenz. In einem 1997 herausgegebenen Bericht des Childrens Play Council, einer Organisation, die sich für mehr Kinderspielplätze einsetzt, heißt es, Kinder seien inzwischen quasi zu Gefangenen in ihrem eigenen Zuhause geworden.

Durch die Eltern-Paranoia wird nicht nur die Freiheit der Kinder beim Spielen eingeschränkt, sondern auch die Kreativität des Spielens vermindert. Es gibt schlagkräftige Beweise dafür, dass Kinder einfallsreicher sind, wenn die Eltern sich nicht in der Nähe befinden und ihr Verhalten beaufsichtigen. Eine Studie von Dale Grubb und Alicia Snyder kommt zu dem Schluss, dass unter der Aufsicht von Erwachsenen das Spielen zu einer strukturierten Aktivität wird, wodurch wiederum die Experimentierfreude der Kinder sinkt. Leider wird heutzutage das Konzept unbeaufsichtigter kindlicher Aktivität – das, was früher Spielen hieß – von Erziehungsfachleuten als Risiko definiert. Schränkt man jedoch die Aktivität von Kindern im Freien ein, muss man mit vorhersagbaren Konsequenzen für ihre Entwicklung rechnen. Zudem verursacht eine vorwiegend sitzende Lebensweise unvermeidlich gesundheitliche Schäden. Forschungen haben ergeben, dass die nachlassende Fitness britischer Kinder damit zusammenhängt, dass sie immer weniger Zeit mit Laufen und Fahrradfahren verbringen. Eine Studie über die Fortbewegungsweisen der Menschen in Großbritannien ergab, dass sich in den Jahren zwischen 1985 und 1993 die von Kindern jährlich zu Fuß zurückgelegte Distanzen um 20 Prozent und die durchschnittlich mit dem Fahrrad bewältigten Strecken um 27 Prozent verringert haben.[5] Eine durchschnittliche britische Schülerin geht heute sieben Minuten weniger zu Fuß als noch vor wenigen Jahren. Da den Kindern die Möglichkeit genommen wird, beim Herumrennen im Freien Kalorien zu verbrennen, werden sie dick. Eine Studie, die im September 1999 im *British Medical Journal* veröffentlicht wurde, ergab, dass ein alarmierend hoher Prozentsatz von Kindern im Vorschulalter übergewichtig und sogar fettleibig ist. Unter den Zweijährigen wurden 25,8 Prozent als übergewichtig und 6 Prozent als fettleibig betrachtet. Im Alter von 5 Jahren wurden 18,7 Prozent als übergewichtig und 7,2 Prozent als fettleibig eingestuft.

Vorbeugung als Erziehungsansatz

Die moderne Eltern-Paranoia ist keine Zuspitzung früherer Ängste. Vor dem Zweiten Weltkrieg waren beispielsweise überbehütende Eltern ein häufiges Thema von Handbüchern über Kindererziehung, und von Schuldgefühlen geplagte Eltern machten sich Sorgen darüber, ob sie ihre Kinder womöglich »erdrückten«. Als Vorwurf scheint Überbehütung heute vom Tisch zu sein. Ganz im Gegenteil: Statt sie zu kritisieren, preisen Fachleute viele Merkmale klassischer Überbehütung gern als verantwortungsvolles Elternverhalten. Eltern werden ständig dazu angeregt, noch mehr zum Schutze ihrer Kinder zu unternehmen.

Forscher raten Eltern, ihre Kinder zu beaufsichtigen, und zwar nicht nur draußen im Freien, sondern sogar beim Fernsehen. Im Englischen wurde der Ausdruck *coviewing* (Mitsehen) geprägt, um die Praxis sorgsamer Eltern zu beschreiben, zusammen mit ihren Kindern vor dem Fernseher zu sitzen und dabei die Rolle eines »Medien-Werte-Filters« und »Medienerziehers« zu übernehmen. Andere Forscher meinen zudem, elterliche Beaufsichtigung »impfe« Kinder gegen zahlreiche Gefährdungen, denen sie ausgesetzt seien. Sie machen geltend, dass »elterliche Aufsicht umgekehrt proportional mit asozialem Verhalten, Drogen- und Tabakkonsum sowie früher sexueller Aktivität in Zusammenhang gebracht wird«.[6] Natürlich ist da etwas Wahres dran. Je mehr Zeit ein Kind in Gesellschaft seiner Eltern verbringt, desto weniger Zeit hat es für Rauchen, Trinken und Sex. Wenn jedoch die Quantität elterlicher Beaufsichtigung in eine direkte Beziehung zu Verhaltensauffälligkeiten der Kinder gesetzt wird, muss das zwangsläufig bei Eltern die Überzeugung wecken, ihre Sprösslinge würden sich um so besser entwickeln, je mehr Zeit sie für sie aufbringen können. Hier stellt sich die Frage, wo man die Grenze ziehen soll. Woher sollen Eltern wissen, wie viel Beaufsichtigung angemessen ist im Vergleich zu dem, was maximal möglich ist?

Leider gilt elterliche Aufsicht heute grundsätzlich als lobenswert – Eltern können also nie zu viel Zeit mit der Beaufsichtigung ihrer Kinder verbringen. Kindererziehungs-Experten räumen zwar gelegentlich ein, dass es schlichtweg unmöglich sei, Kinder und Jugendliche unter der ständigen Obhut Erwachsener zu halten. Doch sie beharren darauf, dass im Fall der Abwesenheit der Eltern alternative, indirekte Formen der Kinderbeaufsichtigung eingesetzt werden müssten. Ein amerikanischer Experte plädiert dafür, dass Eltern, die ein Kind alleine lassen, für eine Überwachung *in absentia* sorgen sollten, zum Beispiel indem man in Verbindung mit einer erwachsenen Vertrauensperson bleibt, die über das Tun und Lassen des Kindes Bescheid weiß. Die Botschaft ist deutlich: Wenn Sie sich auch nur für ein paar Stunden aus der Verantwortung für Ihr Kind schleichen, sorgen Sie wenigstens dafür, dass jemand anderes Ihre Aufgabe übernimmt.[7]

Den Eltern wird nicht nur geraten, ihre Kinder zu beaufsichtigen. In Großbritannien drohen sogar rechtliche Sanktionen. Obwohl das Gesetz in England und Wales kein Alter festlegt, unterhalb dessen es illegal wäre, seine Kinder unbeaufsichtigt zu lassen, können Elternteile, von denen man glaubt, sie würden ihre Kinder vernachlässigen, sie im Stich lassen oder einer Gefahr aussetzen, bestraft werden. Laut Carolyn Hamilton vom Children's Legal Centre, einer Organisation, die sich für die Rechte von Kindern einsetzt, gehört es zur allgemeinen Überzeugung von Kinderschutz-Fachleuten, dass Eltern Kinder unter 12 Jahren nicht länger als zwanzig bis dreißig Minuten alleine lassen sollten. Was für ein Schock wäre das für die Eltern der »Schlüsselkinder« der 70er Jahre gewesen! Damals konzentrierte sich die Debatte um arbeitende Mütter, deren Kinder nach der Schule ein leeres Zuhause antrafen, auf die Frage, ob es zu verantworten sei, den Kindern ein Begrüßungslächeln oder den Duft von Selbstgebackenem vorzuenthalten. Die Sicherheit der Kinder spielte keine Rolle und man machte den Müttern auch nicht den Vorwurf, sie im Stich zu lassen. Eltern, die ihr Kind für eine halbe Stunde sich selbst überlassen, machen sich wohl auch heutzutage kaum strafbar. Aber Juristen fordern, dass gegen Eltern gerichtlich vorgegangen werden sollte, die einen 11-Jährigen drei bis vier Stunden alleine lassen. Obwohl nur wenige Eltern *tatsächlich* für eine solche Tat bestraft werden, sprechen die strengen Richtlinien eine deutliche Sprache darüber, was die Gesellschaft von Eltern erwartet. Und diese Erwartungshaltung basiert auf der Prämisse, Eltern könnten nie zu viel zum Schutz ihrer Kinder unternehmen.

Vor zwanzig oder dreißig Jahren pflegten die Autoren von Handbüchern über Kindererziehung so ihre eigenen Methoden, Eltern Schuldgefühle einzuimpfen. Doch auf die Behauptung, es sei falsch, Kinder unter 12 Jahren länger als 20-30 Minuten alleine zu lassen, hätten sie ungläubig reagiert. Glücklicherweise gibt es auch heute noch Gesellschaften, in denen überbehütende Eltern nicht als Vorbilder angepriesen werden. Kinder in Norwegen und Finnland »bleiben ab dem Alter von 7 Jahren problemlos allein zu Hause«, meldet Priscilla Alderson, Dozentin für Entwicklungspsychologie am Institute of Education in London. Alderson berichtet, dass finnische Kinder mit 7 Jahren eingeschult werden und dann manchmal schon um 11 Uhr wieder nach Hause gehen, wo sie mit Freunden spielen, bis ihre Eltern am späten Nachmittag wiederkommen.[8] In anglo-amerikanischen Gesellschaften, in denen ein von der Eltern-Paranoia geprägter Erziehungsstil vorherrscht, würden solche Praktiken als Kindesmisshandlung verurteilt.

Die Überzeugung, Kinder könnten ohne die permanente Gegenwart eines Erwachsenen nicht überleben, wird ständig von öffentlichen Kampagnen gefördert, die darauf abzielen, Eltern zu schockieren. »Nehmen Sie nur Babysitter, die über 16 Jahre alt sind und genügend Verantwortungsgefühl besitzen, um auf Ihre Kinder aufzupassen«, mahnte die NSPCC im Laufe ihrer Kampagne für die Sicherheit öffentlicher Orte im August 1999. Sogar die altehrwürdige Praxis, 14- oder 15-jährige zu engagieren, die sich liebend gern etwas Taschengeld dazuverdienen, wird inzwischen als Akt grober Verantwortungslosigkeit abgelehnt.[9]

Bei modernen Eltern gelten Sicherheit und Vorsicht als essenzielle Werte. Die Eltern-Paranoia wird von der ständigen Erwartung gespeist, ihren Kleinen werde voraussichtlich etwas sehr Schlimmes zustoßen.

Jacqueline Lang, Leiterin der Walthamstow Hall School in Sevenoaks, Kent, charakterisierte den heutigen Erziehungsstil als den »Supergau-Ansatz«. Lang zog 1997 das Interesse der Öffentlichkeit auf sich, als sie einmal bemerkte, einige Mädchen in ihrer Schule besäßen noch nicht einmal einen Regenmantel, und sie bräuchten auch keinen, weil sie überallhin mit dem Auto kutschiert würden. Sie identifizierte in diesem Umstand eines der fundamentalen Prinzipien der Eltern-Paranoia: die Angst, Risiken einzugehen.[10]

Dabei sind zahlreiche Alltagsrisiken durchaus geeignet, die Entwicklung des Kindes positiv zu stimulieren, wenn es nur die Gelegenheit bekommt, damit umgehen zu lernen. In der modernen Kindererziehung geht es jedoch nicht so sehr um den *Umgang* mit Risiken als um ihre völlige *Vermeidung*. Wie Kinderpsychologin Jennie Lindon argumentiert, kann die »Furcht der Erwachsenen vor dem Risiko darin münden, dass zu viel Wert darauf gelegt wird, jede erdenkliche Quelle selbst geringer Risiken zu eliminieren«. Das charakteristische Merkmal einer solchen fixen Idee sei, so Lindon, »dass übermäßig viel darüber spekuliert wird, was passieren könnte, anstatt darüber, was Kinder lernen würden«.[11]

Schon seit jeher waren Eltern sorgfältig darauf bedacht, ihre Kinder vor Schaden zu behüten. Die Frage: »Was kann schief gehen?« ist ein vernünftiger Weg, Risiken abzuwägen. Doch die Frage zu stellen, was schief gehen *könnte*, ist etwas wesentlich anderes, als von der Annahme auszugehen, dass etwas schief gehen *wird*. Ein solch fatalistischer Blick vermindert die Fähigkeit der Eltern, auf sachlicher Basis intelligente Entscheidungen zu treffen. Anstatt beispielsweise mit Hilfe zweier Fragen, nämlich: »Spielt es eine Rolle?« und: »Was könnte das Kind aus dieser Erfahrung lernen?«, die Risiken und Chancen einer bestimmten Situation vernünftig einzuschätzen, bringt der vorbeugende Ansatz Eltern konstant dazu, immer dieselbe, eindimensionale Antwort zu finden: Vorsicht!

Die Versuchung ist groß, den vorbeugenden Ansatz in der Kindererziehung einfach als irrationale Reaktion überforderter Mütter und Väter zu interpretieren. Kindererziehungs-Fachleute zeigen manchmal mit dem Finger auf überängstliche Eltern und raten ihnen, mit den Risiken, denen ihre Kinder ausgesetzt sind, vernünftiger umzugehen. Jaqueline Lang, die äußerst empfindlich auf alle Ansätze reagiert, Kindern gegen die Risiken, die das Leben mit sich bringt, zu impfen, macht »eine Generation ängstlicher Eltern« dafür verantwortlich, »die Abenteuerlust« britischer Kinder »im Keim zu ersticken«. Doch es wäre ein Fehler, das Problem auf die Persönlichkeiten einiger weniger Mütter und Väter zu reduzieren. Schließlich sind die Beziehungen einzelner Erwachsener zu ihren Kindern seit jeher untrennbar mit dem Erziehungsstil verknüpft, der in unserer Kultur und unserer Gesellschaft vorherrscht.

Heutzutage sehen sich Eltern einem starken gesellschaftlichen Druck ausgesetzt, der die vorbeugenden Aspekte der Erziehung in den Vordergrund rückt. Beängstigende öffentliche Kampagnen erinnern sie immer wieder daran, wie viele Gefahren ihren Kinder drohen, und es fällt schwer, in einer Zeit, in der die Sicherheit von Kindern ein ständiges Thema in den Nachrichten geworden ist, die richtige Balance zu finden.

Die schwindende Solidarität der Erwachsenen

Christina Hardyment, Autorin einer hervorragenden Arbeit über Ratschläge zur Babypflege gestern und heute, zeigt sich betroffen über das derzeitige Ausmaß der Eltern-Paranoia. Sie nimmt ein Klima permanenter Angst wahr, das einen von Schuldgefühlen dominierten Erziehungsstil hervorbringt, der die Freiheit schon von Kleinkindern einschränkt.[12] Eine Studie von Dr. Mayer Hillman vom Policy Studies Institute weist darauf hin, dass derzeit nur noch unter 10 Prozent aller 7- und 8-Jährigen allein zur Schule gehen dürfen, während es 1970 noch 80 Prozent waren. In der Vergangenheit hätte noch nicht einmal eine archetypische Gluckenmutter derartige Vorsichtsmaßnahmen ergriffen, wie sie heute als Norm gelten. Obwohl Kinder noch nie sicherer und gesünder lebten, wurde zu keiner Zeit so viel Sorge und Energie darauf verwendet, sie vor Schaden zu bewahren.

Stuart Waiton, ein Glasgower Wissenschaftler, hat zwingende Beweise erbracht, die der Befürchtung, Kinder seien heute größeren Risiken ausgesetzt als früher, widersprechen. Waiton zufolge sank zwischen 1988 und 1999 die Zahl der ermordeten Kinder zwischen 5 und 16 Jahren in England und Wales von 4 pro Million auf 3 pro Million. Die Gesamtzahl der Mordopfer unter 5 Jahren sank von 12 auf 9 pro Million. Die Zahl der Entführungsfälle, die mit einem Schuldspruch endeten, sank in derselben Zeit von 26 auf 8.[13]

Obwohl die Eltern-Paranoia weit verbreitet ist, hat es bisher nur wenige Versuche gegeben, ihre Ursachen zu ergründen. Vielfach wird den sensationshungrigen Medien die Schuld zugeschoben. »In zunehmendem Maße werden wir von den Medien mit spektakulären Berichten über Gewalt, Krankheiten und Gesundheitsfragen bombardiert, ebenso wie mit unterschiedlichen Meinungen über die richtige Diät oder die Methoden der Kindererziehung«, erklärten die Autoren einer Studie über Elternsorgen in den Vereinigten Staaten. Sicherlich haben sie teilweise Recht. Untersuchungen der Berichterstattung in den britischen Medien über die schreckliche Ermordung des 2-jährigen Jamie Bulger durch zwei 10 Jahre alte Jungen zeigten, dass diese einen starken Einfluss auf Eltern ausübte. Bei einer Befragung von 1.000 Elternpaaren ein Jahr später nannten 97 Prozent die Furcht vor einer möglichen Entführung ihrer Kinder als ihre größte Sorge. Die *Times* berichtete, dass ein Großteil dieser Eltern erzählte, die »Fernsehbilder des 2-Jährigen, der von seinen Mördern mitgenommen wird, seien ihnen noch frisch im Gedächtnis«.

Doch wäre es eine zu starke Vereinfachung, die Medien allein für die Probleme der Eltern verantwortlich zu machen. Eltern brauchen gar keine reißerischen Horrorstorys – sie sind ohnehin schon verunsichert genug. Sie machen sich über alle möglichen Alltäglichkeiten Sorgen, und zwar ständig und fortwährend. Am Montag vielleicht wegen Marys Gewicht, am Dienstag wegen Tims Weigerung, Gemüse zu essen, am Mittwoch wegen des beklagenswerten Bildungstands von Mary und Tim, und so weiter. Nein, die Medien sind nicht die Auslöser der Eltern-Paranoia. Ihre Rolle besteht darin, das, was eine Gesellschaft beschäftigt, vergrößert darzustellen und in Bilder und Worte zu fassen. Den Boten und die schlechte Nachricht, die er überbringt, in einen Topf zu werfen, ist eine verständliche Reaktion, jedoch keine, die uns hilft, die Fragen, die uns bewegen, zu klären.

Wie lautet denn die schlechte Nachricht? In den folgenden Kapiteln soll deutlich gemacht werden, dass eine Vielfalt von Einflüssen dazu beiträgt, die Ängste, die die Eltern von heute quälen, hervorzurufen. Doch gibt es eine Voraussetzung, die noch vor allen anderen für die heutige Eltern-Krise verantwortlich gemacht werden kann, und das ist *der Zusammenbruch der Solidarität unter Erwachsenen.*

Diese Solidarität unter Erwachsenen gehört zu den unausgesprochenen Selbstverständlichkeiten. Die meiste Zeit und an den meisten Orten wird sie von Leuten praktiziert, die diesen Ausdruck noch nie gehört haben. Überall auf der ganzen Welt gehen Erwachsene davon aus, dass es ein gemeinsames öffentliches Verantwortungsgefühl für das Wohl von Kindern gibt, selbst wenn es sich um fremde Kinder handelt. Schimpft zum Beispiel der örtliche Zeitungsverkäufer oder der Metzger einen Jungen aus, weil der ein Kaugummipapierchen auf die Straße geworfen hat, hilft er dessen Eltern aktiv bei seinem Sozialisationsprozess. Wenn ein Rentner ein junges Mädchen tadelt, weil es bei Rot über die Ampel gegangen ist, unterstützt er die Versuche der Eltern, ihr etwas über das Leben beizubringen. Diese Zeichen öffentlichen Verantwortungsbewusstseins vermitteln Kindern, dass die gesamte Gesellschaft ein bestimmtes Verhalten von ihnen erwartet, nicht nur ihre Mütter oder ihre Väter.

Schon seit langem ist man sich darüber einig, dass die Sozialisation von Kindern von einem weiten Netz verantwortungsbewusster Erwachsener getragen wird. Man kann nicht von Eltern erwarten, rund um die Uhr auf ihre Kinder aufzupassen. Quer durch alle Kulturen hindurch und im gesamten Verlauf der Geschichte gingen Mütter und Väter bei ihrem Verhalten von der Annahme aus, dass andere Erwachsene – häufig Fremde – ihren Kindern helfen würden, falls sie in Schwierigkeiten gerieten. In vielen Gesellschaften fühlen sich Erwachsene dazu verpflichtet, Kinder anderer Leute zu maßregeln, wenn sie sich in der Öffentlichkeit schlecht benehmen.

Wie alle britischen Eltern wissen, können sie sich heutzutage in Großbritannien nicht darauf verlassen, dass andere Erwachsene in der Öffentlichkeit ein Auge auf ihre Kinder haben. Britische Erwachsene schrecken davor zurück, sich mit den Kindern anderer zu befassen. Das liegt nicht einfach nur am Egoismus oder an der Gleichgültigkeit der Leute. Viele Erwachsene hegen vielmehr die Befürchtung, ihr Handeln könne missverstanden und ihnen übelgenommen, vielleicht sogar als Misshandlung fehlinterpretiert werden. Erwachsene fühlen sich in der Gegenwart von Kindern unwohl. Sie wollen sich nicht einmischen und sind unsicher, wie sie sich verhalten sollen; das gilt sogar, wenn ein Kind in Not ist.

Nehmen wir als Beispiel einmal die folgende Szene, die sich im Frühjahr 2000 in einer Grundschule in Bristol abgespielt hat. Die Lehrer sind mit einer Gruppe von 7-Jährigen nach draußen vor den Schulhof gegangen, um vorbeifahrende Autos zu zählen. Der kleine

Henry langweilt sich und steckt seinen Kopf durch die Stäbe des Gitters, das den Schulhof von der Straße trennt. Er klemmt sich den Kopf ein. Die Lehrer wissen nicht, was sie tun sollen. Eine Menschenmenge versammelt sich um das eingeklemmte Kind. Ein Lehrer findet einen Becher Sahne und schmiert davon etwas auf die Gitterstäbe, um Henry dabei zu helfen, sich aus seiner misslichen Lage zu befreien. Es nützt nichts. Inzwischen treffen nach und nach Eltern ein, um ihre Kinder abzuholen. Die Lehrer stehen herum. Nicht einer von ihnen versucht, Henry herauszuziehen. Nicht einer von ihnen legt den Arm um den verzweifelten Jungen, um ihn zu beruhigen. Alle haben Angst, das Kind zu berühren. Endlich kommt Henrys Mutter. Sie wirft einen Blick auf ihren Sohn, ergreift ihn, gibt ihm einen Ruck, und raus ist er. Henrys achtzigminütige Qual hat ein Ende.

Diese Geschichte erzählte mir voller Entsetzen eine junge Lehrerin, als Kommentar zu der Welt, in der wir leben. Als ich sie fragte, warum sie selbst nichts unternommen habe, um dem kleinen Henry zu helfen, antwortete sie, sie sei bereits vor einem Jahr dafür gerügt worden, dass sie »zu körperlich« mit einem Kind umgegangen sei.

Wenn es schon einem Lehrer oder einer Lehrerin verwehrt ist, ein vor Angst weinendes Kind in den Arm zu nehmen, aus Furcht, dass diese Handlung missinterpretiert werden könnte, ist es kein Wunder, dass Passanten tatenlos an einem schluchzenden Kleinkind vorübergehen.

Unbeholfene Erwachsene, die sich in Gegenwart von Kindern unwohl fühlen, stellen für Eltern ein ernsthaftes Problem dar. Sie haben das Gefühl, allein gelassen zu werden. Schlimmer aber ist, dass viele Eltern der Überzeugung sind, es sei das Beste, wenn andere Erwachsene sich nicht in die Angelegenheiten ihrer Kinder einmischen. Eltern betrachten andere Erwachsene nämlich nicht als Verbündete, sondern als potenzielle Feinde ihrer Kleinen.

Erwachsene, die nicht mit Kindern umgehen können, und ängstliche Eltern, die die »stranger-danger« fürchten, sind zwei Seiten ein und derselben Medaille.

Dieser Zusammenbruch der Solidarität unter Erwachsenen verursacht Eltern-Paranoia. Die Furcht vor der »anderen Person« ist der greifbarste Ausdruck elterlicher Verunsicherung. Eine Umfrage, die 1998 von Families for Freedom durchgeführt wurde, zeigte, dass 89,5 Prozent der Befragten generell ein ungutes Gefühl hatten, was die Sicherheit ihrer Kinder anging. Die Befürchtungen wurden konkreter, wenn andere Erwachsene als Faktor ins Spiel kamen. 76 Prozent sagten, sie hätten »große Angst« um ihre Kinder, vor allem wegen »anderer Leute«. Forschungen von Mary Joshi und Morag Maclean im Jahr 1995 ergaben, dass Eltern »stranger-danger« häufiger als alles andere als Grund dafür nannten, dass sie bei Schulausflügen die Kinder mit Privatautos transportierten.[14]

Vielleicht ist dies auch der Grund dafür, dass Eltern in Großbritannien ihre Kinder weit häufiger mit dem Auto zur Schule bringen als in Deutschland, Skandinavien und anderen Teilen Europas, wo die Entfernung zwischen zu Hause und der Schule oft viel größer ist. In Gesellschaften, in denen Nachbarn und andere Erwachsene sich zu einem gewissen Grad dafür verantwortlich fühlen, ein Auge auf Kinder zu haben, sind die Einstellungen zu ihrer Sicherheit weit weniger zwanghaft. Eine vergleichende Studie über die unabhängige Mobilität von Kindern ergab, dass die Kinder in Deutschland deutlich weniger von ihren Eltern beaufsichtigt werden als in Großbritannien. Den Autoren zufolge liegt einer der Gründe, warum deutsche Eltern ihren Kindern eher erlauben, alleine hinauszugehen, darin, dass sie von anderen Erwachsenen erwarten, ein Auge auf sie zu haben, während deutsche Kinder ihrerseits berichteten, sie fühlten sich von der Welt der Erwachsenen beaufsichtigt. Diese Kultur der Zusammenarbeit schafft bei deutschen Eltern ein Gefühl der Sicherheit. Die Erwartung, dass andere Erwachsene schon das Richtige tun, hilft ihnen, eine entspanntere Haltung einzunehmen, als es vielleicht in Großbritannien der Fall ist.[15] Eine Konsequenz der schwindenden Solidarität unter Erwachsenen in Großbritannien besteht darin, dass Kinder sich heutzutage kaum noch von zu Hause entfernen dürfen. Das Revier, das sie unbeaufsichtigt durchstreifen können, ist gegenüber 1970 auf ein Neuntel geschrumpft.[16]

Eltern unter Beschuss

Aber nicht allein Fremde geraten ins Visier der Paranoia: Auch britische Eltern stehen unter Verdacht. Häufig wird die Öffentlichkeit davor gewarnt, dass Kindern Gefahr von ihren eigenen Eltern drohe. Gerade Eltern, denen es schwer fällt, mit dem Druck des Alltagslebens fertig zu werden, wurden als »potenziell zu Misshandlungen neigend« hingestellt. Im Mai 2000 lancierte die NSPCC ihre »Full Stop«-Kampagne. Schockierende Bilder auf Plakatwänden zeigen eine liebevolle Mutter, die mit ihrem Baby spielt. Die Überschrift lautet: »Später wollte sie ihm ein Kissen aufs Gesicht drücken.« Auf einem anderen Plakat knuddelt ein liebevoller Vater sein Baby. Die Worte: »In dieser Nacht hätte er sie am liebsten gegen ihr Kinderbettchen geschmettert« sollen als bedrückende Mahnung dienen, dass man sich nicht vom äußeren Schein täuschen lassen darf. Die NSPCC rechtfertigte ihre Panikmache damit, sie habe Eltern vermitteln wollen, dass es normal sei, unter Druck die Beherrschung zu verlieren und dass sie lernen müssten, mit dem Stress umzugehen. Doch diese angeblich so enge Verbindung zwischen elterlicher Inkompetenz und gewalttätigem Verhalten birgt beunruhigende Konsequenzen für alle Mütter und Väter. Wenn jedermann ausflippen und den Kopf seines Babys an die Wand schmettern kann, wem soll man dann noch vertrauen?

Es kann durchaus passieren, dass eine Mutter oder ein Vater die Beherrschung verliert und das Kind schlägt. Bedauerlicherweise haben die meisten von uns das schon mal getan. Aber selbst dann knallen wir nicht gleich den Kopf unseres Babys an die Wand. Die Behauptung der NSPCC, unter Druck stehende Eltern neigten automatisch zur Misshandlung ihrer Kinder, ist eine Beleidigung für Millionen hart arbeitender Mütter und Väter. Außerdem tragen solche Aussagen dazu bei, ein vergiftetes Klima des Verdachts und des Misstrauens zu schaffen.

In einer Broschüre mit dem Titel *Protecting our Children: A Guide for Parents* (Der Schutz unserer Kinder: ein Handbuch für Eltern), gesponsert vom Labourabgeordneten Dan Norris und versehen mit einem Vorwort von Premierminister Tony Blair, wird erklärt, dass jeder unserer Mitmenschen theoretisch pädophil sein könne. »Sie leben in unseren Gemeinschaften, in unseren Familien, und vielleicht ist es sogar jemand, den wir kennen und lieben«, informiert die Broschüre die Leserschaft. »Wie kommt es, dass scheinbar nette und sogar angesehene Leute Kinder missbrauchen?«, fragt sie.[17] Alle Leser werden dazu aufgerufen, sich die Leute, die »wir kennen und lieben«, mit neuen, misstrauischen Blicken anzusehen.

Das Familienleben, einst idealisiert als sicherer Hafen in einer herzlosen Welt, ist mutiert zum Nährboden der häuslichen Gewalt und des Missbrauchs. Kinderschutz-Fachleute und Pressejournalisten warnen stets aufs Neue vor den Gefahren, die Kindern von ihren »ganz normalen« Eltern drohen. Sollten Quälereien innerhalb der Familie tatsächlich derart epidemische Ausmaße angenommen haben, wären wir automatisch dazu verpflichtet, sogar denen zu misstrauen, die uns am nächsten stehen. Im Mittelpunkt der Furcht stünden dann nicht mehr länger der böse Fremde oder der Kriminelle, sondern unsere engsten Verwandten, Nachbarn, Freunde, Geliebten und Arbeitskollegen.

Diese Kultur der Angst bringt Eltern in eine schwierige Lage. Jedes Jahr erleben etwa 120.000 von ihnen den Albtraum, fälschlicherweise des Kindesmissbrauchs beschuldigt zu werden.[18] Und man muss sich ja auch nicht wundern, dass so viele von ihnen auf Grund von Hörensagen und Gerüchten zum Gegenstand polizeilicher Ermittlungen werden, wenn der Öffentlichkeit vermittelt wird, ganz normale Mütter und Väter seien womöglich potenzielle Kinderschänder.

Kampagnen, die Eltern unter Generalverdacht stellen, unterminieren die Autorität jeder Mutter und jedes Vaters. Zwar gibt es immer noch Lippenbekenntnisse öffentlicher Personen über die »großartige Arbeit«, die Eltern leisten. Doch die unablässigen Hinweise auf elterliches Versagen fordern ihren Tribut. Wenn sogar nette Mütter und Väter zu potenziellen Monstern erklärt werden, fällt es schwer, Eltern in einem positiven Licht zu sehen. Eine Gesellschaft, die von Eltern erwartet, ihren Kindern beizubringen, Fremde zu meiden und ihnen mit Furcht zu begegnen, schafft sich damit große Probleme für die Zukunft. Wenn Eltern ihre Kinder vor *stranger-danger* warnen, geben sie ihnen eine negative Aussage über die Welt der Erwachsenen mit auf den Weg – und damit auch über sich selbst.

Der Code des Misstrauens

Gilt schon das Familienleben als von Grund auf verdorben, wie schlecht muss es dann erst um andere Institutionen bestellt sein? Wenn man schon Eltern und Geschwistern nicht mehr hundertprozentig vertrauen kann, wie können wir dann noch an die Integrität entfernter Bekannter glauben? Kein Tag vergeht, an dem nicht eine schmutzige Geschichte über professionelle Kinderbetreuer oder -betreuerinnen veröffentlicht wird, die das in sie gesetzte Vertrauen enttäuscht haben. Der Verdacht des Kindesmissbrauchs, der über der Familie schwebt, hat sich wie eine Krankheit verbreitet und auch andere Institutionen infiziert, von den Schulen bis zu Pfadfindergruppen. Wo man früher eine fürsorgliche Betreuung erwarten konnte, scheinen jetzt Gefahren zu lauern.

Ein Leitartikel im *British Journal of Sports Medicine* behauptet, Sport sei »das letzte Refugium des Kindesmissbrauchs«. »Aus Hunderten von Interviews mit Athleten weiß ich, dass solche Dinge geschehen, aber es ist schwer, an statistisches Material heranzukommen«, schreibt Celia Brackenridge.[19] Zahlreiche Sportorganisationen haben Leitfäden darüber herausgegeben, wie man potenzielle Pädophile in ihren Reihen erkennen kann. Im Dezember 1998 richtete die Amateur Swimming Organisation in Zusammenarbeit mit der NSPCC eine Notrufnummer für Kinder ein, mit der Begründung, in ihrem sportlichen Umfeld könne es möglicherweise Pädophile geben, wie das Beispiel des Schwimmtrainers der Olympiamannschaft zeigte, der wegen Kindesmissbrauchs ins Gefängnis wanderte. 1999 gab der Kricket-Bund von England und Wales Richtlinien zum Kinderschutz heraus. Mindestens ein Sprecher machte Pädophile für den Niedergang des englischen Krickets verantwortlich, weil die Angst vor ihnen angeblich viele Eltern abschreckte, ihre unbeaufsichtigten Kinder diesen Sport ausüben zu lassen.[20]

Für den St.-John-Rettungsdienst wurden kriminelle Pädophile zu einem Problem, nachdem 1998 drei ranghohe Mitglieder wegen langjährigen Missbrauchs von Auszubildenden zu Gefängnisstrafen verurteilt worden waren. Auch die britische Pfadfinderorganisation British Scout Association wurde in Sexskandale verwickelt. Nachdem ein Scoutmaster aus Coventry wegen Sittlichkeitsdelikten an zwei Jungen und ein Scoutmaster aus Hampshire wegen des Missbrauchs von acht Jungen hinter Gitter gewandert waren, verfolgte die Association fortan eine Politik, die »das Wohlergehen aller Mitglieder durch den Schutz vor physischem, sexuellem und emotionalem Schaden« sicherstellen sollte.

Sogar religiöse Organisationen sind von diesem Klima der Angst betroffen. In Australien versuchten katholische Bischöfe, ihren Priestern jeglichen privaten Kontakt zu Kindern zu verbieten. Richtlinien, die mit Zustimmung des Vatikans erlassen wurden, legen fest, dass Beichtstühle mit Glasscheiben ausgerüstet werden müssen. Zudem darf ein Priester sich nicht hinter geschlossenen Türen mit einem einzelnen Kind treffen.[21] Mit solchen Maßnahmen wird jeder persönliche Kontakt zwischen einzelnen Erwachsenen und Kindern auf effektive Weise stigmatisiert. Eine Richtlinie der Heilsarmee rät ihren Mitgliedern, darauf zu achten, dass »ein Erwachsener nicht mit einem Kind oder einem Jugendlichen alleine gelassen wird, wenn nicht genügend Möglichkeiten zur Beobachtung ihrer Aktivitäten durch Dritte bestehen«. Es wird hinzugefügt, dies könne eben auch mit sich bringen, »dass Gruppen in ein und demselben großen Raum arbeiten müssen, oder aber in einem Nebenraum, dessen Tür offen steht«.[22] Mitglieder der Heilsarmee waren alles andere als begeistert über diese Regelung, da ja viele ihrer Aktivitäten musikalischer Art sind. Weil die Bandmitglieder auf unterschiedlich hohem Niveau spielen, wurde früher in getrennten Räumen im Einzelunterricht geprobt.[23] Trotzdem schreibt die neue Ordnung vor, dass die Türen offen gelassen werden müssen – für die Ohren dagegen wird man wahrscheinlich Oropax brauchen.

Eine Richtlinie, die das britische Innenministerium für Organisationen mit ehrenamtlichen Mitarbeitern herausgegeben hat, empfiehlt, dass Aktivitäten, »bei denen ein einzelnes Kind mit einem Erwachsenen arbeitet, in einem Raum stattfinden sollten, der leicht von anderen in der Nähe befindlichen Personen eingesehen werden kann, zum Beispiel, indem einfach die Tür offen gelassen wird«.[24] Richtlinien für Pfadfinderorganisationen mahnen Pfadfinderführer, Kontaktsportarten sowie Situationen zu vermeiden, in denen sie mit einem Kind allein sind. Leitlinien des Kricket-Bundes von England und Wales weisen Trainer an, nicht »völlig unbeobachtet« mit einem Kind zu arbeiten und schlagen vor, dass »Eltern in den Umkleideräumen die Verantwortung für ihre Kinder übernehmen sollten«.[25]

Die Rückkehr der Anstandsdame in Großbritannien ist ein beredtes Zeugnis für die strenge Reglementierung der Kontakte zwischen Erwachsenen und Kindern. In einem Fall sah sich der Pfarrer einer Dorfkirche aufgrund neuer Vorschriften zum Kinderschutz gezwungen, den Chor aufzulösen. Die jungen Chormitglieder trafen sich jede Woche zu Chorproben und sangen sonntags in der St. Michaels Church in Northchapel, West Sussex. Pfarrer Gerald Kirkham musste den Chor aufgeben, weil nach dem neuen Kodex immer mindestens zwei erwachsene Begleitpersonen bei den Chorproben hätten anwesend sein müssen.[26]

Das Misstrauen gegenüber Erwachsenen, besonders gegenüber Männern, zerstört tendenziell die Arbeitsbeziehungen zwischen Erwachsenen und Kindern. Zahlreiche Erwachsene schrecken davor zurück, sich für die Arbeit mit Kindern freiwillig zu melden. Die Pfadfinderorganisation British Scout Association leidet unter einem Mangel an ehrenamtlichen Pfadfinderführern. »Wenn ein Mann sagt, er würde gerne mit Jungen arbeiten, ziehen die Leute sofort ihre Schlüsse daraus«, berichtete Jo Tupper, eine Sprecherin der Scout Association.[27] Ein ähnliches Phänomen zeigt sich in der Grundschulpädagogik. Forschungen von Mary Thornton, Mitglied der Herfordshire University, ergaben, dass Männer sich von der Grundschulpädagogik abwenden, weil sie Angst haben, man könne sie als »Perverse« abstempeln. Thornton erklärte, dass Männer in Lehrer-Trainingsprogrammen »das Gefühl hatten, völlig hilflos im Umgang mit Körperkontakten zu sein«. Einige der Teilnehmer fragten zum Beispiel, ob sie »ein unglückliches Kind in den Arm nehmen dürften«.[28] Die Stigmatisierung jeglichen Körperkontaktes bedeutet für Lehrer und Lehrerinnen ein ständiges Dilemma. Im August 1998 gingen britische Kommunalpolitiker sogar so weit, Lehrkräften davon abzuraten, Schüler mit Sonnenmilch einzucremen, weil ihnen das den Vorwurf des Kindesmissbrauchs einbringen könne. Lord Puttnam, Vorsitzender der britischen Schulbehörde, warnte davor, Lehrer als potenzielle Vergewaltiger und Pädophile zu betrachten, da dadurch ihre Autorität in hohem Maße untergraben würde.[29]

Im November 1999 wurde darüber berichtet, dass Lehrer aus Angst, man könne sie in irgendeiner Form der unsittlichen Berührung bezichtigen, den Kontakt mit den Kindern, die unter ihrer Aufsicht stehen, zunehmend vermeiden, selbst wenn es Tränen gibt. Eine Schule in Glasgow reagierte auf diese »Kultur der Zuneigungsphobie«, indem sie spezielle Massage-Kurse für Kinder einrichtete. Dabei sollen sich Kinder vollständig angezogen und aufrecht stehend abwechselnd gegenseitig Kopf, Rücken und Schultern massieren. Während der Lehrer eine Geschichte vorliest, sollen sie sich auch abwechselnd die Unterarme mit reinem, parfümfreien Öl einreiben.[30] Ein neues Ritual für eine Zeit, die den physischen Kontakt zwischen Erwachsenen und Kindern fürchtet.

Die Furcht vor Erwachsenen, die Kindern Schaden zufügen, wird von einer Kinderschutz-Branche genährt, die vom Thema Missbrauch wie besessen ist. Die NSPCC-Kampagne Safe Open Spaces for Children («Sichere öffentliche Plätze für Kinder«), die im August 1999 lanciert wurde, riet Eltern, ihre Kinder niemals dazu zu zwingen, »einen Erwachsenen zu küssen oder zu umarmen«, und zwar inklusive Großmütter und Tanten. Die Rechtfertigung für diesen Ratschlag lautete, dies würde die Fähigkeit der Kinder fördern, die Annäherungsversuche von Fremden abzuweisen.[31] Seit ewigen Zeiten ermuntern Eltern ihre Kinder dazu, Großmütter und Tanten zu umarmen und zu küssen. Der Ruf nach einem Verbot dieser unschuldigen Praxis ist symptomatisch für das intensive Misstrauen, mit dem Fachleute die Beziehungen zwischen Erwachsenen und Kindern überziehen.

Diese ganze Hysterie trägt jedoch nur wenig dazu bei, Kinder zu schützen. Wer eine so weite Verbreitung von Kindesmissbrauch voraussetzt, ihn quasi als Regel betrachtet, trivialisiert tendenziell derartige Grausamkeiten. Ein Klima des Misstrauens schreckt keinen Pädophilen ab, untergräbt aber andererseits das Vertrauen aller Mütter und Väter in andere Erwachsene.

Die Flucht vor Kindern

Egal ob in ehrenamtlich arbeitenden Organisationen oder in Grundschulen: Wohlmeinende Erwachsene werden davon abgehalten, eine wertvolle Rolle bei der Erziehung unserer Kinder zu spielen, sie zu unterrichten und sie zu fördern. Im November 1999 fand eine von Playlink (einer Initiative, die sich für die Einrichtung von Spielplätzen einsetzt) und dem Stadtrat von Portsmouth organisierte Konferenz statt, deren Teilnehmer, alles engagierte Fachleute, sich dafür einsetzten, Kinder viel mehr im Freien spielen zu lassen. Gleichzeitig äußerten einige der professionellen Spielbetreuer und -betreuerinnen Kritik an den bürokratischen Vorschriften, die ihren Kontakt zu den Kindern regeln sollten. Eine Teilnehmerin beschwerte sich darüber, dass sie den Kindern gegenüber oft nicht »das Richtige« tun könne, weil eine Missachtung der Regeln negative Konsequenzen für ihre berufliche Laufbahn mit sich bringe.

Die neuartigen Vorschriften, die der Kontrolle ihres Verhaltens dienen, frustrieren die Menschen, die mit Kindern arbeiten. Und wenn man professionellen Kinderbetreuern und -betreuerinnen vorschreibt, wie sie mit den ihnen anvertrauten Kindern umzugehen haben, wie können ihnen dann die Eltern – oder auch die Kinder – vertrauen? Unter diesem Klima der Paranoia haben alle Erwachsenen zu leiden. Man geht von der Annahme aus, niemandem von uns sei zuzutrauen, die Grenze zwischen Kindheit und Erwachsensein zu respektieren, sondern man müsse uns predigen, was fast alle von uns instinktiv wissen – dass Kinder verletzliche Wesen sind, die Schutz brauchen. Dazu gehört jedoch auch, dass man ein unglückliches Kind durch eine Umarmung tröstet, ebenso selbstverständlich, wie man die jungen Menschen nicht missbraucht, die einem Vertrauen schenken.

Das negative Image von Erwachsenen, das sich in den neuen Verhaltenskonventionen widerspiegelt, zieht weit reichende Folgen nach sich. Die gesunde Entwicklung jeder menschlichen Gemeinschaft hängt von der Qualität der Bindungen zwischen den Generationen ab. Doch wie sollen diese Beziehungen aufrechterhalten werden, wenn Erwachsene, die Kinder berühren, nur noch mit Misstrauen betrachtet werden?

Wen wundert es da, wenn Erwachsene inzwischen regelrecht Angst vor schlecht erzogenen Kindern haben? Nehmen wir als Beispiel einmal folgende Szene, die sich auf dem Rasen einer führenden britischen Universität abspielte. Über zweihundert Jura-Dozenten und -Studenten haben sich für ein offizielles Foto versammelt. Ein kleines Mädchen fährt mit dem Fahrrad auf die Gruppe zu, wirft sich vor ihr auf den Boden und weigert sich, aufzustehen. Sie wird freundlich gebeten, beiseite zu gehen, doch sie ignoriert diese Bitten und rührt sich nicht vom Fleck. Nicht ein Erwachsener in dieser großen Gruppe wagt es, einzugreifen, das Mädchen zu maßregeln oder es mit körperlichem Einsatz zu entfernen. Anschließend rechtfertigen die Dozenten ihre Lähmung damit, sie hätten Angst davor gehabt, womöglich des unsittlichen Verhaltens oder der Misshandlung beschuldigt zu werden, falls sie versucht hätten, das Kind wegzutragen. Aus dieser Situation geht das Mädchen als Siegerin hervor. Zwanzig Minuten später, von ihrem leichten Sieg über die desorientierten Erwachsenen gelangweilt, geht sie aus eigenem Antrieb davon.[32]

Es ist wirklich nicht überraschend, dass Kinder das allgemeine Misstrauen gegenüber Erwachsenen dazu ausnutzen, um missliebigen Bezugspersonen das Leben schwer zu machen. Die meisten Kinder sind unternehmungslustige Geschöpfe und nutzen die Verunsicherung der Erwachsenen, um sie gegeneinander auszuspielen. Jedes Jahr werden Hunderte von Lehrern fälschlich der Kindesmisshandlung bezichtigt. Im April 2000 brach auf der Konferenz der britischen Lehrer- und Dozentenorganisation Association of Teachers and Lecturers ein Lehrer öffentlich in Tränen aus, als er darüber berichtete, wie er drei Monate lang leiden musste, nachdem er zu Unrecht beschuldigt worden war, einen 12 Jahre alten Schüler geboxt zu haben. Andere Lehrer erzählten ebenfalls von Fällen falscher Anschuldigungen und forderten, dass Lehrkräfte so lange als unschuldig betrachtet werden sollten, bis ihre Schuld wirklich bewiesen wäre.[33] Bei dieser Diskussion gerät man leicht in Versuchung, die bösen Kinder dafür zu verurteilen, dass sie manchen ihrer Lehrer das Leben zur Hölle machen. Aber letztendlich ist es nicht wirklich ihre Schuld. Sie agieren einfach in einer Welt schmutziger Phantasien, die von den neurotischen Erwachsenen erschaffen wurde.

Das Misstrauen gegen Erwachsene hat eine Flucht vor Kindern ausgelöst und die Distanzierung zwischen den Generationen vergrößert. In einigen Fällen hat dies zu einer Vermeidung körperlicher Kontakte geführt, in anderen zur Weigerung, Verantwortung zu übernehmen. Beides ist Ausdruck der Unsicherheit. Besonders ältere Leute wissen oft nicht mehr, wie sie sich verhalten sollen. Ein 82-jähriger Mann mit zahlreichen Enkeln und Urenkeln liefert uns ein klassisches Beispiel für dieses Dilemma:

Ich war in einem Geschäft, und eine Frau kam herein, eine Bekannte meiner Frau, zusammen mit ihrer kleinen Enkeltochter. Ich aß gerade Süßigkeiten, und als das kleine Mädchen zu mir aufschaute, fragte ich sie: »Möchtest auch was Süßes, Schätzchen?« Sie erschrak und wich vor mir zurück. Da sagte ich zu ihr: »Na ja, das ist schon ganz richtig, was du da machst. Nimm niemals von einem Fremden Süßigkeiten an.« Sie hatte sich richtig verhalten, aber ich kam mir irgendwie schäbig vor. Ich fühlte mich ganz elend, weil ich einem kleinen Mädchen Süßigkeiten angeboten hatte. Dabei liebe ich Kinder. In der Zeitung liest man ja dauernd von solchen schrecklichen Menschen, wirklich schlimm ist das, aber ich fühlte mich in dem Moment auch richtig schäbig.[34]

Der alte Mann hat das aktuelle Klima des Verdachts gegenüber den Motiven Erwachsener bereits verinnerlicht. Auch er hat schon den Rückzug angetreten. Nur die Eltern können sich natürlich nicht von ihren Kindern fernhalten. Sie sind dazu gezwungen, mit dem Schaden zu leben, den das Schwinden der Solidarität unter Erwachsenen anrichtet. Sie werden im wahrsten Sinne des Wortes allein gelassen.

Eltern auf sich gestellt

Laut Professor John Adams vom University College in London leben wir in einem Zeitalter der Hypermobilität, in dem besonders das Auto eine neue Form der sozialen Zersplitterung begünstigt.[35] Adams vertritt die These, die Hypermobilität habe zu einer wachsenden Anonymität individueller Haushalte, zum Rückgang nachbarschaftlicher Nähe, einer weniger kinderfreundlichen Umwelt sowie der Entstehung elterlicher Sorgen um die Sicherheit ihrer Kinder außer Haus beigetragen. Seine Bedenken finden ein Echo in zahlreichen Studien, die ein spürbares Klima sozialer Isolation konstatieren. Bei einer Umfrage der britischen Post im Jahr 1999 kam heraus, dass die Beziehungen zu Verwandten weniger eng sind als früher – obgleich die meisten von ihnen immer noch im Umkreis von einer Stunde Fahrt wohnen. Ein Viertel der Befragten unter 35 sprach selten oder nie mit ihren Nachbarn. Fast ein Drittel aller Befragten sagte, sie würden ihren Nachbarn nur dann Hilfe anbieten, wenn es absolut notwendig wäre, und sie hätten auch gar kein Interesse daran, sie näher kennen zu lernen.[36] Mehr und mehr fehlt der gemeinschaftliche Zusammenhalt und das hat tiefgreifende Auswirkungen auch auf die Art und Weise, wie Erwachsene mit dem Großziehen von Kindern fertig werden.

Das Thema der sozialen Isolation ist den meisten Eltern vertraut. Mütter und Väter beklagen sich über das unbehagliche Gefühl, »allein gelassen« zu sein. Viele Mütter, besonders die berufstätigen, machen sich Sorgen darüber, was bei ihren Kinderbetreuungs-Arrangements schief gehen könnte. Wenn keine Verwandten in der Nähe wohnen, wer holt dann das Kind ab, falls ein Meeting länger dauert? Wer bleibt zu Hause und kümmert sich um das Kind, wenn es Windpocken hat und zwei Wochen lang nicht in die Schule gehen kann? Das Fehlen einer konkreten Unterstützung, die mangelnde Tragfähigkeit von Freundschafts-Netzwerken und die Schwierigkeit, eine gute Betreuung für die Kinder zu finden, tragen allesamt zu dem Gefühl bei, das Leben sei nichts als ein langer, harter Kampf, was wiederum die Spannungen innerhalb der Familie verstärkt.

Der Zerfall der familiären Bindungen sowie der Rückgang des Gemeinschaftsgefühls haben zwangsläufig dazu beigetragen, dass Eltern sich unsicher fühlen. Nicht zu wissen, an wen man sich im Notfall wenden soll, kann ein intensives Gefühl der Verwundbarkeit auslösen – insbesondere bei allein erziehenden Müttern oder Vätern, die sich oft vorkommen, als wären sie buchstäblich auf sich selbst gestellt. Und die Isolation von Eltern ist nicht nur physischer Art. Das Schwinden der Erwachsenensolidarität verwandelt die Kindererziehung in eine überaus einsame Tätigkeit. Ein Klima des Misstrauens trägt dazu bei, Mütter und Väter in eine gewisse Distanz zur Welt der übrigen Erwachsenen zu bringen. In dieser misslichen Lage neigen Eltern dazu, Ängste zu entwickeln und überzureagieren – nicht nur im Hinblick auf die Gefahr, die sie von Fremden befürchten, sondern in Bezug auf jedes Problem, das mit der Entwicklung ihrer Sprösslinge zusammenhängt. Wie wir sehen werden, bezieht die Eltern-Paranoia mittlerweile schon so gut wie jeden Aspekt der Kindererziehung mit ein.

Der Mythos des verwundbaren Kindes

Zwischen der Eltern-Paranoia und dem Bild, das sich eine Gesellschaft vom Kind schlechthin macht, besteht eine enge Beziehung. Gemeinhin wird davon ausgegangen, dass heutzutage Babys und Kleinkinder äußerst verwundbar und gleichzeitig höchst empfänglich gegenüber äußeren Eindrücken sind. Die vorherrschende Meinung, die in Erziehungshandbüchern transportiert wird, ist also, dass die allgemeine Entwicklung von den frühkindlichen Erfahrungen bestimmt wird, in denen ja die Eltern eine vorherrschende und entscheidende Rolle spielen. Es wird behauptet, dass eine positive elterliche Intervention in diesen frühen Jahren die Kinder zu intelligenten und emotional ausgeglichenen Erwachsenen heranwachsen lässt. Negative Impulse hingegen schädigen das Kind zwangsläufig und verurteilen es damit zum persönlichen Scheitern im späteren Leben. Folgerichtig deutet man das Versagen von Erwachsenen häufig als Folge von Problemen, mit denen sie in der Kindheit zu kämpfen hatten.

Die eng miteinander verwobenen Mythen des »Kindheits-Determinismus« (der Annahme, dass Erfahrungen in der Kindheit den Verlauf der zukünftigen Entwicklung bestimmen) und des »Eltern-Determinismus« (der Vorstellung, dass die elterliche Intervention das zukünftige Schicksal eines Kindes bestimmt) üben mittlerweile einen entscheidenden Einfluss auf die Beziehungen zwischen Kindern und ihren Eltern aus. Diese Mythen unterschätzen die Widerstandsfähigkeit von Kindern erheblich, verstärken und fördern das übermäßige Eingreifen in das Leben der Kinder: Damit machen sie die Aufgabe, Vater oder Mutter zu sein, zu einer unerträglich drückenden Bürde.

Die Verleugnung kindlicher Widerstandskraft

Nur sehr ungern wird indes die Tatsache zur Kenntnis genommen, dass Kinder eine erstaunliche Widerstandsfähigkeit besitzen. Die Eltern-Paranoia wird ständig von der Überzeugung genährt, Kinder trügen irreparable Schäden davon, wenn sie nicht ständig von Erwachsenen beschützt würden.

Hillary Clintons volksnahes Buch über Kindererziehung mit dem Titel *Eine Welt für Kinder* beginnt mit den Sätzen: »Kinder sind keine ausgeprägten Individuen. Sie sind angewiesen auf die Erwachsenen um sich herum (...)« Mit diesem Statement – untermauert von Zitaten wohl bekannter Kinderexperten, die gerade en vogue sind – wird die Verwundbarkeit zu einer der bedeutendsten Eigenschaften von Kindern erhoben. Das zugrunde liegende Konstrukt, mit Hilfe dessen dieses Gefühl der Verwundbarkeit hervorgerufen wird, ist das der *gefährdeten Kinder*. Was damit gemeint ist, glaubt jeder sofort zu verstehen, obwohl dieser Ausdruck nur selten definiert wird. Wenn Reporter auf ein gefährdetes Kind anspielen, stellen wir nur selten die nahe liegende Frage: »Gefährdet wodurch?« Wir ahnen oder unterstellen nämlich, dass es sich um eine Bedrohung handelt, weil wir bereits vermuten, dass die Antwort lautet »gefährdet durch alles«.

Leicht übersehen wird außerdem die Tatsache, dass der Begriff des gefährdeten Kindes eine relativ neue Erfindung ist. Wie ich an anderer Stelle zeige, hat diese besondere Vorstellung vom Wesen der Kindheit eine Neudefinition sowohl von »Gefährdung« als auch von »Kindheit« nach sich gezogen.[1] Noch bis vor kurzem galten Risiken nicht als etwas grundsätzlich Schlechtes. Risiken einzugehen wurde als positive Herausforderung im Leben von Kindern betrachtet. Heutzutage dagegen müssen Erwachsene, die Kinder dazu ermutigen, Risiken einzugehen, sich vorwerfen lassen, verantwortungslos zu sein. Risiken werden ausschließlich mit Gefahr gleichgesetzt und müssen daher unter allen Umständen vermieden werden. Aus dieser Perspektive heraus kann die elterliche Sorge um das Wohlergehen ihrer Kinder niemals groß genug sein.

Kein Wunder also, wenn Kindheit immer als eine sehr gefährliche Periode dargestellt wird. »Wo ich hinsehe, droht Kindern Gefahr«, behauptet Hillary Clinton. Sie glaubt, Kinder wären bedroht »von Gewalt und Vernachlässigung, von auseinanderbrechenden Familien, von den Versuchungen durch Alkohol, Tabak, Sex und Drogenmissbrauch, von Habgier, Materialismus und geistiger Leere«. Hier wird das Bild einer Gesellschaft gezeichnet, die aktiv dazu beiträgt, den Untergang ihrer Kinder herbeizuführen. Clinton räumt ein, dass diese Probleme nicht neu sind, fügt jedoch hinzu, in unserer Zeit seien sie »uns über den Kopf gewachsen«.[2] Zahlreiche weitere Autoren bestätigen, dass die Kindheit insgesamt gefährlicher geworden sei. Michele Elliot, Autorin des Buches *Cool bleiben: 501 Tipps für gestresste Eltern*, ist der Meinung, frühere Elterngenerationen hätten sich nicht mit denselben Sorgen herumschlagen müssen wie Mütter und Väter heute. Sie schreibt, es habe nicht viel Sinn, unsere eigenen Mütter um Rat zu fragen, denn sie seien damals, als wir Kinder waren, nicht ständig von schockierenden Nachrichten über immer neue Kindermorde erschreckt worden.[3]

Jede Gesellschaft hat unterschiedliche Vorstellungen vom Wesen der Kindheit. Ansichten über Kinder unterliegen außerdem auch Moden. Christina Hardyment zeigt in ihrer exzellenten Studie zur Geschichte der Kinderpflege die verschiedenen Anschauungen. Die Bandbreite reicht von der Vorstellung, Kinder seien hilflose kleine Wesen, die daher Abhärtung und Stärkung bräuchten, bis zu der Ansicht, sie seien verwundbare Seelen mit dem Bedürfnis nach beständiger Liebe und Aufmerksamkeit. Seit dem Ende des Zweiten Weltkriegs hat die Überzeugung, Kinder seien zerbrechliche und verwundbare Geschöpfe, sich weiter verbreitet, und seit den 80er Jahren schließlich hat der Glaube, Kinder seien von vornherein verwundbar und »gefährdet«, den Charakter eines kulturellen Dogmas angenommen. Die Prämisse dieses Dogmas lautet, Kindern fehle der Ausgleichsmechanismus, um mit widrigen Erfahrungen fertig zu werden. Die Erziehungsexperten haben das Vertrauen in die Widerstandskraft von Kindern verloren und glauben, diese könnten sich von frühen traumatischen Episoden nur schwerlich wieder erholen. Unerfreuliche Erfahrungen in der Kindheit sollen angeblich lebenslange »Narben« hinterlassen.

Es ist diese übertriebene Vorstellung von der Verwundbarkeit von Kindern, auf der die zeitgenössische Sicherheits-Obsession beruht. Denn heutzutage geht es ja gar nicht mehr darum, sinnvolle Sicherheitsvorkehrungen zu treffen, sondern um die Forderung an die Eltern, eine völlig risikofreie Welt für ihre Kinder zu erschaffen. Die Verwandlung von Parks und Spielplätzen ist ein beredtes Zeugnis dafür, wie zeitgenössische Zwangsvorstellungen über die Verwundbarkeit von Kindern das tägliche Leben verändern.

Die englische Mutter Helen Brown kochte vor Wut, als sie vor einigen Jahren einen Brief vom Leiter der Schule ihres Kindes in Canterbury erhielt. Die Schule informierte sie darüber, dass der Spielplatz, für den Helen und andere Eltern monatelang Geld gesammelt hatten, aus Sicherheitsgründen geschlossen würde. Helens Eltern- und Lehrervereinigung hatte nicht nur Geld gesammelt, sondern den Spielplatz auch selbst entworfen und eigenhändig gebaut. »Es handelte sich um einen sorgfältig konstruierten Spielplatz, und die Kinder liebten ihn«, bemerkte Helen. Sie gibt zu, dass das Holz der Geräte an einigen Stellen moderte und die Gefahr bestand, dass sich Splitter lösen könnten. »Aber die Teile hätten problemlos ersetzt und der Spielplatz geöffnet bleiben können«, argumentierte sie.

Die Erfahrung, die Helens Eltern- und Lehrerorganisation machte, ist keineswegs außergewöhnlich. In Greenwich, im Südosten Londons, wurden fünf Spielplätze geschlossen, nachdem ein Kind sich Verletzungen zugezogen hatte.[4] Auch in den Vereinigten Staaten läuft der traditionelle Spielplatz Gefahr, zu einem Relikt der Vergangenheit zu werden. Kalifornien war der erste Staat, der sich Sicherheitsempfehlungen gegenüber willfährig zeigte. Das bedeutet, dass so beliebte, im Boden verankerte Geräte wie Klettergestelle und Karusselle bald nur noch im Museum zu bestaunen sein werden. Andere Geräte, zum Beispiel Schaukeln, Rutschen und Wippen, wurden verkleinert und abgeändert. Nach Aussage des Spielplatz-Architekten Jay Beckwith werden die Geräte vor allem niedriger. »Schaukeln wird es nur noch selten geben, und hohe Schaukeln werden ganz verschwinden.«

In Großbritannien wurden feste Torpfosten von Schulspielplätzen entfernt. Gefährliche Spielgeräte, zum Beispiel mit herumwirbelnden Sitzen, sowie riskante Schaukeln wurden verbannt. Große, schnelle Karussells wurden ebenso abmontiert wie schwere Wipp-Enten. Die neu installierten Karussells sind kleiner und langsamer als die alten, und natürlich sind auch die Seile oder Ketten der Schaukeln kürzer geworden. Spielplatzböden wurden mit Gummibelägen bedeckt, um die Verletzungsgefahr bei Stürzen einzudämmen.

Obwohl es keinen Hinweis auf einen Anstieg von Verletzungen gibt, hat das Children's Play Council festgestellt, dass Lokalbehörden zunehmend die Art der Aktivitäten sowie die Anzahl der Geräte auf den Spielplätzen, für die sie verantwortlich sind, begrenzen. Im Durchschnitt kommt jedoch nur ein Kind pro Jahr auf britischen Spielplätzen ums Leben.

Spielplätze sind heute nicht gefährlicher als vor zwanzig oder vierzig Jahren. Was sich verändert hat, ist die gesellschaftliche Wahrnehmung kindlicher Widerstandsfähigkeit. Körperliche Verletzungen von Kindern werden nicht länger als ganz normale Begleiterscheinung des Aufwachsens akzeptiert. In der modernen Auffassung von Kindheit gelten solche Verletzungen als »unnötig« und zudem als ein Zeichen elterlicher Verantwortungslosigkeit. In Broschüren des Child Accident Prevention Trust, einer Organisation zur Verhütung von Unfällen bei Kindern, ist zu lesen, dass 1996 über eine halbe Million Kinder unter vier Jahren bei Unfällen verletzt wurden. Es wird hinzugefügt, dass »viele [dieser Unfälle] hätten verhindert werden können«. Wahrscheinlich stimmt das, und natürlich möchten Eltern so viele Unfälle wie möglich verhüten. Doch Unfälle gehören zum Leben dazu, sogar für die Kinder der vorsichtigsten Eltern, und leider ist es unmöglich, Kinder hundertprozentig vor körperlichen Verletzungen zu bewahren. Der Versuch, eine verletzungsfreie Kindheit zu konstruieren, kann Schmerzen nicht verhindern, sondern hemmt lediglich die Entwicklung der Kinder. Gesellschaften, die noch an die Widerstandsfähigkeit von Kindern glauben, akzeptieren das Verletzungsrisiko von Kindern als Bestandteil der Freiheit, mit der sie ihre Umwelt erforschen. Priscilla Alderson stellte fest, dass Kinder in Norwegen im Vergleich zu Kindern in anderen Teilen Europas eine leicht erhöhte Unfallrate haben, doch »die Norweger nehmen dieses Risiko gern in Kauf, weil sie möchten, dass ihre Kinder das Landleben ungehemmt genießen können«.

Sicher hat jeder Vater und jede Mutter schon einmal diesen schmerzhaften Stich in der Magengrube verspürt, wenn ihr Kind über eine Mauer balanciert oder mühsam auf einen Baum klettert. Die Worte »komm sofort da runter« liegen ihnen schon auf den Lippen, weil sie *wissen*, dass ein Sturz sehr weh tun würde, und auch, dass man hinunterfallen *kann*. Aber sie wissen auch, dass ihr Kind, wenn es nicht fällt, einen neuen Grad körperlicher Gewandtheit eingeübt, eine neue Lektion gelernt und ein neues Gefühl der Selbstsicherheit erworben haben wird. Die Balance zu halten zwischen Chance und Gefahr ist für den Elternteil auf dem Boden genauso schwer wie für das Kind auf der Mauer.

Ganz offensichtlich gelingt es uns immer seltener, den Balanceakt zu vollführen. Eine Umfrage, durchgeführt von Dr. John Kendrick in Zusammenarbeit mit der Universität von Manchester, ergab, dass viele Spielplätze zu sicher sind. Sie sind eher für ängstliche Eltern konzipiert, als der Entwicklung ihrer verhätschelten Sprösslinge dienlich zu sein. Die Umfrage, bei der 87 Elternpaare interviewt wurden, ergab, dass die Sorgen der Eltern um die Sicherheit ihrer Kinder oft deren Fähigkeit zum eigenständigen Lernen unterdrückten.[5]

Die Vorstellungen, die man sich gegenwärtig von kindlicher Zerbrechlichkeit macht, stehen in direktem Widerspruch zu vorliegenden konkreten Zahlen. Die Kindersterblichkeit ist seit dem 19. Jahrhundert kontinuierlich gesunken. Die Anzahl der Totgeburten und die Säuglingssterblichkeit haben sich zwischen 1971 und 1991 halbiert. Unfälle mit Todesfolge sind ebenfalls zurückgegangen: von 12,1 pro 100.000 Kinder in England und Wales im Jahr 1975 auf 7,3 im Jahr 1991. Sogar Verkehrsunfälle – besonders häufig Gegenstand elterlicher Sorge – stellen heute ein geringeres Risiko für Kinder dar als noch vor fünfundzwanzig Jahren. 1995 wurden weniger als 200 Fahrradfahrer und Fußgänger unter fünfzehn Jahren getötet, während 1975, zwanzig Jahre zuvor, die Zahl der Toten 773 betrug.[6]

Vergleichen wir das Leben eines Kindes vor hundert Jahren mit dem eines Kindes von heute, wird deutlich, dass Kinder in unserer Zeit gesünder und sicherer leben als jemals zuvor. Ein typisches britisches Kind wird niemals die schreckliche Erfahrung einer Polio-Erkrankung erleiden müssen oder an eine eiserne Lunge angeschlossen sein. Es wird nicht durch verseuchte Milch an Tuberkulose erkranken und auch keine Rachitis durch Vitamin-D-Mangel bekommen. Unsere Kinder können durchs Leben gehen, ohne wegen Vitamin-C-Mangels an Skorbut zu erkranken. Auch mit Pocken werden sie sich nicht infizieren. Die durchschnittliche Lebenserwartung für Kinder ist heute um fast dreißig Jahre höher als vor hundert Jahren.

Diese positiven Fakten werden allerdings häufig ignoriert, da der Glaube an ihre angeborene Verwundbarkeit wenig mit tatsächlichen Risiken zu tun hat. Er beruht vielmehr auf der tiefen Überzeugung, dass die wichtigste Gefahrenzone im emotionalen Bereich zu suchen sei. Es sei die emotionale Verfassung eines Kindes, die seine Verwundbarkeit bestimmt. In immer stärkerem Maße werden die alltäglichen Probleme von Kindern als Ausdruck ihrer *emotionalen Deformation* interpretiert, und da eine Verletzung der Gefühle im Gegensatz zu einem gebrochenen Arm nicht so einfach gerichtet werden kann, geht man davon aus, dass sie eine schlimmere Gefahr für das Wohlbefinden des Kindes darstellt.

Das Konzept der emotionalen Schädigung enthält implizit die Androhung einer lebenslangen Strafe. Immer wieder wird behauptet, Kinder trügen durch eine Vielzahl unterschiedlicher negativer Erfahrungen lebenslange Narben davon und bräuchten daher besonderen Schutz. Zahlreiche Fachleute auf dem Gebiet der Kinderpflege, Erziehung und Psychologie entwickeln jedoch eine übertriebene Vorstellung von kindlicher Verwundbarkeit durch emotionale Schäden. Sie haben die Tatsache aus den Augen verloren, dass ein Kind nach einer emotional schwierigen Erfahrung häufig neue Stärken entwickelt. Diesen Aspekt völlig außer Acht lassend, behaupten sie, psychische Erkrankungen seien eine häufige Begleiterscheinung der Kindheit. Diese pessimistische Sichtweise bildet zum Beispiel das zentrale Thema des Berichts *Bright Futures* aus dem Jahr 1999, publiziert von der Wohlfahrtsorganisation British Mental Health Foundation, in dem es hieß, ungefähr 20 Prozent aller Kinder und Jugendlichen litten unter psychischen Problemen, von Ängsten und Depressionen bis hin zu Psychosen und Entwicklungsauffälligkeiten.[7]

Es liegt etwas sehr Egoistisches in der Art und Weise, wie Erwachsene die emotionalen Probleme der Kindheit dazu benutzen, ihr späteres Verhalten zu rechtfertigen. Heutzutage ist es gang und gäbe, persönliche Probleme mit den Schwierigkeiten zu erklären, die man in jungen Jahren hatte. Nach Meinung zahlreicher Sozialkritiker wird eine schwere Kindheit oft allzu leichtfertig als Erklärung für eine Vielzahl von Schwierigkeiten im Erwachsenenleben benutzt. Sogar Personen des öffentlichen Lebens versuchen nicht selten, sich der Verantwortung für ihr Fehlverhalten zu entziehen, indem sie Problemen in der Kindheit die Schuld geben. Hillary Clinton etwa, die frühere First Lady der USA, brachte diese Ansicht bemerkenswert ungebrochen zum Ausdruck, als sie in einem Interview erklärte, die Frauengeschichten ihres Mannes seien eine Folge seiner in der Kindheit erlittenen seelischen Misshandlungen. »Er war noch so klein, kaum erst 4 Jahre alt, als er so misshandelt wurde, dass ihn das für sein ganzes weiteres Leben prägte«, sagte sie voller Überzeugung im Sommer 1999. Der zurückgetretene britische Parlamentarier Ron Davis, früherer Staatssekretär von Wales, machte für einen Zusammenstoß mit der Polizei die Schläge verantwortlich, die er als Kind von seinem Vater bekommen hatte.

Die zweifelhafte Auffassung, negative Kindheitserfahrungen hätten lebenslängliche Auswirkungen, wird mit der großen Empfindlichkeit begründet, mit der Kinder auf emotionale Verletzungen reagieren. Es scheint ein Konsens darüber zu bestehen, dass die »unsichtbaren Narben« der Seele niemals heilen und ihre Opfer für das ganze Leben schädigen. Im Gegensatz zu physischen Handlungen, die einen Anfang und ein Ende haben und spezifischer Natur sind, kennt ja das Reich der Gefühle keine Grenzen und wird oft als konstitutiv für unsere gesamte Identität und Existenz betrachtet. Ständig wird behauptet, die Kinder, die seelische Schäden davongetragen haben, würden Gefahr laufen, ihr Selbstvertrauen zu verlieren, unter Ängsten zu leiden und Beziehungsprobleme zu entwickeln. Eltern müssen befürchten, dass schon unsensible Äußerungen oder elterliche Kritik ungewollt Schäden bei ihrem Kind anrichten können. Alle Definitionen seelischer Grausamkeit basieren auf dem Glauben, Kinder könnten aufgrund ihrer extremen Verletzlichkeit leicht traumatisiert werden und seien durch eine Vielzahl von Risiken gefährdet.

Eine Richtlinie der NSPCC für den Schutz von Kindern vor Misshandlungen im Sport definiert seelische Misshandlung als etwas, das in der Vergangenheit einfach »unter Druck setzen« genannt worden wäre. In der Richtlinie heißt es, seelische Misshandlung umfasse auch solche Situationen, »in denen Eltern oder Trainer die Kinder ständig kritisieren, schikanieren oder sie unangemessenem Druck aussetzen, damit sie hohen Erwartungen gerecht werden«. Den vom Innenministerium herausgegebenen Kinderschutz-Richtlinien zufolge kann sogar praktisch jedes Versäumnis der Eltern eine emotionale Misshandlung darstellen, angefangen bei »dem mangelnden Vermögen, die Bedürfnisse eines Kindes nach Zuneigung zu erfüllen« bis hin zu dem Fehler, so »überbehütend und besitzergreifend zu sein«, dass die Kinder daran gehindert werden, »normale soziale Kontakte oder normale körperliche Aktivität« zu erleben. Alles, was eine andere Person unglücklich machen kann, kann so als seelischer Hieb ausgelegt werden. So verurteilten zum Beispiel Delegierte auf der Konferenz der British Professional Association of Teachers im Jahr 1999 das britische Prüfungssystem wegen des »sadistischen« Drucks, den es auf die Kinder ausübe. Sie forderten seine Abschaffung mit der Begründung, das Ganze grenze an Kindesmisshandlung. Nicht nur Examina wurden als potenziell gesundheitsgefährdend eingestuft, sondern auch Wettkämpfe. Ins Visier gerieten insbesondere Wettkampfsportarten, da sie angeblich dem Selbstwertgefühl der Kinder schaden. Auch ehrgeizige Eltern trifft mehr und mehr der Vorwurf, ihre Kinder seelisch zu misshandeln. Im März 1998 behauptete eine Fernsehdokumentation über die Royal Ballet School, das System dieser Institution verursache bei zahlreichen Eleven Bulimie oder Anorexie und führe zu schikanösem Verhalten der Schüler und Schülerinnen untereinander. Es hieß, der Traum, Ballerina zu werden, sei »für viele Kinder, die die Royal School besuchen, zu einem Albtraum geworden«. Mit dem gleichen Tenor wurden auch die anspruchsvollen Trainingsprogramme amerikanischer Turnlehrer für junge Turner und Turnerinnen als eine Form der Kindesmisshandlung charakterisiert.

Die angeblichen Risiken für das emotionale Wohlbefinden von Kindern ziehen nicht zuletzt eine immer weiter gehende Definition von psychischen Erkrankungen nach sich. Schauen wir uns als Beispiel den Bericht der Mental Health Foundation an, der weiter oben bereits erwähnt wurde. Die Art und Weise, wie hier das Erleben der Kindheit dargestellt wird, kann nur dazu beitragen, die Eltern-Paranoia zu verstärken. *Bright Futures* zufolge leiden nämlich seit jeher um die 20 Prozent aller Kinder und Jugendlichen unter schweren psychischen Problemen. Diese Rate an psychisch bedingten Gesundheitsproblemen unter Kindern und jungen Leuten sei überdies im Ansteigen begriffen, und man brauche mehr Mittel für die Gesundheitsvorsorge. »Für ein Kind bedeutet seelische Gesundheit, dass es wachsen und sich emotional, intellektuell und psychisch entsprechend seinem jeweiligen Alter entwickeln kann«, postuliert *Bright Futures*. Angesichts dieser extrem weit gefassten Definition von psychischer Gesundheit muss erstaunen, dass der Anteil der Kinder mit seelischen Problemen nicht näher an 100 Prozent liegt. Dr. Jennifer Cunningham, eine Gemeinde-Kinderärztin aus Glasgow, die dem in *Bright Futures* vertretenen Ansatz kritisch gegenübersteht, gibt deshalb völlig zu Recht zu bedenken, dass darin »psychische Gesundheit so weit gefasst wird, dass auf dieser Basis jedes Kind mit einer normalen Reaktion auf widrige Umstände in seinem Leben heutzutage als psychisch krank gelten müsste«.

Seelische Störungen bei Kindern werden oft auf Fehler der Eltern zurückgeführt. Für die Kinder heißt das: Wenn du Probleme hast, such die Schuld bei deinen Eltern! Die Hippies in den 60er Jahren pflegten zu sagen, »deine Eltern machen dich kaputt«. Der schnodderige Spruch von damals gilt heute als eine wahre Aussage – Eltern werden zu einem wesentlichen Risikofaktor für ihre Kinder.

Die Bürde der frühen Bindung

Die übertriebene Vorstellung von der kindlichen Verwundbarkeit in unserer heutigen Gesellschaft zeigt sich am konsequentesten in dem Glauben, emotionale Traumata und andere negative Erfahrungen hinterließen in den Kindern bleibende Schäden. Diese fatalistische

Sicht beruht auf der Annahme, Kinder besäßen nicht genügend Widerstandskraft, um einmal durchlebten emotionalen Schmerz zu kompensieren. Diese trostlose Sichtweise der menschlichen Lebensumstände hat der amerikanische Psychologe Jerome Kagan als *infant determinism* (Kindheits-Determinismus) charakterisiert.[8] Laut Kagan existiert diese Doktrin zwar schon seit dem 18. Jahrhundert, doch erst mit Sigmund Freud ist die Vorstellung, die frühen Erfahrungen eines Kindes würden seine Zukunft bestimmen, Allgemeingut geworden. In den vergangenen Jahrzehnten hat man damit begonnen, diese Argumentation systematisch weiterzuentwickeln und damit Eltern Angst einzujagen.

Der These des Kindheits-Determinismus liegt nunmehr die Vorstellung zugrunde, der Einfluss der Eltern, besonders in der frühen Kindheit, sei die allerwichtigste Variable überhaupt, die das Schicksal eines Kindes beeinflusst. Die Unterstellung, dass inkompetentes Elternverhalten während der ersten Lebensjahre langfristig gesehen verheerende Folgen hat, ist nur die logische Konsequenz dieser Argumentation.

Aktuelle Diskussionen über Kindheits-Determinismus basieren auf Ansätzen, die Psychologen wie John Bowlby und Erik Erikson entwickelt haben. Bowlby und Erikson waren der Überzeugung, dass das, was mit einem Kind während der ersten Stunden, Wochen und Monate seines Lebens geschieht, tief greifende Auswirkungen auf den gesamten Verlauf seiner kindlichen Entwicklung hat. Bowlbys Thesen gipfelten in den 60er Jahren im so genannten »Bindungsphänomen« (bonding). Diese These besagte, dass die konstante Anwesenheit einer liebevollen, aufmerksamen Bezugsperson – im Normalfall die Mutter – das Fundament für eine lebenslange seelische und geistige Gesundheit darstelle. Später wurde sogar behauptet, die Entwicklung eines Kindes geriete in Gefahr, wenn es der Mutter nicht gelänge, gleich nach der Geburt eine enge Beziehung zu ihm aufzubauen. Dauerhafte Persönlichkeitsstörungen wurden häufig als Konsequenz von Lebensumständen interpretiert, in denen ein Kind keinen Zugang zu einer liebevollen Bezugsperson gehabt hatte.[9]

Das Konzept der Bindung zeitigte phänomenale Auswirkungen.

»Nachdem die Nabelschnur durchtrennt wurde, legt die Krankenschwester rasch das Neugeborene auf den Bauch seiner Mutter, damit ein magischer Prozess, das *bonding*, beginnen kann«, kommentieren Sandra Scarr und Judy Dunn, zwei Entwicklungspsychologinnen, die diesem Ritual kritisch gegenüberstehen. Inzwischen haben werdende Mütter Angst davor, beim Aufbau eines solchen *bondings* zu versagen. Einige Psychologen gehen nämlich sogar so weit zu behaupten, dass die Unfähigkeit, diese Bindung aufzubauen, zu einer Bindungsstörung führen kann. Ein in hysterischem Tonfall gehaltener Bericht warnt, »die Zahl der Kinder ohne *bonding*, die sich aufgrund ihres Defizits zu lästigen Quälgeistern für ihre Umwelt (seien es Erwachsene oder andere Kinder) entwickeln können«, steige an und würde noch weiter steigen, wenn das *bonding*-Problem nicht thematisiert würde.[10] Es wird hinzugefügt: »Wenn kein richtiges *bonding* erfolgt, kann ein Kind zu einem ›skrupellosen Kind‹ werden.«[11] Das sind wahrhaft schreckliche Aussichten.

Doch glücklicherweise handelt es sich bei der These des Kindheits-Determinismus eher um einen kulturellen Mythos denn um eine wissenschaftlich belegte Erkenntnis. Für die weit verbreitete Ansicht, dass Kinder verwundbar seien, gibt es nämlich in der empirischen Forschung nur wenige Belege. Untersuchungen an Kindern, die schon früh mit negativen Erlebnissen konfrontiert wurden, sich danach jedoch durch einschneidende Veränderungen in ihrem Umfeld positiv entwickeln konnten, bestätigen, dass Kinder über genügend Widerstandskräfte verfügen, um Schwierigkeiten überwinden zu können. Eine bekannte Studie über Kinder, die von ihren ersten Lebenswochen an zwei bis sieben Jahre lang in Heimen aufwuchsen, bevor sie adoptiert wurden, zeigte, dass sich die meisten von ihnen trotz dieser widrigen Umstände gut in ihrem neuen Zuhause eingewöhnten. Obwohl sie keinerlei Möglichkeit gehabt hatten, in ihren ersten Lebensjahren eine enge Beziehung zu einer bestimmten Person aufzubauen, gelang es vielen von ihnen, sich an ihre neue Umgebung anzupassen.[12] Auch die eifrigsten Verfechter der Bindungs-Theorie müssen wohl oder übel zugeben, dass es nur wenige empirische Ergebnisse gibt, die ihre These stützen. Als Bowlby versuchte, seine Theorie zu testen, musste er überrascht feststellen, dass Kinder, die lange Zeit von ihrer Mutter getrennt waren, sich nur geringfügig anders verhielten als die, die keine solche Erfahrung gemacht hatten. Das zwang Bowlby und seine Kollegen zu dem Schluss, dass »die Behauptung, dass Kinder, die in Heimen großgezogen wurden oder in frühen Jahren unter anderen Formen von Entbehrung oder Liebesentzug litten, *im Allgemeinen* psychopathische oder liebesunfähige Charaktere entwickelten, als irrtümlich betrachtet werden muss«[13].

Nichtsdestotrotz glauben die meisten Vertreter des frühkindlichen Determinismus heutzutage sogar, häusliche Gewalt sei eine generationsübergreifende moralische Krankheit. Sie behaupten, dass Menschen, die andere misshandeln, in ihrer Kindheit selbst misshandelt worden sind, und dass ihre Opfer höchstwahrscheinlich in Zukunft dasselbe Verhalten an den Tag legen. Die Überzeugung, Gewalttätigkeit würde von einer Generation zur nächsten tradiert, wird von kaum jemandem in Frage gestellt. Und doch sind Zweifel angebracht, denn es gibt handfeste Beweise dafür, dass nicht etwa die Tatsache, dass ein Kind geschlagen wurde, dazu führt, dass es später selbst gewalttätig wird. Viel entscheidender dafür ist, ob es aus einer zerrütteten und benachteiligten Familie stammt.[14]

Eine dänische Studie, die versuchte, den Zusammenhang zwischen frühkindlichem Trauma und der Lebensqualität dreißig Jahren später zu erhellen, konnte nur einen sehr geringen Zusammenhang zwischen der Lebensqualität eines Erwachsenen und traumatischen Erfahrungen in Verbindung mit der Schwangerschaft der Mutter, der Geburt und den ersten Lebensjahren aufzeigen. Untersucht wurden Fälle unerwünschter Kinder, deren Mütter an psychischen Erkrankungen litten und die in Kinderheimen untergebracht wurden. Mit einbezogen wurden Fälle, in denen Kinder trotz vorheriger Abtreibungsversuche zur Welt gebracht worden waren. Doch es zeigte sich, dass sogar diese widrigen Umstände »nur einen sehr geringen Einfluss auf das Leben des Kindes als Erwachsener« hatten. Diese beeindruckende Fähigkeit, mit negativen Erfahrungen fertig zu werden, lässt vermuten, dass die Widerstandsfähigkeit von Kindern in Verbindung mit positiver Unterstützung oft stark genug ist, die negativen Folgen früher

Traumata zu neutralisieren.[15] Die kindliche Fähigkeit, Schwierigkeiten zu kompensieren, wurde auch durch eine Umfrage unter einer Gruppe von Kindern nachgewiesen, bei denen ein Elternteil Selbstmord begangen hatte. Die Forscher fanden heraus, dass all diese Kinder von der Tragödie betroffen waren und sie als ein schweres Trauma erlebten. Doch als die Kinder sieben Jahre später erneut befragt wurden, zeigten sich erhebliche Unterschiede. Einige der Kinder waren offenkundig gestört, während die übrigen keinerlei Anzeichen einer entsprechenden Störung aufwiesen. Studien an kleinen Kindern, die Naturkatastrophen wie Erdbeben, Feuer, Überschwemmungen, Hurrikans oder Vulkanausbrüche erlebt hatten, belegen, dass solche Ereignisse zwar zu ihrer Zeit erhebliche Umwälzungen mit sich bringen, aber nicht unbedingt langfristigen Schaden anrichten müssen.[16]

Die amerikanische Psychologin Emmy Werner erforschte im Rahmen einer Langzeitstudie eine Gruppe von 689 Kindern, die auf der hawaiianischen Insel Kauai geboren worden waren. Jeweils im Alter von 2, 10, 18 und 32 Jahren wurden Informationen über sie eingeholt. Ein erheblicher Prozentsatz der untersuchten Kinder wuchs unter desolaten Bedingungen auf. Vorgeburtliche Komplikationen, Armut, Alkoholismus in der Familie, familiäre Instabilität und psychische Erkrankungen der Eltern sind nur einige der Probleme, mit denen sie konfrontiert wurden. Es überrascht daher nicht, dass zahlreiche Kinder schwere Verhaltensstörungen entwickelten. Doch etwa einem Drittel von ihnen gelang es, ihre schwierigen Lebensumstände zu überwinden. Als junge Erwachsene hatten sie ihre frühen Erfahrungen unbeschadet überstanden. Zweifellos begünstigen Armut und biologischer Stress rund um die Geburt die Entwicklung psychischer Schäden. Doch noch nicht einmal diese Faktoren ließen sichere Vorhersagen zu. Die Autoren schlossen mit optimistischen Tönen: »Als wir diese Kinder dabei beobachteten, wie sie vom Kleinkind zum Erwachsenen heranwuchsen, konnten wir nicht anders, als die selbstregulierenden Kräfte in ihnen zu respektieren, die eine normale Entwicklung unter beinahe allen widrigen Umständen möglich machten.«[17]

Die Auswertung solcher Studien führt Jerome Kagan zu dem

Schluss, der soziale Status der Mutter und nicht das Verhalten dem Kind gegenüber beeinflussen entscheidend die Zukunft des Kindes. Doch obwohl natürlich die potenziellen Auswirkungen der Armut die Entwicklung eines Kindes bestimmen können, ist es wichtig, nicht auf eine Form des Sozialdarwinismus als Alternative zum Kindheits-Determinismus zu verfallen. Die langfristigen Folgen frühkindlicher Erfahrungen sind letztendlich die Summe zahlreicher Einzelereignisse und zwischenmenschlicher Beziehungen. Den verschiedenen Umständen entsprechend können Kinder entweder verwundbar oder widerstandsfähig sein. Mehr noch: Wie ein Kind auf eine bestimmte negative Erfahrung reagiert, sagt nur wenig darüber aus, wie es in Zukunft auf ein anderes Problem reagieren wird. Ein führender Psychologe stellt fest, dass »verwundbare Kinder Widerstandskraft entwickeln, während widerstandsfähige Kinder verwundbar werden können«. Doch auf jeden Fall können positive Erfahrungen mit hilfreichen Erwachsenen dazu beitragen, die Voraussetzungen dafür zu schaffen, frühkindliche Probleme zu überwinden.[18]

Wenn wir die Thesen des Kindheits-Determinismus anzweifeln, bedeutet dies keineswegs, dass wir auch die besondere Bedeutung von Erfahrungen in den ersten Lebensjahren leugnen. Wir wollen vielmehr genau ergründen, auf welche Weise diese frühen Ereignisse einen Menschen beeinflussen. Das theoretische Konstrukt des Kindheits-Determinismus bietet eine einseitige, fatalistische Sicht. Für die Psychologen Alan und Ann Clarke liegt die Bedeutung frühkindlicher Erfahrungen hingegen in ihrem fundierenden Charakter, der den Ton für spätere Erfahrungen angibt. Eine negative Erfahrung kann möglicherweise zu anderen führen und so als erstes Glied einer Kette von destruktiven Verhaltensweisen fungieren. Die ganze Kette von Ereignissen bestimmt das Resultat, das nicht auf das anfängliche Trauma reduziert werden kann. Zudem gibt es keinen unerbittlichen Prozess, der zwangsläufig von einem unglücklichen Ereignis zum nächsten führt.[19]

Die Traumaspezialistin Yvonne McEwan steht auf dem Standpunkt, Kinder besäßen erstaunliche Selbstheilungskräfte – »viel stärkere als Erwachsene, weil sie die Tragweite dessen, was passiert, nicht überblicken«. McEwan vertritt vehement die These, dass auch Kinder, die schwer krank im Krankenhaus liegen, Kinder, die von Katastrophen betroffen sind, Kinder in Konfliktzonen und in sozial benachteiligten Umgebungen von diesen Heilungskräften profitieren. Ihre Folgestudie über Kinder nach der Lockerbie-Tragödie zeigt, dass sie bemerkenswert gut mit den Auswirkungen dieses tragischen Ereignisses zurechtkamen. Die Forschungen ergaben, dass keine Unterschiede zwischen den betroffenen Kindern und anderen bestanden – »außer einem Anstieg ihres schulischen Leistungsniveaus«.[20]

Vertreter der These des Kindheits-Determinismus müssen schon auf Fälle extremer elterlicher Vernachlässigung zurückgreifen, um ihre Argumentation zu untermauern. Britische Zeitungen berichteten über eine kürzlich durchgeführte Studie an vernachlässigten Kleinkindern in einem rumänischen Waisenhaus, die dort ein elendes Leben fristeten. Die Studie kam zu dem Schluss, dass die Zuwendung einer Mutter von essenzieller Bedeutung für die Entwicklung eines Babys sei. Die extreme und unter allen Umständen außergewöhnliche Vernachlässigung diente Frau Professor Mary Carlson von der Harvard Medical School als Beweis dafür, dass ein Mangel an menschlicher Zuwendung sowohl die physische Konstitution als auch die geistigen Fähigkeiten eines Kindes verkümmern lassen können.[21] Doch beweist diese Studie wirklich irgendetwas? Zweifellos wird sich ein Kind, das von den brutalen Betreibern eines Waisenhauses systematisch vernachlässigt wird oder das sechsunddreißig Monate lang alleine in einem Schrank hausen muss, nur schwerlich zu einem normalen, gesunden Dreijährigen entwickeln. Die Auswirkungen einer so destruktiven frühkindlichen Erfahrung können höchstwahrscheinlich niemals überwunden werden. Doch solche extremen Beispiele erhellen nur wenig die generelle Beziehung zwischen frühkindlicher Erfahrung und späterer Entwicklung. Wenn Tragödien, die sich aus extremen Verhältnissen ergeben, mit den Entwicklungsproblemen, denen sich normale Eltern gegenübergestellt sehen, verglichen werden, handelt es sich eher um Angstmacherei als um eine überzeugende Argumentation.

Der Kindheits-Determinismus ist ein machtvolles Konstrukt, mit dem man Eltern erschrecken kann. Wären Kinder tatsächlich so schwach und zerbrechlich, dass sie die negativen Erfahrungen ihrer frühen Jahre niemals überwinden könnten, müssten wirklich Eltern ständig auf der Hut sein. Doch glücklicherweise gibt es nur wenige empirische Beweise für diese These, und Eltern tun gut daran, die häufigen Verweise auf eine Theorie, bei der es sich im Grunde um eine subtile Vermittlung kultureller Vorurteile handelt, zu ignorieren.

Die Eltern als Götter

Die These des Eltern-Determinismus leugnet nicht nur die Widerstandskraft von Kindern, sie übersieht auch den Einfluss, den Gleichaltrige und soziale Umstände auf den Verlauf ihrer Entwicklung ausüben. Außerdem wird damit eine stark intervenierende Rolle der Erwachsenen in der Kindheit legitimiert. Diese Sichtweise trägt dazu bei, ein Klima des übertriebenen Kinderschutzes und der Elternangst zu schaffen.

Die Allmacht elterlichen Einflusses

Der Hinweis auf den großen Einfluss der Eltern ist zu einer Allzweckwaffe geworden, die nach Belieben dafür eingesetzt wird, um alle möglichen Entwicklungsstörungen und Kindheitsprobleme zu erklären:

• Essstörungen.
Eine im Februar 2000 im *British Journal of Psychiatry* veröffentlichte Studie vertritt die These, Anorexia nervosa bei jungen Mädchen könne durch überbehütende Eltern verursacht werden, die damit ihren Kindern die Selbstständigkeit verwehren. Obwohl die Studie auf der Untersuchung einer kleinen Gruppe von nur 40 Familien beruhte, in denen Mädchen an Anorexia erkrankt waren, wurde sie in den Medien weithin als maßgeblich präsentiert.[1]

• Die erste Trotzphase.
Ein amerikanisches Forscherteam behauptete, dass zum größten Teil die Eltern an den Wutausbrüchen und Trotzanfällen kleiner Kinder in der ersten Trotzphase Schuld seien. Den Experten zufolge schaffen Eltern, die nicht als Team zusammenarbeiten und mit der heranreifenden Individualität eines Kindes umgehen können, selbst die Voraussetzungen für das Ausbrechen der Trotzphase.[2]

• Prüfungsangst.

Don Davies, ein britischer Erziehungspsychologe, vertritt die Meinung, Eltern seien für den Stress verantwortlich, den Schüler vor und während ihrer Schulabschlussexamen durchmachen. Eltern seien zwar nicht ausschließlich Schuld daran, so Davies, doch sie lieferten einen »entscheidenden Beitrag« zu dem Problem. Man erhält den Eindruck, als seien Ängste und Panik eine Art infektiöse Krankheit, mit der sich Schüler bei ihren Eltern anstecken. Eltern, die sich Sorgen machen, übertragen ihre Befürchtungen einfach auf ihre Kinder.[3]

• Schulisches Versagen.

In zahlreichen Zeitungsberichten sowie in zwei populären Fernsehsendungen wurde behauptet, das schulische Leistungsniveau von Kindern würde beeinträchtigt, wenn die Mutter ganztags berufstätig sei. In einem dieser Berichte hieß es, Kinder, deren Mütter arbeiteten, anstatt zu Hause zu bleiben, wären doppelt so stark gefährdet, bei Prüfungen durchzufallen. Außerdem werden Mütter, die außer Haus einem Beruf nachgehen, beschuldigt, der psychischen Entwicklung ihres Kindes zu schaden.[4]

• Depressionen.

Einige Studien stellten fest, dass Kinder depressiver Eltern selbst anfälliger für Depressionen seien. Kinder depressiver Eltern hätten überdies erhebliche kognitive und emotionale Entwicklungsstörungen sowie Probleme in der Schule. Kinder von Müttern mit postnatalen Depressionen sollen angeblich besonders benachteiligt sein. In einem Bericht heißt es, dass Kleinkinder, deren Mütter während ihres ersten Lebensjahres depressiv seien, es möglicherweise nie lernen, mit ihren Gefühlen richtig umzugehen und sich infolgedessen auch ihre kognitiven Fähigkeiten nicht normal entwickeln können.

• Niedriger IQ.

Eine umstrittene Studie, die von Dr. Susan Pawlby durchgeführt und im Januar 2000 veröffentlicht wurde, besagt, dass die Söhne von Frauen mit postnatalen Depressionen einen erheblich niedrigeren IQ hätten als ihre Schulkameraden. Die Studie, die im *Journal of Child Psychology and Psychiatry* erschien, behauptet weiter, die Kinder wären als Babys durch einen Mangel an Aufmerksamkeit, dem sie in ihren ersten Lebenswochen ausgesetzt gewesen seien, geschädigt worden.[5]

• Gewalttätigkeit.
Im November 1999 berichtete der *Observer* über amerikanische Forschungen, die herausgefunden zu haben glaubten, dass bei Kindern, die mit Spielzeuggewehren spielen durften, eine erhöhte Wahrscheinlichkeit bestand, später gewalttätig zu werden. Laut Professor Pamela Orphinas von der University of Georgia sei die Einstellung der Eltern zu spielerischen Kämpfen und Aggression der wichtigste Faktor bei der Prägung des zukünftigen Verhaltens ihres Kindes.[6]

• Psychische Schäden 1.
Ein Bericht in *Parentline* im April 2000 stellte die Behauptung auf, dass Tausende von Eltern ihre Kinder im Teenageralter durch ihr Kommunikationsverhalten psychisch schädigen.[7]

• Psychische Schäden 2.
In einem Bericht, der durch die Presse ging, hieß es, Kinder würden durch »*quality time*« geschädigt. Der in Großbritannien und den USA gängige Begriff bezeichnet die »Zeit, die man sich füreinander nimmt« und in der sich beispielsweise Eltern besonders intensiv mit ihren Kindern beschäftigen. Forscher haben behauptet, die Gehirne von Babys und Kleinkindern entwickelten sich möglicherweise langsamer, wenn sie von den Eltern »überstimuliert« würden.[8]

Diese exemplarische Aufzählung pathologischer Entwicklungen des Kindes, die auf das Verhalten der Eltern zurückgeführt werden, stellt nur einen kleinen Ausschnitt aus der Liste der Phänomene dar, für die Mütter und Väter verantwortlich gemacht werden. Praktisch jede kindliche Dysfunktion bietet sich dazu an, als Folge irgendeiner Form von elterlichem Einfluss präsentiert zu werden.

An dieser Stelle scheint es angebracht, einmal darauf hinzuweisen, dass der Glaube, die Eltern würden letztendlich im Grunde jeden Aspekt der Zukunft ihrer Kinder beeinflussen, relativ jungen Ursprungs ist. In zahlreichen Kulturen Asiens und Afrikas sind nicht die Eltern, sondern Gott oder das Schicksal für die Zukunft der Kinder bestimmend. Und auch in Europa war dieser Gedanke, dass das spätere Erwachsenenleben von Faktoren abhänge, die außerhalb elterlicher Kontrolle lägen, noch bis in die jüngste Zeit weit verbreitet. Der Glaube, elterliches Verhalten übe entscheidenden Einfluss aus, wurde zeitgleich mit dem Aufkommen der Kleinfamilie geboren. Einer der Gründe dafür ist, dass die Reaktionen eines Kindes auf seine Eltern in einer Kleinfamilie leicht zu beobachten sind. Wie Kagan feststellt, sehen wir, wie Kinder nach einer Bestrafung weinen, nach einem Kuss lächeln, bei einer sanften Aufforderung gehorchen, bei einer harschen jedoch den Gehorsam verweigern, und all diese Erfahrungen scheinen eine einseitige Sicht des Eltern-Kind-Verhältnisses zu bestätigen: Mutter oder Vater agieren, während das Kind nur reagiert. Kagan gibt allerdings zu bedenken, dass es schwieriger sei, sich in die kindliche Interpretation seiner Interaktion mit einem Elternteil hineinzuversetzen, und wir aufgrund dessen dazu neigen, fälschlicherweise von einer direkten Beziehung zwischen Ursache und Wirkung auszugehen.[9]

Heutzutage erwartet man von Eltern nicht nur, dass sie ihren Nachwuchs ernähren und versorgen. Sie werden auch dazu aufgefordert, unter allen Umständen die gängigen Ratschläge rund um die Kindererziehung zu beherzigen, weil sie ansonsten die langfristige Entwicklung ihres Kindes gefährden würden. Da Kinder durch ihre Erfahrungen in den ersten Lebensjahren irreversibel geprägt werden, können es sich Eltern nicht leisten, irgendwelche Fehler zu machen.

Es wird weiter angenommen, dass dem Verhalten der Mutter vom Zeitpunkt der Geburt an eine lang anhaltende, gravierende Bedeutung zukommt. Mütter müssen ihr Neugeborenes liebevoll im Arm halten, damit das *bonding* zwischen ihnen stattfinden kann. In den vergangenen Jahrzehnten wurden auch Väter dazu ermutigt, sich in diesem entscheidenden Stadium an ihre Kinder zu binden. Misslingt das *bonding,* drohen schwere Konsequenzen. Entwicklungsstörungen des Kindes, Vernachlässigung des Kindes durch die Eltern und sogar Kindesmisshandlung sind die Folge. Inzwischen gibt es einflussreiche Gruppierungen, die die Botschaft verkünden, die ersten Lebensjahre eines Kindes seien entscheidend für die Entwicklung seines Gehirns. Angeblich bestätigen neue Erkenntnisse in der Hirnforschung diese Ansicht. Eine Sonderkonferenz, die 1997 im Weißen Haus zu diesem Thema einberufen wurde, schloss sich offiziell der Sichtweise an, dass allein die Länge der Zeit, die Betreuer von Kleinkindern darauf verwenden, mit ihren Schützlingen zu reden, ihnen vorzulesen und sie zu fördern, die Qualität der intellektuellen und seelischen Entwicklung bestimmt. So wird zum Beispiel behauptet, der Wortschatz eines Erwachsenen setze sich weitgehend aus den Wörtern zusammen, die er vor der Altersgrenze von drei Jahren in seinem Gehirn gespeichert habe. Der ganze Rummel, der um diese Konferenz zur frühkindlichen Entwicklung im Weißen Haus gemacht wurde, gab den Vertretern dieser Theorie enormen Auftrieb. Hillary Clinton selbst erwies sich als glänzende Vertreterin dieser Doktrin. Sie äußerte die Ansicht, dass die Erfahrungen der ersten drei Lebensjahre bestimmen könnten, ob Kinder später zu friedlichen oder zu gewaltbereiten Bürgern werden, ob sie ihren Beruf pflichtbewusst oder undiszipliniert ausüben und ob sie ihrerseits aufmerksame oder desinteressierte Eltern werden würden.[10]

Die Betonung des Zusammenhangs zwischen kindlicher Gehirnentwicklung und Kindererziehungspraktiken vergrößert die Bedeutung, die dem Einfluss der Eltern zugeschrieben wird, erheblich. Wie es in einem Leitartikel von *Newsweek* ausgedrückt wurde: »Jedes Wiegenlied, jedes Kichern und Bubu-machen löst ein Knistern in den neuronalen Bahnen aus und legt damit das Fundament für die sich im Laufe der Zeit ausprägenden Persönlichkeitsmerkmale, zum Beispiel die Liebe zur Kunst, das Talent zum Fußballspielen oder die Gabe, Freundschaften zu knüpfen und zu pflegen.«[11] Vorbei die Zeit, in der Eltern einfach ihr Kind um seiner selbst willen lieben, berühren und genießen konnten. Liebe und Förderung gehören nun zu einem normativen Erziehungsprogramm, gefordert von der neuen Theorie des frühen Lernens.

In den vergangenen Jahren ist die Zahl an Forschungsarbeiten und Veröffentlichungen explosionsartig gestiegen, in denen steif und fest behauptet wird, das Verhalten eines Menschen werde in seinen ersten drei Lebensjahren geformt und geprägt. Zahlreiche Kinderexperten erklären, das Gehirn eines Kindes würde ohne die richtige elterliche Behandlung, emotionale Zuwendung, Ernährung und Stimulation in seiner Entwicklung gehemmt. Das *Time Magazine* hat diese alarmierende These in der folgenden Artikelüberschrift auf den Punkt gebracht: »Zu viele Kinder leben heute unter Bedingungen, die die optimale Entwicklung ihres Gehirns gefährden.«[12] Die Argumentation lautet, dass sich die Zahl der Synapsen zwischen den Nervenzellen im Gehirn vor dem dritten Geburtstag eines Kindes besonders rasch vermehrten. Würden diese Verbindungen jedoch nicht durch stimulierendes Elternverhalten immer wieder angeregt, schrumpften und verschwänden sie. Aufgrund solcher Annahmen ist eine ganze Ratgeber-Branche entstanden, die die verzweifelte Hoffnung vieler Eltern schamlos ausnutzt, ihr Kind möge sich als überdurchschnittlich intelligent entpuppen. Wenn sie Müttern und Vätern nicht gerade die neuesten Erkenntnisse der Hirnforschung nahe bringt, erzählt sie ihnen, Stillen mache Babys klüger. Flaschenkinder besäßen später niedrigere Intelligenzquotienten als die, die gestillt worden wären. »Liebe fördert die Gehirnleistung«, rät die NSPCC.[13] Des Weiteren äußerte sie: »Babys, die viel Zuneigung bekommen, verfügen im Alter von einem Jahr über bessere Problemlösungsstrategien.« Es wird betont, wie wichtig es sei, Babys vorzulesen oder Kleinkindern klassische Musik vorzuspielen, um die intellektuelle Entwicklung der Kinder zu stimulieren. In den USA wirft man Eltern, die in dieser entscheidenden Phase ihre Kinder nicht richtig fördern, vor, sie verursachten damit gravierende soziale Probleme. Phänomene wie Kriminalität, Teenagerschwangerschaften, Drogenmissbrauch, Kindesmisshandlung, Obdachlosigkeit und Abhängigkeit von der Sozialhilfe werden allesamt dem Versagen der Eltern zugeschrieben. Sie haben es nicht geschafft, ihre Kinder in ihren ersten drei Lebensjahren angemessen zu fördern.[14]

Neuartiger Erziehungsschnickschnack aus Amerika landet früher oder später auch in Großbritannien. Zwar wurde in der Downing Street bisher noch keine Konferenz über intellektuelle Entwicklung oder frühkindliches Lernen abgehalten, doch es kann keinen Zweifel daran geben, dass britische Kinderfachleute und Elternmagazine die neuesten Erkenntnisse aus den USA übernommen haben. Um nur ein paar Beispiele zu nennen:

Ernährungswissenschaftler behaupten, dass viele britische Eltern mit ihrer Meinung, eine gesunde Erwachsenenernährung sei auch gut für ihre Kinder, falsch lägen. Stattdessen wird angeführt, es fehle Babys und Kleinkindern, die normale Erwachsenenkost bekämen, an energiereichen Nahrungsmitteln, weshalb sie zu wenig Kalorien zu sich nähmen. Laut Dr. Jackie Stordy von der University of Surrey hemmt dies das geistige und körperliche Wachstum von Kindern und setzt sie dem Risiko aus, anämisch zu werden sowie Lernschwierigkeiten, Diabetes und Herzkrankheiten zu entwickeln.[15] Doch sollen Eltern nicht nur ständig die Nahrung kontrollieren, die sie ihrem Kleinkind geben, sondern auch darauf achten, beim Essen mit gutem Beispiel voranzugehen. Die Mai-Ausgabe 2000 der Elternzeitschrift *Mother and Baby* ist in diesem Punkt unerbittlich. Darin heißt es: »Da eine wachsende Zahl von Kindern – manche von ihnen erst acht oder neun Jahre alt – Opfer von Essstörungen werden, sollten Sie die Botschaften überprüfen, die Sie ihrem Baby oder Kleinkind durch Ihre eigenen Essgewohnheiten vermitteln.« Den Eltern wird geraten, von bestimmten Verhaltensweisen, die dem Kind negative Essbotschaften vermitteln könnten – wie etwa Diät halten oder nicht zusammen mit den Kindern essen – Abstand zu nehmen.[16] Mütter und Väter, die versuchen, ihre Kalorienaufnahme zu reduzieren, müssen wohl in Zukunft heimlich Diät halten, damit ihr Liebling keinesfalls die falschen Signale im Hinblick auf Nahrung erhält.

Auch Eltern, die ihren Kindern einen Schnuller geben, gefährden angeblich deren Intelligenz. In der Vergangenheit brachte die Anti-Schnuller-Brigade die Bedenken vor, ein Schnuller »sähe blöd aus«, und ein Kind würde dadurch Schmutz und Infektionsrisiken ausgesetzt. Doch da heute der frühkindliche Lernprozess im Mittelpunkt des Interesses steht, besteht eher die Gefahr, dass Schnuller dafür verantwortlich gemacht werden, den kindlichen Spracherwerb zu verzögern. Nadine Arditti zum Beispiel, eine Therapeutin aus Manchester, vertritt die Ansicht, Schnuller könnten erhebliche Sprachfehler verursachen, da sie die Artikulation stark behindern. Eine Studie des Medical Research Councils kam sogar zu dem Schluss, Schnuller seien eine der wichtigsten Ursachen für »unterdurchschnittliche« Intelligenz bei kleinen Kindern. »Jetzt bewiesen! – Nuckis können Babys Entwicklung hemmen«, verkündete *Prima Baby* mit plakativen Worten.[17]

Eltern sollten tunlichst auch die musikalischen Fähigkeiten des Kindes schulen. In der Aprilausgabe 2000 fragte *Mother and Baby* seine Leser: »Jeder weiß, dass Musik die Babys beruhigen kann. Aber wussten Sie auch schon, dass Musik darüber hinaus auch die Intelligenz fördert?« Die armen Kinder, deren Mütter und Väter völlig unmusikalisch sind, können einem wirklich Leid tun! Neueste »Forschungsergebnisse« besagen nämlich, Musik trage dazu bei, die Gehirnleistung von Babys zu erhöhen.[18] Und schon naht Hilfe: Die National Lottery spendete einer Organisation eine Million Pfund, die schwangere Mütter dazu animieren will, ihren ungeborenen Kindern Lieder vorzusingen oder vorzuspielen.[19]

Auch die Tatsache, ob Kinder gestillt werden oder nicht, soll Einfluss auf ihre Intelligenz ausüben. Eine ganze Reihe von Studien entdeckte »kleine, aber dennoch erkennbare« Unterschiede in der kognitiven Entwicklung, wobei Stillkinder Flaschenkindern um bis zu acht IQ-Punkte voraus waren. Falls Sie jetzt immer noch nicht überzeugt sind, bietet *Mother and Child* ein weiteres Argument für das Stillen. Die Zeitschrift zitiert eine australische Studie an 2000 Kindern, die meint, belegen zu können, dass Kinder, die vier Monate lang ausschließlich gestillt wurden, im Alter von sechs Jahren eine geringere Anfälligkeit für allergische Reaktionen wie zum Beispiel Asthma besäßen. Wenn Eltern schon so verantwortungslos sind, ihre Kinder mit der Flasche zu füttern, sollten sie wenigstens die Milch mit Eisen anreichern. Laut der Zeitschrift *Parents* testete das Birmingham Children's Hospital hundert Kinder im Alter von bis zu 24 Monaten und fand heraus, dass eine Behandlung von Eisenmangel zu einer Verbesserung der sprachlichen, motorischen und sozialen Fähigkeiten führte.[20]

Eltern haben des Weiteren die Pflicht, viel zu lachen und ihr Baby zu stimulieren, indem sie sich in einem »angemessenen« Tonfall äußern. Ein Kinderexperte wird in *Prima Baby* mit der Aussage zitiert, der Zeitpunkt, an dem ein Baby zum ersten Mal lache, hänge ganz davon ab, von welchen Eindrücken es umgeben sei. Ernste Babys stellen also einen unstrittigen Beweis für nicht-stimulierendes Elternverhalten dar.[21]

Zuhören ist eine weitere Fähigkeit, die Eltern perfektionieren müssen, wenn sie das Wohlbefinden ihrer Kinder nicht gefährden wollen. »Sie können die Entwicklung und das Selbstvertrauen Ihres Kindes fördern, indem Sie ihm einfach zuhören«, empfiehlt ein Spezialist in *Practical Parenting*. Das helfe den Kleinen auch beim Sprechenlernen. Der Expertenratschlag lautet: »Üben Sie das Zuhören, bis es Ihnen zur zweiten Natur geworden ist.«

Eltern müssen ständig ihre Antennen ausgefahren haben, um die Signale, die ihre Kinder aussenden, zu empfangen. Im April 2000 unterrichtete *Practical Parenting* seine Leser darüber, dass ein Kleinkind an seinem zweiten Geburtstag bereits über 200 Wörter beherrschen könne und es durchaus möglich sei, ihm noch mehr beizubringen, wenn man nur über eine gewisse Reaktionsfähigkeit verfügt. Wie das geht? Wenn ein kleines Kind auf etwas zeigt, das es benennen will, »müssen Sie prompt reagieren: Schon eine Verzögerung von zehn Sekunden bis zum Hören des Wortes hat zur Folge, dass es den Gegenstand vergisst, bevor er benannt wird«. Eltern, die eine lange Leitung haben, tragen also erhebliche Verantwortung für das begrenzte Vokabular ihres Kleinkinds.[22]

Eltern sollten nicht nur eine gute Reaktionsfähigkeit besitzen und die Signale ihres Kleinkinds quasi vorausahnen, sondern auch ihre Kinder vom Fernsehen abhalten. »Werfen Sie Ihren Apparat aus dem Fenster«, rät ein Experte im *Baby Magazine*. Vieles spricht dafür, dass Kinder unter drei Jahren dazu neigen, eine Art Sucht nach den Fernsehbildern zu entwickeln. Und gerade »dies stellte keinen konstruktiven Beitrag zum Spracherwerb dar«.[23]

Der vermeintliche erzieherische Wert des Lachens, Singens, Musikvorspielens, Zuhörens sowie der ständig erhöhten Aufmerksamkeit für die Signale eines Babys verblasst jedoch im Vergleich zu dem positiven Einfluss, den Eltern dadurch ausüben können, dass sie ihren Kindern Büchern vorlesen. Damit können sie offenbar nie früh genug beginnen. Großbritanniens führender Vertreter dieser These, Professor Barrie Wade von der Birmingham University, fand heraus, dass Kinder, denen regelmäßig ab dem neunten Lebensmonat vorgelesen worden war, bei Schuleintritt einen Startvorteil in Mathematik besaßen. Andere Fachleute meinen, solche Kinder hätten im Vergleich zu Gleichaltrigen einen Leistungsvorsprung von 27 Prozent in Englisch und von 22 Prozent im Umgang mit Zahlen, wenn sie eingeschult würden.[24]

Die Ansicht, bestimmte Formen elterlichen Verhaltens garantierten die Entwicklung bestimmter Charakterzüge sowie bestimmte erzieherische Resultate, existiert bereits seit gut zwei Jahrhunderten. Doch die Behauptungen, die in der Vergangenheit über den Einfluss der Eltern geäußert wurden, sind harmlos im Vergleich zu ihrer übersteigerten heutigen Form. Neu ist, dass praktisch jede Handlungs- und Verhaltensweise der Eltern mit einem negativen oder einem positiven Ergebnis in Verbindung gebracht wird. Kindererziehung wird heutzutage bis in die winzigsten Einzelheiten hinein analysiert, und selbst alltäglichen Routinepraktiken schreibt man erhebliche Bedeutung für die Kindesentwicklung zu. Es überrascht nicht, dass Eltern, denen eingeredet wird, sie besäßen so unermessliche Macht, zu nützen oder zu schaden, verängstigt reagieren und sich überfordert fühlen. John Bruer äußert sich in seinem Buch *Der Mythos der ersten drei Jahre,* in dem er die Verwendung von Ergebnissen aus der Hirnforschung zur Legitimierung der Theorie des Kindheits-Determinismus scharf kritisiert, besorgt darüber, dass die ganzen Behauptungen über den Entwicklungsverlauf in den ersten Lebensjahren bei den Eltern Schuldgefühle auslösen. Er zitiert Eltern, die sagten, sie hätten zugegebenermaßen das Gefühl gehabt, bei der Erziehung ihrer drei Kinder versagt zu haben, als sie zum ersten Mal mit diesen Theorien konfrontiert wurden.[25]

Der Mythos des Mozart-Effekts

Der so genannte Mozart-Effekt – der Glaube, musikalische Übung und das Hören von klassischer Musik förderten die kindliche Intelligenz – hat Millionen von amerikanischen Eltern dazu bewogen, spezielle Videos zu erwerben oder ihre Kleinkinder in den Musikunterricht zu schicken. Die Firma »Baby Einstein« hatte besonders großen Erfolg in der Vermarktung ihrer Videoreihe mit Einzeltiteln wie »Baby Einstein«, »Baby Mozart«, »Baby Shakespeare« und »Baby Bach«. Im März 2000 erklärte die Firma, die Produkte würden auch in Großbritannien auf den Markt gebracht, damit auch dort schon Einjährige einen intellektuellen Vorsprung im Leben erwerben könnten. Sogar die Regierung spielte bei diesem Theater mit. Im Sommer 1999 kündigte Ofsted, die Schulkontrollbehörde für staatliche Schulen, an, sie würde Frühlernziele für Kindertagesstätten entwickeln, um eine stimulierende und besser strukturierte Umgebung für Kleinkinder zu kreieren.

Hinter der fixen Idee vom frühen Lernen steckt der kulturelle Mythos des Kindheits-Determinismus, dessen hauptsächlicher Effekt darin besteht, Eltern zu verunsichern. Die bekannten Kinderpsychologinnen Sandra Scarr und Judith Dunn äußern sich dazu folgendermaßen: »Die Behauptung, Babys müssten unterrichtet und stimuliert werden, ist unserer Meinung nach eine Erfindung von Geschäftemachern, die daraus Profit schlagen, dass sie Eltern das Gefühl vermitteln, nicht genug für ihre Kinder zu tun.«[26]

Viele Forscher stellen inzwischen diese zeitgenössischen Mythen in Frage, die suggerieren, die frühkindliche Entwicklung würde ohne systematische Intervention der Eltern stagnieren. Es gibt zum Beispiel zahlreiche Studien, die der Behauptung von Francine Rauscher widersprechen, das Hören von Mozart-Musik verbessere den IQ sowie das räumlich-zeitliche Vorstellungsvermögen. Vergeblich versuchte man, den Mozart-Effekt zu messen, doch keiner Studie gelang es, die angeblichen Vorteile, die Kindern durch das Hören von Mozart erwachsen sollen, zu bestätigen.[27]

Zwei führende amerikanische Kinderpsychologen sowie eine hervorragende Autorität auf dem Gebiet der Sprachentwicklung brachten kürzlich ein Buch heraus, in dem es heißt, die Forderung, Kinder künstlich zu stimulieren, schade wahrscheinlich eher, als dass sie nütze. Die Autoren zweifeln die Behauptungen an, Babys würden klüger, wenn man sie mit Begriffskärtchen, Mozart-Kassetten oder anderem Firlefanz stimuliere. Sie schreiben: »Alles, was wir über Babys wissen, weist darauf hin, dass diese künstlichen Eingriffe bestenfalls nutzlos sind und schlimmstenfalls von der normalen Interaktion zwischen Erwachsenen und Kleinkindern ablenken.« Laut Alison Gopnik, Andrew Meltzoff und Patricia Kuhl sind Babys von Natur aus so klug, wie sie nur sein können. Sie wissen, was sie wissen müssen und haben die angeborene Fähigkeit, sich die Informationen zu verschaffen, die sie brauchen. Babys gedeihen und lernen über die wirkliche Welt, indem sie mit den Dingen spielen, die sie umgeben, und »am meisten dadurch, dass sie mit den Menschen spielen, die sie lieben«.[28]

Der Glaube, die ersten drei Lebensjahre würden über die intellektuelle Entwicklung eines Kindes entscheiden, widerspricht allem, was wir über das Lernen wissen. Kinder, die sich im Alter von sechs oder sieben Jahren mit dem Lesenlernen schwer tun, meistern diese Hürde oft drei oder vier Jahre später, und sogar Teenager und Erwachsene können mit Hilfe eines guten Unterrichts noch lesen lernen. Laut John Bruer wird ein Großteil an Wissen und an Fähigkeiten kulturell vermittelt und ist nicht Teil der genetischen Grundausstattung. »Sie sollten nicht krampfhaft versuchen, sämtlichen Musik-, Tanz- und Sportunterricht in die ersten Lebensjahre Ihres Kindes hineinzustopfen«, rät er. Bruer glaubt, dass nach allem, was wir wissen, »die Fenster der Lernmöglichkeiten wesentlich länger offen bleiben«. Erkenntnisse aus der Hirnforschung wurden als Argumente für die These missbraucht, elterliche Stimulation in den ersten Lebensjahren fördere die Entwicklung des kindlichen Gehirns. Doch die bis jetzt vorliegenden neurologischen Daten sprechen viel eher dafür, dass dieser Entwicklungsprozess in erster Linie genetisch und nicht von der Umwelt gesteuert wird. Bruer vertritt die Meinung, die Menge und die Qualität früher Stimulation beeinflusse »weder den Zeitpunkt noch die Rate der Synapsenbildung«. Es ist sicher nicht verkehrt, wenn Sie Ihrem

Baby vorlesen, ihm vorsingen, mit ihm reden und schmusen. Das alles sind angenehme Erfahrungen, und sie haben ihre eigene Berechtigung. Doch Sie sollten nicht einen Moment daran glauben, diese »stimulierenden« Aktivitäten würden irgendwie dazu beitragen, die Gehirnleistung Ihres Kindes zu fördern.[29]

Die interessante Neuigkeit ist, dass Kindern eine starke Disposition für ihre Entwicklung angeboren ist. Wie Steve Peterson, Neurologe an der Washington University, es formuliert, »will sich die Entwicklung, vorsichtig ausgedrückt, unbedingt vollziehen. Es ist schon eine sehr reizarme Umgebung vonnöten, um diese Entwicklung zu stören.« Was bedeutet das konkret? »Ziehen Sie Ihr Kind nicht in einem Schrank auf, lassen Sie es nicht verhungern und knallen Sie ihm keine Bratpfanne auf den Schädel.«[30] Kinder beeinflussen übrigens durch ihre Erfahrungen in der Umgebung, in der sie leben, ihre eigene Entwicklung auf erhebliche Weise selbst. Nur, wenn sie mit einer feindlichen und vernachlässigenden Umgebung konfrontiert werden, kann das ihre Entwicklung gefährden. Was Kinder brauchen, sind schützende und liebende Eltern, verantwortungsbewusste Erwachsene und eine Gemeinschaft, die Erfahrungen und Regeln vermittelt. Im Kontext einer solchen normalen Umgebung ist der Einfluss der Eltern wesentlich weniger signifikant, als wir gemeinhin vermuten. Die Kinderpsychologin Sandra Scarr geht sogar so weit, zu behaupten, dass ganz normale, durchschnittliche Eltern wahrscheinlich denselben Einfluss auf ihre Kinder ausüben wie die von der Erziehungsratgeberkultur geforderten »perfekten Erziehungsautomaten«.[31]

Eltern wissen nur zu genau, dass Kinder nicht unbedingt so werden, wie es ihren hoffnungsvollen Plänen entspricht. Natürlich kommt ihnen eine wichtige Rolle dabei zu, ihre Kinder zu versorgen, zu fördern und zu sozialisieren, und es besteht kein Zweifel daran, dass unterschiedliche Erziehungsstile die zukünftige Entwicklung eines Kindes beeinflussen. Judith Rich Harris, die Autorin des Buches *Ist Erziehung sinnlos?*, glaubt sogar, der Einfluss der Eltern beschränke sich hauptsächlich darauf, wie sich Kinder zu Hause benehmen. Eltern vermittelten zwar durchaus auch Wissen und Verhaltensmuster, die ihre Kinder außerhalb des familiären Rahmens einsetzen können.

Dennoch hätten Eltern letztendlich nur wenig Einfluss auf das Verhalten ihrer Kinder außer Haus. Laut Harris erlernen Kinder ihr Sozialverhalten vorwiegend in ihrer Peergroup.[32]

Auf die Frage, was nun eigentlich die Entwicklung eines Kindes beeinflusst, gibt es also noch lange keine eindeutige Anwort. Es besteht allerdings kein Zweifel daran, dass wichtige Aspekte in der Persönlichkeit eines Kindes genetisch festgelegt sind. Außerdem gibt es schlagkräftige Beweise dafür, dass die sozialen Verhältnisse sowie die Umgebung, in der ein Kind aufwächst, eine entscheidende Rolle für die kindliche Entwicklung spielen. Zweifellos ist auch Harris' These von der Prägung durch Gleichaltrige ein wichtiger Erklärungsansatz. Ob elterliches Verhalten jedoch zu irgendwelchen speziellen Resultaten führt, ist, gelinde gesagt, wesentlich schwieriger nachzuvollziehen. Eltern und Familie liefern einen wichtigen Beitrag zur Entwicklung eines Kindes – aber sie erzielen *kein* spezielles Ergebnis. Wie ich später noch zeigen werde, wissen wir im Grunde nur sehr wenig über den Einfluss der Eltern. Seriöse Forschungen sind, im Gegensatz zu der Überfülle an Erziehungsratgebern jeden Formats, sehr zurückhaltend in Bezug auf dieses Thema. Warum? Weil der Beitrag der Erziehungsmaßnahmen zur Entwicklung der Persönlichkeit eines Kindes nicht isoliert von einem breiteren sozialen und kulturellen Rahmen betrachtet werden kann. Zudem interagiert das Verhalten der Eltern immer mit dem des Kindes. Das macht eine Eltern-Kind-Beziehung einzigartig.

Insofern ist es die Gesellschaft und nicht die Wissenschaft, die Eltern dazu bringt, ein übertriebenes Gefühl der Macht über das Schicksal ihres Kindes zu empfinden. Es ist die Gesellschaft und nicht die Wissenschaft, die sie dazu bringt, aufgrund falscher Vorstellungen über kindliche Verwundbarkeit in Panik zu geraten.

Gute Eltern schon vor der Geburt

Die Vertreter des Eltern-Determinismus erweitern unablässig den Rahmen der Pflichten, die Väter und Mütter zu erfüllen haben. Ständig werden Eltern unter Druck gesetzt: Sie sollen fortwährend darüber reflektieren, wie ihre Verhaltensweisen das Leben ihres Kleinkinds beeinflussten. Eltern werden sogar dazu gedrängt, diesen Ansatz schon lange vor der Geburt ihres Kindes zu beherzigen. Die Vorstellung, Erfahrungen in den ersten Lebensjahren seien entscheidend für das, was sich in späteren Jahren vollzieht, wird zunehmend so interpretiert, dass in logischer Folge auch die Schwangerschaft zu einem für das Wohl des Kindes nicht unbedeutsamen Zeitabschnitt wird. Konsequenterweise instruieren und ermahnen Experten nun Eltern, aufmerksam darauf zu achten, was sie schon in der Phase der Familienplanung tun oder lassen. Der Eltern-Determinismus übt Druck auf Mütter und Väter aus, ihr Verhalten zu ändern, bevor ihr Kind geboren wird – und sogar schon vor der Empfängnis.

Bereits 1901 machte der schottische Geburtshelfer J. W. Ballantyne den Vorschlag, ein »vorgeburtliches« Hospital zu gründen, in dem Frauen gepflegt werden sollten und Ärzte den Zustand der Schwangerschaft studieren könnten. In den darauf folgenden drei Jahrzehnten fand die Vorsorge in der Schwangerschaft immer weitere Verbreitung, und im Jahr 1935 genossen bereits 80 Prozent aller Frauen eine gewisse Form von Schwangerschaftsbetreuung.[33] Jedoch konzentrierte sich die pränatale Vorsorge zu jener Zeit und noch bis in die vergangenen Jahrzehnte hinein eher auf die Gesundheit der Frauen als auf die des sich entwickelnden Fötus. Man wusste nur wenig darüber, was die Entwicklung des Ungeborenen beeinflussen konnte und was nicht. Erst in den späten 50er und frühen 60er Jahren, als Hunderte von Frauen schwer behinderte Kinder zur Welt brachten, nachdem sie das Schlafmittel Contergan eingenommen hatten, erkannte die Medizinerzunft, dass Substanzen in Arzneimitteln den Fötus schädigen können. Bis dahin war man davon ausgegangen, die Plazenta fungiere als schützende Barriere zwischen dem mütterlichen und dem kindlichen Blutkreislauf.

Seit den 60er Jahren ging man verstärkt der Frage nach, was in der Schwangerschaft schädliche Auswirkungen haben kann und was nicht. Die medizinische Forschung hat gezeigt, dass die Gesundheit eines Babys nicht nur vom Verhalten der Mutter während der Schwangerschaft abhängt, sondern in manchen Fällen auch davon, was sie vor der Empfängnis unternimmt. Der Eltern-Determinismus hat sich diese Erkenntnis einverleibt und damit für eine Schwerpunktverlagerung in der modernen pränatalen und präkonzeptionellen Vorsorge gesorgt.

Von der modernen Schwangeren wird erwartet, den Lebensstil einer »zukünftigen Mutter« anzunehmen, und zwar sowohl während als auch schon vor der Schwangerschaft. Es gibt sicherlich einige vernünftige Gründe dafür, warum Frauen eventuell ihr Verhalten ändern sollten, um die Chancen auf eine gesunde Schwangerschaft und ein gesundes Kind zu erhöhen. Eine Übersicht über die Forschungsergebnisse, die 1991 dem parlamentarischen Gesundheitsausschuss vorgelegt wurde, wies auf bestimmte Faktoren hin, über die man gesicherte Erkenntnisse besaß: Rauchen, Alkoholkonsum, bestimmte Medikamente und weiche Drogen, Diät, Infektionen – zum Beispiel Röteln, Toxoplasmose und beim Geschlechtsverkehr übertragbare Krankheiten – sowie Umweltfaktoren wie Strahlung und Chemikalien.[34]

Deshalb rät man Frauen, die sich auf eine Schwangerschaft vorbereiten, Folgendes:

- Reduzieren Sie den Kaffeekonsum, da Koffein mit einem leicht erhöhten Risiko für eine Fehlgeburt in Zusammenhang gebracht wird;

- Achten Sie auf eine ausgewogene Ernährung mit zusätzlicher Einnahme von Folsäure ab dem Zeitpunkt von drei Monaten vor der Zeugung bis zu drei Monaten nach der Empfängnis, um das Risiko von Wirbelsäulendefekten wie zum Beispiel Spina bifida zu verringern;

- Hören Sie auf zu rauchen, da Babys von Raucherinnen unter Umständen ein verringertes Geburtsgewicht haben und Rauchen zudem die Funktion der Plazenta beeinträchtigen kann;

- Reduzieren Sie Ihren Alkoholkonsum, da Alkohol das Risiko einer Fehlgeburt erhöht und der Genuss größerer Alkoholmengen zu Missbildungen des Fötus führen kann;

- Lassen Sie Ihr Blut auf Antikörper gegen Röteln testen und lassen Sie sich wenn nötig vor der Empfängnis gegen diese Krankheit impfen;

- Lassen Sie sich auf Infektionen beispielsweise mit Chlamydien untersuchen.

Diese Ratschläge zu beherzigen, entspricht einfach dem gesunden Menschenverstand, und es wäre unbesonnen, sie anzuzweifeln. Übereifrige Gesundheitsapostel hingegen verwandeln solche vernünftigen Ratschläge in zwingende Vorschriften, mit denen sie Schwangeren eine besondere Lebensweise zu diktieren versuchen.

Besonders schwangere Frauen sind gezwungen, Verantwortungsbewusstsein zu demonstrieren, indem sie sich strikt an die von der Elternlobby vorgeschriebenen Praktiken halten. Sichtlich schwangere Frauen, die rauchen oder trinken oder die Vorsorgeuntersuchungen nicht regelmäßig einhalten, ernten Missbilligung und Tadel. In den USA hat dies absurde Ausmaße angenommen: Häufig weigern sich Gastwirte, Alkohol an schwangere Frauen auszuschenken.

Paare, die versuchen, ein Kind zu zeugen, und auch werdende Eltern reagieren extrem empfindlich auf den Druck, dem sie durch die Ratschläge der Fachleute ausgesetzt sind. Es fällt ihnen schwer, die Hinweise darauf, dass ihr Verhalten möglicherweise die Gesundheit und die Entwicklung ihres zukünftigen Kindes schädigt, zu ignorieren. Ihre Unsicherheit macht sie anfällig für die Ratschläge von Fachleuten, die ihnen einen Katalog an Maßnahmen präsentieren, welche die Klugheit oder Gesundheit des Babys fördern sollen. »Einige Babys verfügen schon allein durch ihre genetische Veranlagung über eine höhere Intelligenz als andere, aber es besteht die Möglichkeit, dem IQ des Ungeborenen noch ein, zwei Punkte hinzuzufügen«, lautet die Meinung eines Experten in *Prima Baby*.[35] Wie das funktionieren soll, wird nicht erklärt, stattdessen werden zukünftige Mütter dazu ermuntert, mit ihrem Bauch zu reden, damit das Ungeborene lernt, die Stimme seiner Mutter zu erkennen. Auch Vätern wird in dem von der Regierung empfohlenen Werk *The Bounty Guide to Fatherhood* geraten, mit dem »Baby« im Bauch zu sprechen.[36] Dabei gibt es für solche Ratschläge keinerlei wissenschaftliche Begründung.

Man schafft damit allein ein Klima der Angst, das bei zahlreichen schwangeren Frauen neurotische Besorgnisse in Bezug auf ihr eigenes Verhalten auslöst. David Paintin, Dozent am Royal College für Geburtshilfe und Gynäkologie sowie Vorstandsmitglied des britischen Schwangerschaftsberatungsservice, berichtete uns davon, wie Frauen zu ihm in die Beratung kamen, die abtreiben wollten, weil sie glaubten, ihr ungeborenes Kind durch irgendeinen Akt geschädigt zu haben, den sie begingen, bevor sie überhaupt von ihrer Schwangerschaft wussten.

Die meisten Ratschläge für schwangere Frauen und solche, die es werden wollen, gehen weit über das hinaus, was wissenschaftlich bewiesen ist. Ein ständig wachsender Industriezweig produziert Bücher, Zeitschriften, Videos und Gesundheitsratgeber. Und schwangere Frauen und ihre Partner verschlingen diese Ratgeber. Als Francesca Naish und Janette Roberts ihr Buch *Healthy Parents, Better Babies: A Couple's Guide to Natural Preconception Care* herausbrachten, eroberte es Australien im Sturm. Die Autorinnen behaupten, dass Frauen, die sich an ihre geburtskundliche Bibel halten, damit ihre Chancen erhöhen, ein »besseres« Baby zu bekommen. Der Prolog enthält zwei warnende Geschichten – Beispiele von Müttern, deren eine die Vorschriften der Autorinnen befolgt hatte, die andere dagegen nicht. Wie nicht anders zu erwarten, erlebt die Mutter, die ihr Kind empfing, bevor sie überhaupt von der Möglichkeit gehört hatte, eine »gesunde Lebensweise« zu praktizieren, eine albtraumhafte Schwangerschaft und leidet nach der Geburt an verschiedensten Infektionen sowie an Depressionen. Das Kind ist körperlich anfällig, bekommt Windelausschlag und Ekzeme, und damit sind die Probleme noch lange nicht zu Ende. »Als der Junge in die Schule kommt, hat er Schwierigkeiten, stillzusitzen, hat keine Ausdauer und ist unkonzentriert, er ist unausgeglichen und es werden Lernstörungen bei ihm diagnostiziert. Er ist ständig erkältet und bekommt einen Paukenerguss im Ohr. Außerdem ist er Bettnässer.« Diese bedauernswerte Kreatur wird daraufhin mit dem »besseren Baby« verglichen, das nach einer sorgfältig ausgeklügelten, gesunden Lebensweise der Mutter, die schon vor der Empfängnis eingehalten wurde, geboren wird: »Der Junge ist auffallend hübsch und hat einen großen, perfekt geformten Kopf mit breiten, ebenmäßigen Gesichtszügen. Seine Haut strahlt vor Gesundheit. Er ist aufgeweckt, aber leicht zufriedenzustellen … Er hört sofort auf weinen, wenn seine Mutter seine Bedürfnisse erfüllt hat, und die Mutter scheint instinktiv zu wissen, was er braucht und wann er es braucht.« Viele der Ratschläge von Naish und Roberts widersprechen diametral bisher veröffentlichten Forschungsergebnissen – etwa ihre Behauptung, durch die Antibabypille seien Frauen weniger fruchtbar. Andere ihrer Ratschläge muten einfach nur bizarr an, etwa die Empfehlung, sich weit genug weg vom Fernseher zu setzen, elektrische Geräte aus dem Schlafzimmer zu verbannen oder stark säurehaltige Nahrungsmittel zu meiden (da dies angeblich die Empfänglichkeit für Strahlung sowie die Aufnahmefähigkeit für giftige Schwermetalle erhöhe).[37] Aber wie kritisch wir auch solcherlei Ratschlägen gegenüberstehen: Inhaltlich sind sie schwer zu widerlegen. Und es müssten schon seltsame Eltern sein, die sich nicht ein »besseres Baby« wünschten.

Doch man muss sich klarmachen, dass es vom Standpunkt der Gesundheit aus gesehen durchaus fraglich ist, ob werdende Mütter wirklich spezielle Ratschläge brauchen. Seit Tausenden von Jahren haben Frauen gesunde Kinder zur Welt gebracht, ohne vor oder nach der Empfängnis besondere Vorsichtsmaßnahmen zu ergreifen. Embryos und Föten sind bemerkenswert gut geschützt, wie Frauen, die versucht haben, ihre Schwangerschaft abzubrechen, oft feststellen mussten. Vor der Legalisierung von Schwangerschaftsabbrüchen schädigten Frauen häufig ihre Gesundheit mit Gegenständen oder durch die Einnahme von bestimmten Substanzen, die eine Abtreibung bewirken sollten, nur um schließlich von einem kerngesunden Baby entbunden zu werden.

Wie gut Schwangerschaften geschützt sind, beweist allein schon die Tatsache, dass Dinge, die in unserer Kultur als gefährlich für Schwangere gelten, in anderen als absolut akzeptabel, wenn nicht sogar empfehlenswert angesehen werden. Die Soziologin Jacqueline Vincent Priya beschreibt in ihrer Studie zu verschiedenen Geburtstraditionen, wie unterschiedliche Gesellschaften ihren Schwangeren ganz verschiedene Diäten nahelegen.[38] Zum Beispiel wird schwangeren Frauen vom Stamm der Yoruba in Afrika davon abgeraten, proteinreiche Nahrungsmittel wie Fleisch oder Fisch zu essen, was ja genau das Gegenteil von dem ist, was Frauen in höher entwickelten Gesellschaften empfohlen wird. In manchen Gegenden in Bangladesch werden schwangere Frauen dazu angehalten, nicht so viel zu essen, damit ihre Kinder klein bleiben und ohne Schwierigkeiten zur Welt kommen. Ein großes, dralles Baby könnte in einer Gesellschaft ohne medizinische Geburtshilfe eine Katastrophe bedeuten.

Sogar harte Drogen scheinen ein geringeres Risiko für Ungeborene darzustellen, als wir gemeinhin annehmen. In den vergangenen zehn Jahren haben Forscher in den USA die neurologische Entwicklung von zweihundert Babys aus den ärmsten Gegenden Philadelphias untersucht. Die Hälfte von ihnen war während der Schwangerschaft der Mutter dem Einfluss von Kokain ausgesetzt gewesen, die andere Hälfte nicht. Doch allen Befürchtungen der späten 80er Jahre zum Trotz, die steigende Anzahl der »Crackbabys« – jedes sechste der 1989 in städtischen Krankenhäusern geborenen Babys hatte eine kokainschnupfende Mutter – könne zu einer ganzen Klasse von Kindern mit vorhersehbaren neurologischen Problemen führen, konnte die Studie keine Beweise für eine gesundheitsschädigende Auswirkung des Kokains auf die Babys erbringen. Was allerdings dabei herauskam, war, dass die intellektuellen Fähigkeiten aller Kinder im Alter von vier Jahren, und zwar sowohl in der Crack-Gruppe als auch in der Kontrollgruppe, unter dem US-Durchschnitt lagen. Das Projekt folgerte daraus, dass soziale Benachteiligung den geistigen Leistungen von Kindern am abträglichsten ist – und solche Umwelteinflüsse können Eltern auch nicht durch richtiges Verhalten und einen Schwangerschafts-Vorbereitungsplan wettmachen.

Ein besonders übler Effekt der Ratschläge zur präkonzeptionellen und pränatalen Vorsorge besteht darin, dass sich viele Frauen in den endlosen, unbequemen Nächten der Schlaflosigkeit sorgenvoll herumwälzen und sich fragen, ob sie wirklich alles dafür getan haben, dass es ihrem Baby gut geht. Wenn ein Kind geboren wird, das nicht ganz perfekt ist – und um die 2 Prozent aller Neugeboren kommen mit einer Anomalie zur Welt – zerbrechen die meisten Eltern sich den Kopf darüber, ob sie nicht selbst daran schuld sein könnten.

Grundsätzlich problematisch an den Ratschlägen zur Empfängnisvorsorge ist, dass sie auf der Annahme beruhen – und das ist an sich schon ein urbaner Mythos –, Paare seien in der Lage, die Empfängnis langfristig zu planen und vorzubereiten. Als die Medizinsoziologin Anne Fleissig eine Reihe von Frauen, deren Geburt sechs Wochen zurücklag, fragte, ob ihre Schwangerschaft geplant gewesen sei, fand sie heraus, dass in 31 Prozent aller Fälle das Kind ungeplant war. Sie schloss daraus, dass fast ein Drittel aller britischen Geburten die Folge einer zufälligen Schwangerschaft seien, wie sie in einem im *British Medical Journal* veröffentlichten Aufsatz erklärte.[39] Unter solchen Umständen ist eine Empfängnisvorsorge natürlich obsolet, und auch die Schwangerschaftsvorsorge kann oft nur in eingeschränktem Maß stattfinden. Trotzdem gibt es kaum Hinweise darauf, dass sich die Kinder, die infolge ungeplanter Schwangerschaften geboren werden, signifikant von den infolge erwünschter, geplanter Schwangerschaften geborenen unterscheiden.

Außerdem werden trotz all der öffentlichen Gesundheitsratschläge sogar geplante Babys nur selten unter solchen Umständen empfangen, die den Experten für die Gesundheit von Mutter und Kind gefallen würden. Eine 1999 für die Zeitschrift *Pregnancy and Birth* durchgeführte Umfrage schockierte Gesundheitsapostel mit dem Ergebnis, dass 73 Prozent aller Paare keinerlei Anstrengungen unternahmen, vor dem Zeugungsversuch besonders gesund zu leben. Fast die Hälfte aller Babys wurde gezeugt, als beide Elternteile einen so hohen Alkoholspiegel im Blut hatten, dass ihnen bei einem Bluttest Führerscheinentzug gedroht hätte.

Es ist schwer, sich während der Schwangerschaft gegen die Ratschläge der Experten zu wappnen. Gerade in dieser Periode fühlen sich Eltern besonders abhängig von fachlich kompetenter Unterstützung. Und dies ist der Grund, warum schwangere Frauen so häufig von Gesundheitsfachleuten anvisiert werden. Ist dann das Baby auf der Welt, haben die frisch gebackenen Väter und Mütter bereits die zeitgenössische Kultur der Elternschaft internalisiert. Und wenn sie dem Embryo vorsingen und mit ihm sprechen, damit daraus ein kluges Baby wird, dann werden sie wahrscheinlich so ziemlich alles glauben, was die Experten ihnen in den kommenden Jahren vorsetzen.

Zuwendung auf Verlangen – das neue Konzept der Kindererziehung

Viele Sorgen, die sich Eltern um ihre Kinder machen, resultieren aus den veränderten gesellschaftlichen Erwartungen an das Elternsein. Moderne Eltern müssen jeden Moment im Tagesablauf ihrer Kinder beobachten – und darauf achten, dass ihr Leben mit den angemessenen Aktivitäten ausgefüllt ist. Dabei übernehmen moderne Eltern ein ganzes Spektrum an Funktionen, angefangen beim Chauffeur, der das Kind von einer Veranstaltung zur nächsten kutschiert, bis hin zum Privatlehrer, der den offiziellen Schulunterricht ergänzt.

Es ist bemerkenswert, dass Eltern früher mit voller Absicht aus einigen Bereichen herausgehalten wurden, in denen sie heutzutage aktiv werden sollen. In der Vergangenheit wurde es von den Lehrern beispielsweise argwöhnisch betrachtet, wenn sich Eltern in die Schulbildung ihrer Kinder einmischten. Solche Eltern galten als unerwünschte Kontrolleure. Wenn man seinem Kind das Lesen beibrachte, erntete man eher Schelte als Lob. Diese Mütter oder Väter wurden als wichtigtuerische Amateurpauker betrachtet, die den ausgebildeten Fachkräften ins Handwerk pfuschten. Heutzutage werden Eltern, die sich nicht engagieren, automatisch als Rabeneltern abgestempelt, die ihr Kind im Stich lassen und es damit zwangsläufig auf die Versagerschiene setzen.

Der Eltern-Determinismus erweitert den Rahmen der Elternschaft in einem solchen Maße, dass sie zu einer unerträglich schweren Last wird – einer Last, der normale menschliche Wesen nicht gewachsen sind. Denn wenn so viel auf dem Spiel steht, kann es keine Eltern geben, die je »gut genug« wären. Dies gilt besonders dann, wenn beide Elternteile einer Erwerbstätigkeit nachgehen. Für allein erziehende Mütter und Väter ist das Gewicht all dieser zusätzlichen Verantwortlichkeiten noch schwerer zu tragen.

Der Eltern-Determinismus verurteilt alle Eltern von vornherein zum Scheitern, weil er Ziele setzt, die schlichtweg unerreichbar sind. Moderne Ansichten über die Verwundbarkeit von Kindern sowie der

Gedanke des Kindheits-Determinismus geben den Eltern ständig das Gefühl, ihr Kind brauche sie. Infolgedessen wird das, was oft als kindorientierte Erziehungsweise definiert wird, in der Praxis zur *Elternpflicht auf Verlangen.* Das viel gelesene Buch *Säuglings- und Kinderpflege* von Dr. Benjamin Spock, 1946 zum ersten Mal erschienen, spielte eine wichtige – wenn nicht die wichtigste – Rolle in der Verbreitung der kindorientierten Sichtweise in der Kindererziehung. Ratschläge wie das Kind zu füttern, wenn es Hunger hat, nachsichtig bei der Erziehung zur Sauberkeit zu sein sowie die emotionale Entwicklung eines Kindes ständig aufmerksam zu verfolgen, kennzeichnen diesen Ansatz. Ironischerweise galt Dr. Spocks Methode in den 50er und 60er Jahren allgemein als liberal, während sie heute als ausgesprochen autoritär angesehen wird. Sein berühmter Ratgeber kommt einem in der Tat deutlich elternzentriert vor, vergleicht man ihn mit den zwanghaft kindorientierten modernen Erziehungshandbüchern. Man schaue sich nur einmal die kontroverse Betrachtungsweise von Bestrafung und Disziplinierung an. Die meisten zeitgenössischen Beratungsinstanzen sprechen sich gegen körperliche Strafen in jeder Form aus, und viele einflussreiche Erziehungsfachleute und Ratgeber lehnen sogar die Bestrafung als solche ab. Jan Parker und Jan Stimpson, Autoren des Buches *Raising Happy Children*, glauben, Bestrafung sei ein in hohem Maße negativer Akt, weil er beinhalte, Kinder für ihr Fehlverhalten leiden zu lassen. Sie unterscheiden Disziplinierung von Bestrafung und verstehen unter Disziplinierung die Methode, wie man Kindern beibringt, was sie falsch gemacht haben. Aus dieser Perspektive heraus erscheint Dr. Spocks Ansatz in punkto Strafe inakzeptabel, ja gefühllos, wenn nicht sogar brutal.

Spock war der Meinung, der alltägliche Job der Eltern bestehe darin, »das Kind mit konsequenten Mitteln auf den rechten Weg zu führen«, und er war durchaus dafür, dass Eltern Formen der Bestrafung anwendeten, wenn dieses System der Konsequenz versagte. Spock machte sich viel mehr Gedanken über die Formen psychischer Bestrafung, die bei einem Kind schwere Schuldgefühle auslösen, als über körperliche Strafen. »Es soll hier nicht behauptet werden, dass Schläge unbedingt das Richtige seien, doch wenn man seinem Sprössling einmal – wenn er es wirklich verdient hat – ein paar Klapse verabfolgt, so ist das weniger vergiftend, als wenn man seinem Kind längere Zeit gram ist und seine kleine Seele damit belastet«, bemerkte er.[1] Moderne Ratgeber stehen schon der Bestrafung als solcher ablehnend gegenüber, weil sie dogmatisch davon ausgehen, das Problem liege fast immer bei den bösen Eltern und nicht bei den bösen Kindern. Konsequenterweise betrachtet man das Verhalten von Kindern nicht so sehr als »unartig«, sondern als negativen Ausdruck des Wunsches nach Aufmerksamkeit. Als Lösung wird vorgeschlagen, ihr Verhalten lieber zu ignorieren als zu bestrafen. Anstatt Entschlossenheit zu empfehlen, erinnert man die Eltern daran, dass sie niemals genug für ihr Kind tun können. Dieser Ansatz wird spitzfindig damit begründet, dass eine Bestrafung letztendlich doch nur den negativen Ausdruck des Wunsches nach Aufmerksamkeit belohne.

Es gibt zwar heutzutage keine herausragende Autorität in Sachen Erziehung mehr, die einen vergleichbaren Einfluss wie Dr. Spock in den 60ern ausübt, doch kommt in Großbritannien wenn überhaupt Penelope Leach wahrscheinlich dieser Rolle am nächsten. Sie glaubt, »wenn man ein Kind allmählich und sanft den Konsequenzen seiner eigenen, misslungenen Aktionen aussetzt, ist dies die äußerste Sanktion, die Sie brauchen«. Von den Eltern wird also verlangt, das Kind genau zu beobachten und ihr Verhalten dem seinen anzupassen. Eltern, die sich Sorgen darüber machen, ob sie ihr Kind womöglich verwöhnen, erhalten die beruhigende Auskunft, so etwas wie zu viel Aufmerksamkeit, zu viel Spiel, Reden und Lachen, zu viel Lächeln und zu viel Schmusen gebe es im Grunde gar nicht.

Eine solche Auffassung von Kindererziehung macht Eltern zu Rund-um-die-Uhr-Sklaven ihrer Kinder. Leach erinnert die Eltern immer wieder mahnend daran, dass jeder Moment der Entwicklung ihres Babys in ihrer Hand liege. Man könne ihm entweder helfen, sich zu entwickeln und zu lernen, oder man unterbinde diese Fortschritte, indem man an Zuwendung spare, schreibt sie. Und das ist noch nicht alles. Leach warnt vor noch größeren Gefahren: Indem die Eltern ihr Kind glücklich machten und es beschäftigten, könnten sie dazu beitragen, dass es schnell lerne, überließen sie es jedoch unzufrieden und gelangweilt sich selbst, erreichten sie damit, dass es nur langsam lerne.[2]

Den Fachleuten der heutigen Ratgeberfraktion ist Dr. Spock immer noch viel zu elternzentriert. In ihrem Buch *Three in a Bed: The Benefits of Sleeping with Your Baby* setzt sich Deborah Jackson mit Dr. Spocks Ratschlag auseinander, Mütter sollten ihr Baby weinen lassen. Jackson argumentiert, ein Baby, das man abends weinen lasse, zwinge man dazu, die »grausame Lektion« zu lernen, dass das menschliche Leben aus Leiden besteht. Die Autorin behauptet, wir würden die Gelegenheit zu einer »kleinen, subtilen, positiven Kommunikation« zwischen Eltern und Kind verpassen, wenn wir das kindliche Weinen ignorierten.[3]

Die Forderung nach Zuwendung auf Verlangen beschränkt sich nicht nur auf die Interaktion zwischen Müttern und Vätern und ihren Babys. Der erweiterte Rahmen der elterlichen Verantwortlichkeiten erstreckt sich von der Kindheit bis in die Adoleszenz. Diese Vorstellung wird durch kulturelle und gesellschaftliche Normen weiter verstärkt, die ebenfalls eine Ausdehnung der Elternrolle verlangen. Sogar Juristen und Politiker aller Parteien setzen auf eine Verbesserung der elterlichen Leistungen als eine der nahe liegenden Lösungen für gesellschaftliche Missstände. Das Diskussionspapier der New-Labour-Regierung mit dem Titel *Supporting Families* (Unterstützung für Familien) legt dies ausdrücklich dar. Darin wird behauptet, eine bessere Erziehung vermöge die Zahl der Kinder zu senken, die von der Fürsorge betreut werden, sowie Probleme mit der schulischen Disziplin oder mit Übergriffen Jugendlicher zu mildern. Bessere Leistungen von Seiten der Eltern heißt aber nicht nur Zuwendung auf Verlangen, sondern auch die Übernahme wiederum neuer Verantwortlichkeiten.

Elternliebe rund um die Uhr

Die wichtigste Aufgabe, welche die Gesellschaft heutzutage den Eltern auferlegt, ist es, ihr Kind zu lieben. Auf den ersten Blick scheint dies eine völlig legitime Forderung zu sein. Die Liebe, die Mütter und Väter für ihre Kinder empfinden, gehört zu den grundlegenden Erfahrungen der Menschheit. In unserer Kultur und unserer Geschichte wimmelt es von Beispielen für die enormen Opfer, die Eltern im Laufe der Zeit für ihre Kinder gebracht haben. Mütter und Väter waren dazu bereit, unglaubliche Härten in Kauf zu nehmen, um das Leben ihrer Sprösslinge zu schützen und angenehm zu gestalten. Natürlich gibt es auch Geschichten von kaltherzigen, desinteressierten Müttern und lieblosen, gleichgültigen Vätern. Doch solche Beispiele bilden die Ausnahme von der Regel. Noch bis vor kurzem äußerten sich Handbücher über Kindererziehung sogar besorgt darüber, dass Eltern ihre Kinder durch ein Übermaß an Liebe verwöhnen könnten. Werke über Kindererziehung, die zu Beginn des zwanzigsten Jahrhunderts geschrieben wurden, kritisierten Mütter, die ihre Kinder mit zu viel Liebe verhätschelten. Eine vergleichende Untersuchung von Erziehungshandbüchern, die zwischen 1915 und 1980 in den USA publiziert wurden, zeigte, dass Mütter durchgängig mit der Tendenz dargestellt wurden, emotional »überzureagieren«, und ihre ungezügelte Liebe wurde als schädlich für Töchter wie Söhne pathologisiert. Man glaubte nämlich, gerade der Überschwang, der die sanktionierte Form mütterlichen Verhaltens darstellte, gefährde die gesunde Entwicklung eines Kindes. Solche Ansichten wurden bis in die 70er Jahre hinein vertreten.[4]

An dieser Stelle muss angemerkt werden, dass die heutige Version elterlicher Liebe eine Verhaltensform darstellt, die nur wenig mit der intensiven, wenn auch undefinierbaren Passion zu tun hat, die normalerweise mit diesem Terminus assoziiert wird. Liebe hat viele Dimensionen. Doch da sie ein gefühlsmäßiger Zustand ist, der sich aus natürlichen Bindungen ergibt und sich in warmer Zuneigung manifestiert, wurde Liebe früher kaum in der zweckbestimmten Gestalt charakterisiert, wie man sie sich heute vorstellt. Heutzutage wird Liebe nur noch selten als spontane Empfindung wahrgenommen, sondern ist zu einer elterlichen Funktion beziehungsweise einer Fertigkeit geworden. Die Liebe der Eltern zu ihrem Kind wird inzwischen sogar als ihre wichtigste Fertigkeit überhaupt betrachtet, und zwar aus dem äußerst pragmatischen Grund, dass dieses Gefühl die Voraussetzung für ihr Funktionieren auf Verlangen gilt. Deshalb rät man Müttern und Vätern mit schöner Regelmäßigkeit, »ihr Baby zu genießen« und ihm »bedingungslose Liebe« entgegenzubringen. Penelope Leach geht sogar so weit, zu fordern, eine berufstätige Mutter mit begrenzter Zeit solle im Zweifelsfall lieber mit ihrer Tochter spielen, als sich um deren körperliche Bedürfnisse zu kümmern. »Wenn Sie die Fürsorge für Ihr Baby mit jemand anderem teilen müssten und ihm die gesamte körperliche Pflege überließen, würden Sie noch immer die Nummer Eins bleiben. Wären Sie jedoch umgekehrt für die körperlichen Bedürfnisse Ihres Babys zuständig und der andere fürs Spielen, würde er wahrscheinlich zur Bezugsperson werden.«[5] Die Tatsache, dass hier Liebhaben und Spielen von der Sorge um die körperlichen Bedürfnisse getrennt und höher bewertet werden, ist ein Beleg für die enorme Aufwertung der emotionalen Seiten elterlicher Fürsorge.

Die Abspaltung von Liebe als eine isolierte Größe sowie ihre Assoziation mit dem Spielen sind bezeichnend für eine bestimmte Geisteshaltung. »Liebe« wird hier mit »Aufmerksamkeit« gleichgesetzt. Elterliche Liebe bedeutet hier also, auf das Kind einzugehen, während im Gegenzug die Liebe des Kindes zu seinen Eltern als Verlangen nach Zuwendung definiert wird. »Babys werden mit dem Wunsch geboren, ihre Eltern zu lieben«, schreibt die Kinderpsychologin Dr. Dorothy Rowe. Wer behauptet, dass Säuglinge, die noch gar nicht zu begrifflichem Denken in der Lage sind, den Wunsch haben könnten zu lieben, verwechselt Liebe mit dem instinktiven Bedürfnis nach Sicherheit. Von dieser zweckgerichteten erwachsenen Sichtweise aus betrachtet, folgt aus der einseitigen Definition von Liebe tatsächlich, dass man nett zu einem Kind zu sein soll. Und Leach zufolge ist das Wichtigste für ein Baby, dass man mit ihm spielt und ihm neue Dinge zeigt. Damit bringe man Liebe hervor, behauptet sie. Da braucht man sich nicht zu wundern, wenn die Forderung nach Zuwendung grenzenlos wird. Oder, um es mit Leachs Worten auszudrücken, »Liebe ruft Liebe hervor«. Liebe erschafft im anderen den Wunsch nach einem noch größeren Ausmaß an Liebe. Liebe zu rationieren sei falsch, weil die Eltern durch ihre Liebe das Bedürfnis des Babys – Sie ahnen es schon – nach mehr Liebe entdecken. Liebe wiederum programmiert die Eltern darauf, noch mehr zu lieben. Deborah Jackson behauptet, je länger man ein Baby im Arm halte, desto stärker werde der Wunsch, es zu halten.[6]

Die Verfechter der bedingungslosen Liebe schreiben ihr fast magische Kräfte zu. Die Autoren des Buchs *Raising Happy Children*, Jan Parker und Jan Stimpson, behaupten, es steigere das Selbstwertgefühl unserer Kinder, wenn wir ihnen zeigen, »dass wir sie bedingungslos lieben, dass sie und ihre Gefühle eine Rolle spielen, dass wir sie wertschätzen, anerkennen und uns um sie sorgen«. Dadurch würde man Kinder für das Leben wappnen und sie zu selbstbewussten Erwachsenen erziehen, die mit allem fertig würden, was das Leben so für sie bereithält.

Dieser naive Glaube an die Kraft der Liebe könnte einem eigentlich richtig sympathisch sein, wenn seine Anhänger ihn nicht mit dem typischen Eifer intoleranter Fanatiker vorbringen würden. Die Drohung: »Gib Liebe, sonst wirst du schon sehen, was du davon hast!« lauert ständig im Hintergrund der Diskussion. Das ist der Grund, warum belehrende Vorträge über elterliche Liebe sowohl etwas Herablassendes als auch etwas Einschüchterndes an sich haben: herablassend, weil man Eltern doch eigentlich nicht sagen muss, dass sie sich an ihren Kindern erfreuen sollten, und einschüchternd, weil die Unfähigkeit, ein Kind zu dessen Bedingungen zu lieben, als Akt elterlicher Böswilligkeit verurteilt wird. »Viele Eltern schaffen es, die Liebe ihres Kindes im Keim zu ersticken«, schreibt Dorothy Rowe mit einem warnenden Unterton. Sie unterteilt die Eltern quasi in zwei Gruppen: in die, die lieben, und in die, die versuchen, ihre Kinder zu beherrschen, indem sie ihnen Angst einflößen. Interessanterweise sieht Rowe die Ursache für Tragödien und Verhaltensstörungen oft in dem Mangel an Liebe. Stets wird unausgesprochen unterstellt, die Unfähigkeit, den Bedarf an liebevoller Zuwendung immer und überall zu stillen, sei eine Vorstufe zur Misshandlung. Der kürzlich von der NSPCC herausgegebene Ratgeber *Baby's First Year* (Das erste Lebensjahr Ihres Babys) scheint von einer sehr kaltherzigen Leserschaft auszugehen, denn er rät Eltern allen Ernstes, sich an ihren Babys zu »erfreuen«. Müttern wird empfohlen, »liebevolle, positive Wörter zu benutzen«. *Baby's First Year* erklärt Eltern sogar, wie sie zum Wachsen der Liebe beitragen können. Um das zu erreichen, soll man sich an den folgenden Vier-Punkte-Plan halten:

- Lassen Sie das Baby gleich nach der Geburt an Ihrer Brust trinken.
- Kuscheln Sie mit Ihrem Kind und sorgen Sie dabei für Hautkontakt.
- Nehmen Sie Ihr Baby auf den Arm und streicheln Sie es.
- Beobachten Sie das Verhalten Ihres Babys sorgfältig.

Nach diesen Ratschlägen folgen Zuckerbrot und Peitsche. Das Zuckerbrot ist das Versprechen, dass das Baby, wenn Sie sich richtig verhalten, »ganz versessen auf Sie ist«, die Peitsche, dass Sie ihm dafür aber das Gefühl geben müssen, im Mittelpunkt Ihres Lebens zu stehen – ob es Ihnen gefällt oder nicht.[7]

Doch bei all den ernst gemeinten Appellen, seine Kinder zu lieben, sollte man einmal darauf hinweisen, dass die meisten Eltern heutzutage wesentlich mehr Zeit darauf verwenden, ihren Kindern Aufmerksamkeit zu schenken, als zu irgendeinem anderen Zeitpunkt in der Geschichte der Menschheit. Die Eltern haben die ständig wiederholte Aufforderung, ihr Kind zu lieben und zu fördern, längst internalisiert. Dennoch stehen viele Mütter und Väter vor dem Problem, dass sie den stetig wachsenden Wunsch ihrer Kinder nach noch mehr Aufmerksamkeit unmöglich erfüllen können. An die Aufmerksamkeit der Eltern kann man sich nämlich ziemlich schnell gewöhnen, weshalb viele Eltern das Gefühl haben, nicht mehr Herr ihrer Zeit zu sein.

Doch es ist keineswegs erwiesen, dass das Schenken von Liebe und Aufmerksamkeit um ihrer selbst willen den Kindern wirklich Nutzen bringt. Kinder, deren Wunsch nach ständiger Aufmerksamkeit erfüllt wird, besitzen nur wenig Motivation, Probleme von sich aus anzugehen, und sperren sich meistens dagegen, ihre Eltern mit anderen zu teilen. Sie haben wenig Anreiz, die Welt auf eigene Faust zu erkunden, zu lernen, über ihre Erfahrungen zu reflektieren oder sich alleine zu beschäftigen. Dabei ist es auch wichtig, alleine zu sein, weit weg von der kontrollierenden Welt der Erwachsenen. Das ist von essenzieller Bedeutung für die Entwicklung der kindlichen Phantasie, für die Herausbildung des Ichs. Konstante Aufmerksamkeit von Seiten der Erwachsenen verstärkt nur die Egozentrik. Zudem können Kinder von elterlicher Aufmerksamkeit abhängig werden. Wenn sie in dem Glauben erzogen werden, elterliche Zuwendung und Liebe seien ihr angestammtes Recht, besteht die Gefahr, dass sie nicht gut mit Situationen umgehen können, in denen sie einmal nicht im Mittelpunkt der allgemeinen Aufmerksamkeit stehen.

Eltern, die ihren Sprösslingen Zuwendung auf Verlangen geben, tun ihnen damit keinen Gefallen. Außerdem kann niemand seine Aufmerksamkeit permanent aufrechterhalten. Wie jede Sache, die zur Gewohnheit wird, kann Zuwendung auf Verlangen zu einer undifferenzierten Routinehandlung ausarten. Anstatt ihr Kind anzuleiten, zu führen und es zu inspirieren, erschöpft sich die Zuwendung dann darin, jeweils auf den neuesten Wunsch des Kindes einzugehen. Am schlimmsten trifft dieses Ethos wohl die berufstätigen Väter und Mütter. Von ihnen hört man häufig, sie verbrächten zu Hause die meiste Zeit damit, sich um die Belange ihres Kindes zu kümmern. Die Kehrseite der Medaille ist, dass ein Kind auf diese Weise nur erlebt, wie sich Denken und Handeln der Eltern nach ihm richten und nicht lernt, dass diese sich auch spezifischen Erwachsenenaufgaben widmen müssen. Ein solches Kind hat kaum Gelegenheit, an den Aktivitäten der Erwachsenen zu partizipieren. Damit fehlen ihm wichtige Erfahrungen.

Müssen Eltern immer wissen, was ihre Kinder fühlen und denken? Wahrscheinlich nicht. Einfühlsame Mütter und Väter finden eine Balance zwischen dem Versuch, ihre Kinder zu verstehen, und der routinemäßigen Reaktion auf sie. Nicht jedes Signal ist von großer Wichtigkeit, und nicht jedes Wort, das ein Kind hervorbringt, enthält eine tiefe, verborgene Bedeutung. Die Entwicklung eines Kindes ist ja auch nicht grundsätzlich zum Scheitern verurteilt, wenn es viele Geschwister hat, mit denen es die Aufmerksamkeit seiner Eltern teilen muss. Es gibt also keinen Beleg dafür, dass Zuwendung auf Verlangen gut für Kinder ist. Indessen kann es nur wenig Zweifel daran geben, dass die Ausrichtung des Erwachsenenlebens an den Interessen des Kindes wahnsinnig hohe Erwartungen schafft, die nie ganz erfüllt werden können. Dadurch entsteht eine Atmosphäre, in der Eltern – besonders diejenigen, die ständig versuchen, alle aktuellen Ratschläge zu befolgen – zu einem Leben in ständiger Sorge um das emotionale Wohlergehen ihrer Kinder verurteilt werden. Trotz guter Vorsätze landen viele Eltern schließlich an dem Punkt, wo sie versuchen, ganz das Leben ihrer Kinder zu leben, bloß um sicherzugehen, ihre Pflichten annähernd ordnungsgemäß zu erfüllen.

Um ein Versagen von vornherein auszuschließen, schleppen viele Eltern ihre Kinder von einer Quelle der Förderung zur nächsten. Diejenigen, die es sich erlauben können, kutschieren ihre Kleinen erst zum Musikunterricht und holen sie natürlich danach wieder ab. Dann bringen sie sie zu einem eigens dafür eingerichteten Förderzentrum, wo die Kinder zusätzliche Fähigkeiten üben, zum Beispiel den Umgang mit Zahlen. Aber immer noch quält die Eltern das Gefühl der Unzulänglichkeit. Nicht in der Lage, noch mehr Zeit in ihre Aufgabe zu investieren, beschwichtigen sie ihre Schuldgefühle, indem sie mehr Geld für die Geschenke der Kinder ausgeben. Untersuchungen belegen, dass sogar relativ arme Eltern einen unverhältnismäßig hohen Prozentsatz ihres Einkommens in Geschenke investieren.

Doch wie erfahren denn Kinder eigentlich Liebe? Jerome Kagan meint dazu, die unsichtbare Überzeugung oder das Gefühl, dass man geliebt wird, werde nicht von irgendwelchen bestimmten Handlungen der Eltern oder des Kindes ausgelöst.[8] Es gibt keine verifizierten Aussagen darüber, welche Arten von Handlungen Kinder davon überzeugen, dass sie Gegenstand dieses so hoch geschätzten Gefühls sind. Kinder autoritärer Eltern sagen zum Beispiel oft, sie seien sich sicher, dass ihre Mütter und Väter sie liebten, während Kinder, deren Eltern ihnen eine Überdosis Zuwendung angedeihen ließen, gelegentlich andeuten, sie seien sich der Gefühle ihrer Eltern ihnen gegenüber nicht gewiss.

Liebe auf Verlangen droht zu ihrem eigenen Zerrbild zu werden. Der Ruf der Erziehungsfachleute für Kindererziehung nach *bedingungsloser* Liebe erscheint zwar auf den ersten Blick sinnvoll, denn schließlich erwarten wir mit Recht von Müttern und Vätern, dass sie ihre Zuwendung nicht an Bedingungen knüpfen. Jedoch ist mit dem Begriff »bedingungslose Liebe« mehr als nur das Fehlen von Bedingungen gemeint. Er beschreibt ein Gefühl, das sich auf nichts außer auf sich selbst bezieht. Aber Elternliebe kann auch nicht auf das Wiederholen der Phrase »Ich hab dich lieb« reduziert werden. Liebe und Zuneigung werden durch ganz charakteristische Handlungen vermittelt. Wir drücken Liebe durch die Art und Weise aus, wie wir unser Kind füttern, oder durch die Art, wie wir bestimmte Verhaltensweisen von ihm belohnen, loben oder in Frage stellen. Kinder werden sich der Liebe ihrer Eltern durch die Art und Weise bewusst, in der Mütter und Väter sie zu bestimmten Aktivitäten ermutigen und von anderen abhalten, wie sie Grenzen ziehen und – ja, auch das – sogar wie sie Autorität ausüben. Ein Kind zu lieben ist eine wunderbare, erfüllende Erfahrung. Liebe auf Verlangen hingegen enthält die Aufforderung, eine leere Geste zu vollführen. Dadurch schleicht sich ein unehrliches Ritual in den Ablauf des Familienlebens ein. Schlimmer noch: Der Zwang zu lieben führt dazu, authentische Äußerungen dieses ganz besonderen Gefühls zu trivialisieren.

Eltern als Therapeuten und Gesundbeter

In gewisser Weise hängt die derzeitige Modeerscheinung, elterliche Liebe auf ein Podest zu stellen, mit dem zunehmenden, einseitigen Interesse für die Gefühle von Kindern zusammen. Wie bereits im vorigen Kapitel angemerkt, sind die Wurzeln des allgegenwärtigen Gefühls, Kinder seien verwundbare Wesen, im Bereich der Emotionen zu suchen. Die Propagierung bedingungsloser Elternliebe wird teilweise als Möglichkeit verstanden, Eltern ihren Kindern emotional näher zu bringen. Dies wiederum gilt als Voraussetzung dafür, dass Erwachsene emotionale Kompetenz erlangen können, eine der grundlegenden Fähigkeiten, die man von Eltern heutzutage erwartet.

Vertreter der Lehre von der emotionalen Kompetenz glauben, Mangel an Selbsterkenntnis sowie das Unvermögen, sich seine wahren Gefühle einzugestehen, seien sowohl für individuelle Schwierigkeiten als auch für gesellschaftliche Probleme verantwortlich. Sie behaupten, emotional inkompetente Menschen seien potenziell gewalttätig und trügen die Verantwortung für zahlreiche Probleme, mit denen Kinder zu kämpfen haben. Diese Theorie präsentiert höchst eloquent der Bestseller *Emotionale Intelligenz* von Daniel Goleman. Goleman vertritt den Standpunkt, die Gesellschaft befinde sich in einer »kollektiven emotionalen Krise«. Er erkennt eine »wachsende Misere in unserem emotionalen Zusammenleben«, die sich in Gewalt in der Ehe, Kindesmisshandlung, ansteigender Jugendkriminalität und in einem gehäuften Auftreten von Depressionen und posttraumatischem Stress äußert. Laut Goleman sind die Probleme, die mit emotionaler Inkompetenz einhergehen, dramatisch. Amerikanische Schulkinder, die ihre Klassenkameraden erschießen, Teenager-Schwangerschaften, Schlägereien, Drogenmissbrauch und psychische Erkrankungen markieren nur die Spitze des Eisbergs. Die Lösung, die Goleman vorschlägt, liegt in einer stärkeren Betonung der emotionalen Erziehung, bei der den Kindern Strategien vermittelt werden, mit Hilfe derer sie lernen, mit Emotionen umzugehen und Gefühle zu erkennen.[9]

Texte über emotionale Intelligenz und emotionale Kompetenz tendieren dazu, oberflächlich zu sein, und zwar sowohl in theoretischer als auch in empirischer Hinsicht. Die meisten bieten wenig mehr als hausgemachte Behauptungen im Blabla-Jargon der Küchenpsychologie. Äußerst umständlich beschreiben sie das, was früher einfach als gutes Einfühlungsvermögen bezeichnet wurde. Dies soll natürlich nicht heißen, Einfühlungsvermögen sei etwas Negatives. Vielmehr ist es die zwanghaft übertriebene Betrachtung und Problematisierung von emotionalen Beziehungen zwischen Eltern und Kind, die eine Ursache potenzieller Schwierigkeiten darstellt.

Heutzutage genügt es längst nicht mehr, dass Eltern sich einfach ausreichend um ihr Kind kümmern. Sie müssen zudem auch geschickte Therapeuten sein, die dazu fähig sind, sich einen Zugang zur Gefühlswelt ihrer Kinder zu erschließen. Einer der lautesten Befürworter der emotionalisierten Kindererziehung ist Professor John Gottman. In seinem Ratgeber *The Heart of Parenting*, der in der britischen Presse einige Beachtung fand, besteht er darauf, gute Erziehung erfordere von den Eltern nicht nur Intellekt, sondern auch Gefühl. Das scheint selbstverständlich. Doch Gottman denkt dabei nicht an die üblichen gefühlsmäßigen Verpflichtungen, die das Familienleben mit sich bringt. Er glaubt, Eltern müssten »Emotionstrainer« sein, die sich »emotionale Momente« zunutze machten, um ihre Kinder in der Kunst der emotionalen Kompetenz zu unterweisen. Gottman zufolge sind Liebe und positives Verhalten der Eltern allein nicht ausreichend, um mit den negativen Gefühlen eines Kindes umzugehen. Das sei zwar eine gute Ausgangslage, doch Mütter und Väter bräuchten zusätzliche Fähigkeiten, um ihrer Rolle als Eltern gerecht zu werden.[10]

Eltern, die sich dem therapeutischen Ansatz verschreiben, geraten unter beträchtlichen Druck. Die meisten britischen Eltern haben wahrscheinlich noch nie etwas von Gottman gehört und haben sich vermutlich auch nicht seinem »Sind wir gute Eltern?«-Test unterzogen. Doch sie haben vielleicht die Macher der Regierungspolitik davon reden hören, die »Qualität der emotionalen Bindung zwischen Eltern und Kind« sei die »Schlüsselvariable bei der Entstehung von Kriminalität«. Als sei das noch nicht genug, werden britische Eltern ständig daran erinnert, dass erfolgreiche Kindererziehung besondere Leistungen erfordere, bei denen es sich im Grunde um physio- und psychotherapeutische Fähigkeiten handelt. Ständig werden in modernen Ratgebern zur Kindererziehung Begriffe aus dem Bereich der Psychotherapie und der Medizin benutzt. Wie man mit Gefühlen umgeht, wie man lernt, die Gefühle eines Kindes zu interpretieren und wie man ein guter Zuhörer wird, sind sowohl in Ratgebern als auch in Beratungskolumnen häufig wiederkehrende Themen. Leiter von Eltern-Weiterbildungskursen werden ebenfalls dazu angehalten, den therapeutischen Ansatz zu vertreten. Eine Broschüre für Kursleiter mit dem Titel *Positive Ways of Managing Children's Behaviour* (Positive Wege des Umgangs mit kindlichem Verhalten), herausgegeben von der NSPCC, informiert ihre Zielgruppe darüber, dass »die meisten Aktivitäten so konzipiert sind, dass sie den Kursteilnehmern ermöglichen, über ihre eigenen Gefühle sowie die Gefühle ihrer Kinder zu reflektieren«. Elternzeitschriften und Handbücher fordern Eltern ständig dazu auf, ihre Kommunikationsfähigkeit und ihre Fähigkeit zum Zuhören zu schulen, weil sie sonst den Kontakt zu ihren Kindern verlören. »Ohne diese Fähigkeit kann es passieren, dass man den Zugang zueinander verliert – und dann können Probleme so eskalieren, dass es kaum noch einen Weg zurück gibt«, warnt zum Beispiel *Raising Happy Children*.

Therapeutische Ratschläge zur Kindererziehung haben die Eigenart, die Emotionen von Kindern ständig als etwas überaus Komplexes darzustellen. Mütter und Väter erhalten detaillierte Anweisungen, wie sie die Gefühle ihres Babys zu dekodieren haben. Man sagt ihnen, wie sie ihr Kind loben sollen und welche Worte sie als Reaktion auf negatives Verhalten benutzen müssen. Ratgeber erklären bis ins kleinste Detail, wie man die Gefühle eines Kindes erkennt und bieten praktische Tipps, wie man das Selbstwertgefühl von Kleinkindern steigern kann. Es überrascht nicht, dass viele Eltern, die täglich mit solchen Ratschlägen bombardiert werden, sich verzweifelt den Kopf darüber zerbrechen, mit welchen Worten sie ihren Sohn oder ihre Tochter tadeln sollen. »Ob das seinem Selbstvertrauen schadet?«, fragte mich eine Freundin, nachdem sie sich enttäuscht über die Weigerung ihres Sohnes, die Rutsche im Schwimmbad hinunterzurutschen, geäußert hatte. Sie muss wohl Dr. Michael Boulton gelesen haben, der die Leserschaft der Zeitschrift *Mother and Child* darüber aufklärte, dass eine negative Reaktion auf Versagen das Selbstvertrauen eines Kindes nachhaltig verletzen könne.[11]

Ratschläge aus der therapeutischen Richtung gehen davon aus, dass es für Eltern möglich sei, mittels konstanter Wachsamkeit jede Veränderung und Schwankung in den Gefühlen ihres Kindes sofort zu interpretieren. Fehlt es ihnen indes an dem, was Kinderexperten »positive Aufmerksamkeit« nennen, müssen sie sich zumindest auf milden Tadel gefasst machen. »Auch wenn die Versuchung sehr groß ist, ihrem Kind nebenbei nur mit halbem Ohr zuzuhören, ist es von allergrößter Bedeutung, dass Sie ihm mit ungeteilter Aufmerksamkeit Gehör schenken«, mahnt Eileen Hayes in *Practical Parenting*. Hayes rechtfertigt ihre Forderung nach obligatorischem Zuhören damit, dass sie es sind, Mutter oder Vater, die ihrem Kind zur nächsten Stufe seiner Entwicklung verhelfen. Der Druck, stets zuhören und Gefühle zeigen zu müssen, ist immens. Ein Artikel in der Zeitschrift *Baby Power* mit der Überschrift: »Geben Sie Ihrem Kind die notwendige Kraft zum Lernen« erklärt viel beschäftigten Eltern, dass gemeinsames Lesen »unabdingbar« für die intellektuelle und emotionale Entwicklung ihres Kindes sei. Und wenn Sie gerade mit der Hausarbeit beschäftigt sind – Pech gehabt! »Es ist besser, etwas für die Zukunft Ihres Kindes zu tun, als die ganze Zeit nur an Hausarbeit zu denken«, raten die Autoren.[12]

Eltern reagieren sehr empfindlich auf den Vorwurf, ihnen mangele es an der Fähigkeit, ihre Kinder zu verstehen. Zahlreiche Mütter und Väter werden von der Angst gequält, die Kommunikation mit ihren Kindern könne abreißen und die liebevolle Beziehung nachhaltig gestört werden. Anderen bereitet der Gedanke Sorge, dass sie möglicherweise in einem bestimmten Stadium der Entwicklung ihres Kindes nicht genau das Richtige tun, nämlich das, was die Bücher ihnen vorschreiben. Die Konsequenz davon ist, dass Eltern begierig alles aufschnappen, was an neuesten Ratschlägen zum Thema »Wie man seinem Kind näher kommt« auf dem Markt kursiert. Die Babymassage ist beispielsweise derzeit der letzte Schrei für Eltern, die sich mehr Nähe zu ihren Kindern wünschen.

Die Eltern als Masseure: Noch eine Rolle, die aufgeklärte Mütter und Väter übernehmen sollen. Massage wird neuerdings regelmäßig wegen ihrer heilenden und wohltuenden Wirkung angepriesen. »Wussten Sie«, fragt *Practical Parenting*, dass »die Babymassage Ihnen eine wunderbare Möglichkeit bietet, Ihr Baby kennen zu lernen und eine Beziehung zu ihm aufzubauen? Und dabei können Sie gleichzeitig seine Koliken lindern und ihm beim Einschlafen helfen.« Laut *Prima Baby* hat die Babymassage zahlreiche positive Effekte: Sie beschleunigt die Entwicklung, beugt Hautproblemen vor, reduziert Stress, hilft bei der Verdauung und fördert die Bindung zwischen

Eltern und Kind. Und angeblich hat die Massage auch einen therapeutischen Wert für Mütter und Väter. Deborah Jackson glaubt, dass »die Wichtigkeit der sensorischen Stimulation für das Kind vielleicht niemals in ihrem ganzen Ausmaß erfasst und geschätzt werden wird«, und ist der Meinung, menschliche Berührung habe »eine beruhigende Wirkung, sowohl auf den Erwachsenen als auch auf das Kind«. Und wenn man dem Video *Your Hands: Baby Massage Therapy Techniques* (Elternhände: Techniken der therapeutischen Babymassage) glaubt, gibt es sogar weitere positive Auswirkungen. Da wird behauptet, Babymassage tue sowohl den Eltern als auch dem Säugling gut. Sie wirke sich günstig auf den Schlaf, auf die Atmung und die Verdauung aus, fördere die physische und psychische Entwicklung, helfe bei postnatalen Depressionen und fördere das Selbstvertrauen der Eltern.[13]

In den letzten drei Jahren ist die Babymassage in den USA als neuester Trend groß in Mode gekommen. Das *Time Magazine* schreibt: »Für die modernen, immer flexibleren Eltern wird Babymassage allmählich zu dem, was die Geburtsvorbereitung nach Lamaze für die vorige Generation bedeutet hat.« Das Institut für Berührungsforschung der Universität von Miami – zufällig von der Firma Johnson and Johnson gegründet – veröffentlicht regelmäßig Forschungsberichte, die den therapeutischen Wert der Babymassage propagieren. Johnson's Baby Oil sponsort zudem eine Internetseite mit Tipps für Eltern, wie sie ihr Baby massieren sollen. Den Besuchern der Seite wird erklärt, dass »Babys wissen müssen, dass sie vergöttert werden« – nicht nur geliebt, sondern vergöttert –, und man versichert den Eltern, ihr Baby spüre, wenn sie die Instruktionen befolgten, »dass es alles auf der Welt für Sie bedeutet«. Eltern, die verzweifelt die Nähe zu ihrem Kind suchen, sind natürlich liebend gerne zu einem Versuch bereit.[14]

Körperlicher Kontakt zwischen Eltern und Kind stellt eine bereichernde, angenehme Erfahrung dar, die ihre ganz eigene Berechtigung hat. Doch indem man der Berührung als solcher eine allmächtige therapeutische Kraft zuschreibt, mystifiziert man nur einen weiteren Aspekt der Elternschaft. Ebenso wie das Liebhaben, Reden und Zuhören wird die Berührung zu einer komplexen Fertigkeit erhoben, die Eltern erlernen müssen, um ihre Aufgabe adäquat zu erfüllen. Und indem man die elterliche Berührung an das Ritual der Babymassage bindet, wird aus einem Ausdruck der Zuneigung ein zweckgerichteter Akt, dem jegliche Spontaneität fehlt.

Wenn man die Eltern dazu drängt, die Rolle von Physiotherapeuten zu übernehmen, hemmt man dadurch ironischerweise den Ausdruck echter Emotionen. Eltern, die sich dazu verpflichtet fühlen, permanentes Interesse an jedem Wort ihres Kindes zu heucheln, können für wirklich neue Entwicklungen unempfänglich werden. Die Psychiaterin Stella Chess warnte in den 80er Jahren vor dem konstanten Druck, der auf Mütter ausgeübt wurde, um ihre Kinder zu »buhlen«. Sie äußerte große Vorbehalte gegenüber der Tendenz von Kinderpsychologen, »Mütter dem Zwang auszusetzen, ständig auf irgendwelche Signale zu achten, die darauf hinweisen, dass sie oder ihr Baby sich vom vorgeschriebenen Ideal entfernen«. Heute, da seit dieser Warnung einige Zeit vergangen ist, spielt der Druck, auf den Chess anspielte, im Leben von Eltern eine noch wesentlich größere Rolle. Tragischerweise hat gerade die zwanghafte Beschäftigung mit den Gefühlen und Emotionen von Kindern ein Klima geschaffen, in dem sich Mütter und Väter weniger denn je fähig fühlen, mit zahlreichen Aspekten in den Beziehungen zu ihren Kindern umzugehen.[15]

Schon 1977 warnte der amerikanische Gesellschaftskritiker Christopher Lasch in einem hellsichtigen Bericht über das Familienleben vor einer Überfrachtung des Eltern-Kind-Verhältnisses. Jetzt, ein Vierteljahrhundert später, ist die emotionale Bürde noch wesentlich schwerer geworden. Anstatt Sicherheit herrschen Zweifel und Orientierungslosigkeit. Eltern haben versucht, auf diesen Zustand zu reagieren, indem sie mehr *quality time* mit ihren Kindern verbringen. Aber wie wir im nächsten Kapitel sehen werden, reißt die Kritik nicht ab. Nun wird ihnen vorgeworfen, sie widmeten den Kindern nicht genug dieser wertvollen Zeit.[16]

Problematisch an der Propagierung des therapeutischen Ansatzes ist nicht die Tatsache, dass das Gefühl in den Mittelpunkt des Interesses gerückt wird. In modernen Gesellschaften beruht erfolgreiche Erziehung ausnahmslos auf der Etablierung einer stabilen Vertrauensbeziehung, und erfolgreiche Mütter und Väter müssen Sensibilität und Flexibilität im Hinblick auf die Entwicklung eines Kindes zeigen. Das eigentliche Problem an dem privilegierten Status, der emotionaler Erziehung zugewiesen wird, ist ein anderes. Dieser Trend führt dazu, dass familiäre Beziehungen verkompliziert werden und die Handlungsfreiheit von Müttern und Vätern einschränken. Warum? Weil der Imperativ des Emotionalismus zwanghafte Elternvorstellungen über die momentanen Gefühle eines Kindes nährt. Dies kann schlimmstenfalls bewirken, dass Eltern es nicht mehr wagen, in kluger und entschiedener Weise in das Gefühlsleben ihres Kindes einzugreifen. Schlimmer noch: Die unablässige Sorge um die momentanen Gefühle eines Kindes begünstigt ein Verhalten, das Aufmerksamkeit erheischt. Außerdem kann es Kinder daran hindern, aus eigener Kraft Techniken zu entwickeln, um mit ihren Gefühlen allein fertig zu werden.

Die Vertreter der emotional ausgerichteten Kindererziehung behandeln Mütter und Väter ständig so, als seien sie grundsätzlich unsensible Leute, denen die Fähigkeit fehlt, die Gefühle von Kindern zu verstehen. Man bekommt oft den Spruch zu hören, Eltern seien besonders inkompetent, wenn es um die emotionale Beziehung zu ihren Kindern geht. »Wir finden es schwierig, auf das emotionale Erleben unserer Kinder zu reagieren, weil wir daran gewöhnt sind, unser eigenes zu ignorieren und zu unterdrücken«, sagt die Psychotherapeutin Susie Orbach. Orbach ist der Meinung, in der britischen Kultur habe man panische Angst vor Gefühlen.[17] Was Eltern jedoch in Panik versetzt, sind nicht etwa Emotionen, sondern die dringende Verpflichtung, mit jedem aktuellen Gefühl ihrer Kinder angemessen umzugehen. Die Beziehung einer Mutter oder eines Vaters zum Kind ist komplexer, als von den Vertretern der emotionalen Kindererziehung dargestellt wird. Die meisten Eltern sind durchaus dazu in der Lage, einen bemerkenswerten Grad an Einfühlungsvermögen im Umgang mit den individuellen Bedürfnissen ihrer Kinder zu zeigen. Eltern verbringen sehr viel Zeit mit dem Versuch, ihre Kinder zu ergründen und sich über ihre eigenen Motivationen Klarheit zu verschaffen. Doch diese emotionalen Beziehungen, die durch Vertrautheit entstehen, erscheinen in einem ganz anderen Licht, wenn sie einer Prüfung unterzogen werden. Diese forschenden Blicke, denen Eltern ausgesetzt sind, treiben Väter und Mütter in die Defensive. Zumal das Wissen, dass hier über persönliche und intime Details geurteilt wird, kaum dazu beiträgt, ihr Selbstvertrauen zu stärken.

Eltern als Lehrer

Die neuen Rollen, die Müttern und Vätern von der Gesellschaft aufoktroyiert werden, sorgen dafür, dass Eltern niemals das beruhigende Gefühl haben können, allen Ansprüchen zu genügen. Mit den Worten: »Ich mache mir ständig Sorgen darüber, nicht annähernd genug für Jessica und Angus zu tun«, brachte eines Tages ein Vater die Gefühle einer großen Mehrheit von Eltern auf den Punkt. John arbeitet als Softwareentwickler. Den überwiegenden Teil seiner Freizeit verbringt er mit seinen beiden Kindern, und nach außen hin macht er durchaus den Eindruck eines selbstbewussten Vaters. Doch sobald man das Thema Vaterschaft anschneidet, wird deutlich, dass tief in ihm die Angst sitzt, er könne seine beiden Kinder enttäuschen und nicht genügend dafür tun, ihnen einen guten Start ins Leben zu ermöglichen. Und diese Sorgen geistern nicht nur in den Köpfen finanziell gut abgesicherter, akademisch gebildeter Eltern aus der Mittelschicht herum, die ja alle möglichen Bücher über Kindererziehung studiert haben.

Eines Tages unterhielt ich mich im Schwimmbad von Faversham mit einer Gruppe von Vätern. Sie hatten ihre Kinder zum üblichen Sonntagsschwimmen gebracht, und während einer das Schwimmbecken im Auge behielt, geriet das Gespräch bald zu einem Meinungsaustausch über Kindererziehung. Die meisten Väter machten sich zum einen Sorgen wegen des Geldes und zum anderen um ihre eigene Fähigkeit, das Leben ihrer Kinder in einer Welt zu managen, die sie selbst als bedrohlich und komplex erlebten. Das Geld war deshalb ein Problem, weil sie sich dazu verpflichtet fühlten, ihre Sprösslinge immer mit den neuesten Spielzeugen und Kleidern auszustatten, selbst wenn sie es sich kaum leisten konnten. Doch ihre Hauptsorge betraf etwas anderes. Pete, ein Automechaniker, drückte das allgemeine Dilemma am deutlichsten aus: »Mir ist klar, dass ich nichts dazu beitragen kann, dass mein Sohn eine vernünftige Schulbildung erhält.«

Diese Selbstzweifel, die hier bei einer schnellen Tasse Tee im Schwimmbad von Faversham ausgetauscht wurden, kommen immer wieder zur Sprache, wenn man mit anderen Eltern spricht. Eltern, die nicht wissen, ob sie auch wirklich genug für die Förderung ihrer Kinder tun, sind besonders anfällig für die heutigen sozialen Zwänge, mehr für die Schulbildung der Kinder zu tun. Die Eltern haben mittlerweile das Gefühl, als würden nicht mehr nur ihre Kinder von den Schulbehörden beurteilt und bewertet, sondern auch sie selbst.

Wie gesagt erwartet man heutzutage von den Eltern, dass sie eine aktive Rolle bei der schulischen Ausbildung ihrer Kinder übernehmen. Niemand kann von sich behaupten, eine gute Mutter oder ein guter Vater zu sein, solange sie oder er nicht ein aktives Interesse sowohl am Unterricht des Kindes als auch an den Angelegenheiten der Schule zeigt. Es sind schon lange nicht mehr nur die ehrgeizigen Eltern, die an Elternsprechtagen und Elternpflegschaftssitzungen teilnehmen. Eine Umfrage des Meinungsforschungsinstitutes MORI unter 1.000 Eltern von Fünf- bis Elfjährigen, durchgeführt im Dezember 1999, ergab, dass 40 Prozent der Befragten mindestens einmal pro Woche mit den Lehrern sprachen. Zahlreiche Eltern kommen inzwischen Aufforderungen nach, in der Schule mitzuhelfen. Der Druck, der von Schulen und anderen Eltern ausgeht, sorgt dafür, dass Mütter und Väter nebenbei Exkursionen mitmachen oder bei der Organisation von Spendensammlungs-Aktionen helfen. Laut einer Studie, von der in einem Bericht der Expertenkommission Abbey National/Future Foundation im Juni 2000 die Rede war, kamen Veränderungen im Verhalten moderner Eltern besonders stark in ihrer Beziehung zum Schulunterricht zum Ausdruck.[18]

Politiker, Pädagogen und Fachleute für Kindererziehung erhöhen ihren Druck ständig, und da Eltern auf den Vorwurf, sie täten nicht genug für ihre Kinder, besonders empfindlich reagieren, haben sie die schonungslose Erweiterung ihrer Funktionen, zu denen nun auch die des Lehrers ihrer Kinder gehört, ziemlich widerstandslos hingenommen. Die Rolle der Eltern in Schule und Schulbildung ihrer Kinder zu verstärken gehörte zu den politischen Schwerpunkten der letzten britischen Regierungen. Heutzutage bringen Schulen regelmäßig Verordnungen für Lehrkörper und Eltern heraus, die die neuen Aufgaben der Eltern bei der Kontrolle der Anwesenheit ihrer Kinder, ihrer Disziplin und ihrer Hausaufgaben festlegen. Mit der Kontrolle allein ist es allerdings längst nicht getan. Der populäre Ausdruck lautet »Unterstützung des kindlichen Lernens«, was bedeutet, dass Eltern eine neue Rolle als Lehrer übernehmen. Im Gegensatz zu vielen anderen der neuen Funktionen, die Müttern und Vätern zugewiesen werden, ist diese direkt den ständigen prüfenden Blicken der Öffentlichkeit ausgesetzt. Das Benehmen und die Leistungen von Schulkindern werden heute als direkter Spiegel der Unterstützung betrachtet, die sie von ihren Vätern und Müttern erhalten.

Die Verantwortung der Eltern für die Schularbeiten und die Fortschritte ihrer Kinder im Unterricht stellen für viele Mütter und Väter eine Quelle tiefer Frustration dar. Doch da die zeitgenössische Definition dessen, was »gute« Eltern ausmacht, in so hohem Maße davon abhängt, wie souverän man diese verantwortungsvolle Aufgabe managt, wagen es viele Mütter und Väter nicht, sich zu beklagen. Eine im März 2000 durchgeführte Studie zeigte, dass zahlreiche Mütter und Väter stattdessen verzweifelt versuchen, die Erwartungen, welche die Gesellschaft in sie setzt, zu erfüllen. Die Befragung von 1.200 Müttern und Vätern ergab, dass viele von ihnen große Schwierigkeiten bei dem Versuch haben, ihren Kindern zu helfen – besonders in Fächern wie Mathematik, Physik und Chemie. Da diese Fächer heutzutage anders unterrichtet werden als früher, wussten viele der Befragten nicht recht, wie sie ihre Kinder zum Lernen anleiten sollten. Das wiederum führte dazu, dass ihr Zeitaufwand stieg. Die Studie behauptete, Eltern verbrächten durchschnittlich sieben Stunden pro Woche damit, ihrer Pflicht der Hausaufgabenbetreuung nachzukommen. Damit verbrachten die Eltern sogar mehr Zeit mit der nachschulischen Betreuung, als die offiziellen Richtlinien es vorschreiben. Dort rechnet man nämlich mit fünf Stunden pro Woche bei elfjährigen Kindern.[19]

Selbstverständlich können nicht alle Eltern sieben Stunden pro Woche für Hilfe bei den Hausaufgaben opfern. Manche haben genügend Selbstbewusstsein, um dem Ganzen einen Riegel vorzuschieben und die Rolle eines Ersatzlehrers nicht zu akzeptieren. Doch längst ist diese neue Funktion der Eltern zur Normalität geworden. Erstaunlicherweise ist es im Verlauf dieser Entwicklung nie zu einer öffentlichen Debatte über die Folgen für Kinder und Eltern gekommen.

Vor noch nicht allzu langer Zeit reichte es aus, die Kinder sauber, gut genährt und anständig angezogen in die Schule zu schicken. Die Lehrer blockten übereifrige Eltern vehement ab, die versuchten, sich bei ihnen lieb Kind zu machen oder sich zu sehr dafür interessierten, was in der Schule passierte. Die gestandenen Pädagogen vertraten die Ansicht: Schuster, bleib bei deinen Leisten. Sie, und nicht die Eltern, waren für die Lernfortschritte der Schüler verantwortlich. Die Schule war für die Kinder da, und zwar nur für die Kinder. Hausaufgaben wurden von den Schülerinnen und Schülern zusätzlich zum Unterricht erledigt und waren nicht etwa direktes oder indirektes Produkt elterlichen Outputs. Und Eltern, die ihren Kindern bei den Schularbeiten halfen, fragten sich manchmal, wo wohl die Grenze zwischen Helfen und Schummeln lag.

Heutzutage stehen wir vor einer veränderten Situation. In dem verzweifelten Versuch, das Bildungsniveau zu heben, manipuliert man die Sorgen der Eltern um ihre Kinder, um sie als unbezahlte Lehrer einsetzen zu können. Unter der Hand ist damit die Schule zu einem inoffiziellen Instrument der Kontrolle elterlichen Verhaltens geworden. Eltern gehen wieder in die Schule – ob es ihnen passt oder nicht. Eine Abendschule, die ich besuchte, bot mindestens fünf Kurse an mit Themen wie »So helfe ich meinem Kind beim Lesenlernen«, »Nachhilfe für mein Kind in Mathematik« oder »Helfen Sie Ihrem Kind in Englisch«. In den Vereinigten Staaten haben einige Schulen speziellen Unterricht für Eltern im Angebot, der sie auf ihre neue Rolle als Hilfslehrer vorbereiten soll.

Die Ausweitung elterlicher Verantwortung auf die Schulbildung der Kinder kostet die Eltern sehr viel Zeit und Energie. Doch ihr Einsatz wird kaum dazu beitragen, die Qualität der Schulbildung ihrer

Kinder zu verbessern. Zwar können Eltern eine wertvolle Rolle dabei spielen, indem sie ihren Kinder viel Anregung bieten, und sich am sinnvollsten engagieren, indem sie sie einfach ermutigen. Manchmal gehört dazu auch, über Fragen oder Probleme, die sich in der Schule ergeben, zu diskutieren. Doch zu viel Einmischung verleitet Kinder dazu, sich nicht mehr von selbst anzustrengen. Dass ein weiterer Teil ihres Lebens unter die Kontrolle der Eltern gerät, kann ihre Emanzipation vom Elternhaus und ihre Reife behindern. Außerdem sind Eltern mitnichten die besseren Lehrer für ihre eigenen Kinder. Wie Elizabeth Newson in ihrer Studie über die Rolle der Eltern anmerkt, »ist ein gutes Eltern-Kind-Verhältnis in Wirklichkeit sehr verschieden von einem guten Lehrer-Kind-Verhältnis«.[20] Die tiefen und vertrauten emotionalen Bande zwischen Eltern und Kind machen es Müttern und Vätern schwer, die Distanz, die man für einen effektiven Unterricht braucht, einzunehmen. Aus diesem Grund haben viele Eltern automatisch die Rolle des Fürsprechers für ihr Kind im Umgang mit den Lehrern angenommen. Wie nicht anders zu erwarten, haben Lehrer mit der Beschwerde reagiert, das stärkere Engagement der Eltern habe zu einer Zunahme von gewalttätigem und unflätigem Benehmen gegenüber dem Lehrkörper geführt. Eine im April 2000 veröffentlichte Studie des britischen Nationalen Schulrektoren-Verbands führte Konflikte mit erbosten Eltern an vierter Stelle in einer Liste von Faktoren auf, die Schulleitern den meisten Stress verursachten. Die Verwischung der Demarkationslinie zwischen Eltern- und Lehrerrolle ebnet den Weg für Konflikte und gegenseitige Beschuldigungen. Das ist nicht gut für die Eltern, nicht gut für die Lehrer und ganz bestimmt nicht gut für die Schulkinder.[21]

Elternsein – eine Qual?

Einerseits wird von Eltern verlangt, bei der Kindererziehung zu Hause immer wieder neue, zusätzliche Aufgaben zu übernehmen. Andererseits investieren Mütter und Väter einen immer höheren Zeitaufwand in die Beaufsichtigung ihrer Kinder bei Aktivitäten außer Haus. Eltern machen sich nicht nur Gedanken darüber, ob sie auch genug für die Bildung ihrer Kinder tun, sondern empfinden außerdem das Bedürfnis, noch mehr zu unternehmen, um ihre Kinder vor einer Welt zu schützen, die sie selbst als bedrohlich erleben. Darüber hinaus wird jetzt auch noch von ihnen verlangt, dass sie Kinder nicht nur zu Hause fördern und unterrichten, sondern auch außer Haus. Wo sie die Zeit dafür hernehmen sollen, wird ihnen allerdings nicht gesagt.

Eltern in Zeitnot?

In den vergangenen Jahren hieß es in zahlreichen Kommentaren zu diesem Thema, die hohen zeitlichen Anforderungen der Arbeitgeber stellten für Mütter und Väter eine große Belastung dar, und seit den 80er Jahren habe sich der Arbeitsdruck noch erhöht. Es wird behauptet, von Männern wie Frauen würde erwartet, länger als in vergangenen Zeiten zu arbeiten, mit dem Resultat, dass sie nur wenig Zeit übrig hätten, um ihren Verpflichtungen der Familie gegenüber nachzukommen. Hewlett und West (1998) charakterisierten dieses Phänomen als »Elternzeitnot«. Auch die Vorsitzende der Organisation Mothers in Management («Mütter im Management«), Shirley Conran, äußerte in einem im März 2000 veröffentlichten Bericht Kritik an der so genannten *long-hours culture* («Kultur der langen Arbeitszeiten«) in Großbritannien. Sie behauptete, eines von fünf Kindern leide an stressbedingten Gesundheitsproblemen aufgrund des hohen Arbeitspensums, das ihre Eltern ableisten müssten. Sarah Jackson, Vorsitzende der Organisation Parents at Work («Berufstätige Eltern«), stimmte ihr zu und meinte, erwerbstätige Eltern und ihre Kinder trügen die

Hauptlast der *long-hours culture*. Die Ansicht, dass lange Arbeitszeiten das Elternsein zu einer schwierigen, wenn nicht sogar unmöglichen Aufgabe gemacht haben, ist zu einem regelmäßig wiederkehrenden Thema auf den Seiten der Elternzeitschriften geworden. Der Ruf nach flexiblen Arbeitsarrangements wird laut, denn diese erscheinen vielen als mögliche Lösung für die Elternkrise.

Eltern sind in der Tat viel beschäftigte Menschen, und in manchen Fällen sogar übermäßig beschäftigt. Daher ist es verständlich, dass die »Elternzeitnot« mit den Anforderungen ihres Berufs in Zusammenhang gebracht wird. Schließlich ist die Tatsache, dass immer mehr Mütter berufstätig sind, ein deutlich sichtbarer Prozess. Im Gegensatz dazu findet die Steigerung des Zeitaufwands bei der Kindererziehung hinter den Kulissen statt und wird selten in der Öffentlichkeit diskutiert. Und doch ist es diese unsichtbare Erhöhung des Anspruchs auf die Zeit der Eltern, die den größten Stress verursacht.

Für Millionen von Müttern und Vätern ist der Zeitdruck, unter dem sie stehen, ein tagtägliches Problem. Wenn sie dann glauben, sie hätten nicht genügend Zeit für ihre Kinder, fühlen sich schuldig und machen sich Sorgen. Die Elternzeitnot trägt dazu bei, Eltern-Paranoia hervorzurufen und zu intensivieren. Doch sind wirklich die langen Arbeitszeiten schuld an den Problemen? Die Diskussion über die *long-hours culture* und ihre Auswirkungen auf die Eltern sagt doch im Grunde mehr darüber aus, was von Eltern erwartet wird, als über einen tatsächlichen Verlust an Zeit. Denn der Eindruck, in einer außergewöhnlich schlimmen Phase der Elternzeitnot zu leben, wird nicht zuletzt durch die neuen Lasten der Verantwortung verursacht, die Müttern und Vätern aufgebürdet werden. Die Arbeitswoche in Großbritannien ist heutzutage nämlich nicht wesentlich anstrengender, als es in vergangenen Jahrzehnten üblich war. 1999 veröffentlichte Zahlen der International Labour Organization zeigen, dass das jährliche Arbeitspensum britischer Vollzeitarbeitskräfte zwischen 1980 und 1997 um nur sechs Stunden durchschnittlich gestiegen ist. Dieser Anstieg von 1,7 Minuten pro Arbeitswoche kann also eigentlich nicht der Grund für den extremen Zeitdruck sein, unter dem viele Eltern stehen. Auch vor und während des Zweiten Weltkriegs arbeiteten Mütter und

Väter sehr viel. Sie waren bestimmt nicht begeistert darüber, aber sie hatten wohl eher das Gefühl, unter einem generellen Zeitmangel als an einer spezifischen Elternzeitnot zu leiden.

Es ist also keineswegs einzusehen, warum die Menge an Zeit, die Männer und Frauen an ihrem Arbeitsplatz verbringen, derart katastrophale Folgen für die Kindererziehung haben soll. Bis zum Ersten Weltkrieg betrug die durchschnittliche Wochenarbeitszeit 54 Stunden, wobei ein überwiegender Teil der Erwerbstätigen körperlich schwere Arbeiten ausführen musste, mit denen sich heute nur noch wenige abplagen müssen. Es ist nur schwer vorstellbar, dass unsere Großväter, wenn sie nach einer Zwölfstundenschicht nach Hause wankten, weniger erschöpft gewesen sein sollen als ein Programmierer, der aus dem Büro heimkehrt. Obwohl Elternpaare damals wesentlich weniger Zeit zur Verfügung hatten, haben sie es dennoch geschafft, ihre Kinder ordentlich großzuziehen.

So kommt man unweigerlich zu dem Schluss, dass das Problem nicht am Arbeitsplatz zu suchen ist. Nicht die Kultur der langen Arbeitszeiten, sondern die Kultur der elterlichen Zuwendung auf Verlangen sorgt für die Zuspitzung zahlreicher Probleme, denen sich Mütter und Väter gegenübergestellt sehen. Solange die Gesellschaft damit fortfährt, den Eltern immer größere und vielfältigere Leistungen abzuverlangen, werden Mütter und Väter nie genügend Zeit dafür haben, die an sie gestellten Ansprüche restlos zu erfüllen.

Schon die Tatsache, dass Zeitmangel durch das Prisma der Kindererziehung gesehen wird, legt die Vermutung nahe, dass das eigentliche Problem darin besteht, wie die Gesellschaft die Rolle der Eltern sieht. Wie an anderer Stelle angemerkt, erfordert die moderne Version des Elternseins von Erwachsenen eigentlich eine unendliche Menge an Zeit. Eine der neuesten Erfindungen, das Konzept der *quality time,* basiert auf der Überzeugung, Kinder bräuchten ein spezifisches Quantum an ungeteilter Aufmerksamkeit ihrer Eltern. Vertreter dieser Auffassung glauben, es reiche nicht aus, wenn Kinder sich einfach nur in der Nähe ihrer Eltern oder anderer Erwachsener aufhielten; sie benötigten vielmehr für ihre Entwicklung auch Phasen intensiver Zuwendung. Mittlerweile behaupten einige Experten, noch nicht einmal die regelmäßige Beschäftigung mit den Kindern während der *quality time* würde genügen. »Millionen arbeitender Eltern geben sich dem Glauben hin, gemeinsam mit ihren Kindern verbrachte ›*quality time*‹ entschädige diese für ihre häufige Abwesenheit von zu Hause«, warnt eine Überschrift in der *Sunday Times* und fügt gleich hinzu, Forschungen hätten diese Vorstellung als Mythos entlarvt.[1] »Ich glaube, die Vorstellung von einer *quality time* ist nur eine Methode, um uns selbst etwas vorzumachen und unsere Kinder zu betrügen«, sagt Ronal Levant, Psychologe an der Harvard Medical School. Er behauptet, Kinder bräuchten »ein riesiges Maß an Zeit und Aufmerksamkeit von ihren Eltern«.[2]

Es ist der ständige Druck, immer mehr Zeit und Energie in die Kindererziehung zu investieren, der zu der weit verbreiteten Ansicht führt, heutzutage bedeute der Beruf eine außergewöhnliche Belastung für arbeitende Mütter und Väter. Natürlich ist es immer erlaubt zu fragen, ob nicht die Möglichkeit besteht, die Arbeitswelt anders zu organisieren. Grundsätzlich ist die Einführung flexiblerer Lösungen, die Eltern das Leben leichter machen könnten, sicher sowohl denkbar wie wünschenswert. Doch genauso, wie es legitim ist, solche Fragestellungen im Bereich der Arbeitskultur aufzuwerfen, sollte man vielleicht auch einmal Fragen bezüglich der vielen Zeit stellen, die Mütter und Väter nach Meinung der Gesellschaft ihren Kindern widmen sollen.

Zeitmangel ist keine Ursache, sondern ein Symptom der Eltern-Paranoia. Sorgen um die Sicherheit der Kinder, um ihr Wohlergehen und ihre Entwicklung erfordern, dass Eltern mehr Zeit auf die spezifische Aufgabe des Kindergroßziehens verwenden als je zuvor in der Geschichte. Solange Eltern das Gefühl haben, ihren Kindern nie genug Zeit widmen zu können, werden sie vermutlich jeden Anspruch auf ihre Zeit von Seiten ihres Arbeitgebers als unzumutbar empfinden. Doch auch wenn Männer und Frauen weniger arbeiten, bedeutet das noch lange nicht, dass sie deshalb weniger Ängste um das Wohlergehen ihrer Sprösslinge ausstehen. Gespräche mit Vollzeit-Müttern weisen darauf hin, dass auch sie nicht immun sind gegen die Sorgen und Ängste, die arbeitende Eltern quälen. Anthea, eine 29 Jahre alte Mutter, gab ihren Beruf als Grafik-Designerin auf, um »genügend« Zeit für Maddie, ihre vierjährige Tochter zu haben. Doch anders, als man vermuten möchte, ist sie nicht ruhig und entspannt, sondern macht sich große Sorgen um Maddies Entwicklung. Maddie ist Einzelkind, und Anthea ist besorgt über die Tatsache, dass Maddie schüchtern ist und nicht so leicht Freunde findet. Deshalb bemüht sich Anthea, Freunde für Maddie zu finden. Sie bringt ihr Kind zu Spielgruppen, zum Schwimmen, zu Abenteuerspielplätzen und zu anderen Eltern mit kleinen Kindern, die eventuell Maddies Freunde werden könnten. Anthea meint es vollkommen ernst, wenn sie sagt, sie sei ständig total abgehetzt.

Mehr ist nicht genug

Ratgeber zur Kindererziehung weisen permanent darauf hin, Eltern sollten keine Gelegenheit auslassen, um mit ihren Kindern zu kommunizieren und sie zu fördern. Mit monotoner Regelmäßigkeit wird wiederholt, es sei einfach nie zu früh, mit dem Erlernen neuer Fähigkeiten anzufangen. »Wenn Sie möchten, dass Ihr Kind eine Fremdsprache fließend sprechen lernt, fangen Sie früh mit dem Unterricht an«, rät beispielsweise ein Pädagoge. Aufgeklärte, hochgradig flexible Eltern halten mittlerweile zweckfreie Aktivitäten ihres Kindes für pure Zeitverschwendung. In den Vereinigten Staaten ist das Phänomen der »Hyper-Erziehung« für viele Eltern aus der Mittelschicht zum Lebenszweck geworden. Bücher wie *Baby Signs: How to Talk to Your Baby Before Your Baby Can Talk, Super Baby, Brain Games for Toddlers and Twos* oder *Releasing Your Child's Potential* werden von Müttern und Vätern begeistert verschlungen. Und Eltern, die von einem Handbuch mit dem Titel *How to Multiply Your Baby's Intelligence* gedrillt worden sind, werden kaum wieder von ihrem Kreuzzug abzubringen sein, wenn ihre Kinder erst einmal vier oder fünf Jahre alt sind. Vielen Eltern erscheint dieses Alter dann gerade richtig, um ihre Kinder zum Musik- und Sprachunterricht zu schicken, zum Sport und zu anderen stimulierenden Aktivitäten, um sie für die nächste Phase ihrer Entwicklung fit zu machen.

Dass Kinder wie Treibhauspflanzen gehegt werden, ist eine logische Folge der in unserer Gesellschaft ständig wiederholten Behauptung, intensive frühkindliche Förderung bringe erhebliche Vorteile mit sich. Selbst Eltern, die diese Art der zwanghaften Früherziehung instinktiv ablehnen, fühlen sich von Verwandten und Freunden unter Druck gesetzt, mit den Supermüttern und Supervätern zu konkurrieren, die das Leben ihrer Kinder angeblich so ungeheuer bereichern. Clevere Unternehmer haben erkannt, dass man an den Eltern, die verzweifelt versuchen, ihrem Kind einen Vorsprung im Leben zu verschaffen, gut verdienen kann. Im April 2000 bot zum Beispiel ein privates College in Watford Computerkurse schon für Kinder ab 18 Monaten an. Nach einem Anruf bei diesem College wollten mir die Worte »Es ist nie zu früh« einfach nicht mehr aus dem Kopf gehen. Noch im selben Monat kündigte eine Firma namens Pushyparent.co.uk (etwa: »EhrgeizigeEltern.co.uk«) an, sie würde an die Börse gehen.

Organisierte Aktivitäten für Kinder sind zu einer boomenden Wirtschaftsbranche geworden. Doch dadurch, dass sie im Leben der Kinder derartig überhand genommen haben, sind Eltern zu Vollzeit-Begleitpersonen geworden und müssen noch mehr Zeit damit verbringen, ihren Nachwuchs herumzukutschieren und zu beaufsichtigen.[3]

Man braucht sich nicht zu wundern, wenn der allgegenwärtige Anspruch an die Eltern, ihre Kinder zu unterhalten und zu kontrollieren, seinen Tribut fordert. Eine 1998 von der Firma Nestlé durchgeführte Studie ergab, dass fast die Hälfte aller Eltern mit schulpflichtigen Kindern der Ansicht war, die Sommerferien dauerten zu lang – 60 Prozent aller Väter und 43 Prozent aller Mütter wünschten sich, sie wären kürzer, obwohl 85 Prozent aller Erwachsenen schöne Erinnerungen an ihre eigenen Sommerferien hatten. Die Befragten gaben an, sie fühlten sich dazu verpflichtet, während der Schulferien alles mögliche zu organisieren, um ihre Kinder abzulenken oder zu unterhalten. Sie hatten das Gefühl, ihre Kinder beschäftigen zu müssen, da diese ja nicht allein draußen spielen dürften oder einfach nur nach Lust und Laune etwas tun könnten. Viele Eltern, deren sorgfältig ausgeklügelte Arrangements zur Kinderbeaufsichtigung bei der geringsten Verschiebung aus dem Lot geraten können, fürchten sich vor freien

Schultagen.[4] Amanda, eine 36 Jahre alte Physiotherapeutin, wechselte um auf Teilzeitarbeit, als letztes Jahr wieder einmal die großen Ferien ihrer Tochter Nicky vor der Tür standen. Sie liebt ihren Beruf und ärgert sich darüber, dass sie eine viel versprechende Karriere aufgeben musste. »Aber mir graute einfach vor einem weiteren Sommer, in dem ich wieder die Leute hätte anbetteln müssen, auf mein Kind aufzupassen«, erzählte sie mir.

In einer Studie zu diesem Thema heißt es, Eltern verbrächten heute doppelt so viel Zeit mit der Kinderbeaufsichtigung wie 1961. In den letzten dreißig Jahren habe sich die Zeit, die für die Kindererziehung aufgewendet wird, bei Männern vervierfacht und bei Frauen mehr als verdoppelt. Dieser Wandel zieht sich scheinbar durch alle sozialen Schichten. Jonathan Gershuny, Soziologe an der University of Essex, fand sogar heraus, dass ganztags berufstätige Frauen 1995 mehr Zeit auf die Kinderbetreuung verwendeten, als es nicht berufstätige Frauen 1961 taten. Auch amerikanische Väter verbringen heute viel mehr Zeit mit ihren Kindern als ihre Väter und Großväter. Das Families and Work Institute (Institut für Beruf und Familien) in New York schätzt, dass Väter heutzutage fast so viel Zeit (75 Prozent) für häusliche Tätigkeiten aufwenden wie ihre Frauen, während es in den 70er Jahren nur 30 Prozent waren.[5]

Je mehr Zeit die Eltern heute mit ihren Kindern verbringen, um so mehr ist auch die Zeit, die Kinder zusammen mit anderen Kindern oder alleine sind, geschrumpft. Dies gilt insbesondere für die außer Haus verbrachte Freizeit. Eine aufschlussreiche Studie über diese Frage, durchgeführt von der University of Michigan, belegte, dass die Zeit, die Kinder zur freien Verfügung haben, zwischen 1981 und 1997 um 16 Prozent geringer geworden war. Die mit Spielen verbrachte Zeit hatte um 25 Prozent abgenommen, und Betätigungen im Freien, wie Spazierengehen oder Wandern, waren auf die Hälfte reduziert worden. Andererseits hatte die Teilnahme von Kindern an organisierten, von Erwachsenen beaufsichtigten Aktivitäten explosionsartig zugenommen.[6]

Die Studie weist auf zwei wichtige Erkenntnisse hin: Die Kinder haben weniger freie Zeit, und ihre Freizeit ist wesentlich stärker strukturiert. Der Hauptgrund für diese Veränderung ist die Zeit, die sie in der Schule verbringen: Sie ist von 21 auf 29 Stunden pro Woche angestiegen. Ein Mehr an geplanten und beaufsichtigten Aktivitäten bedeutet beklagenswerterweise eine Einschränkung ihrer Freiheit zum Spielen. Auch die Zeit, in der Familienmitglieder einfach nur zusammensitzen, miteinander reden und sich entspannen, wird weniger. Stattdessen brauchen die Eltern ihre Zeit für eine Organisation des kindlichen Alltags und kutschieren ihre Kinder von einer entwicklungsfördernden Freizeitbeschäftigung zur nächsten.[7]

Natürlich gibt es Eltern, die mit besonderen Schwierigkeiten zu kämpfen haben und daher tatsächlich nicht genügend Zeit mit ihren Kindern verbringen können. Doch entgegen der Behauptung, die Kinder berufstätiger Mütter und Väter kämen zu kurz, verbringen Eltern heute mehr Zeit damit, auf ihre Kinder aufzupassen, als es je zuvor der Fall war. Eine im März 2000 für die Expertenkommission Future Foundation unter dem Titel *Complicated Lives* («Kompliziertes Leben«) durchgeführte Umfrage stellte fest, dass sich der Zeitaufwand für die Kindererziehung in den letzten drei Jahrzehnten fast verdreifacht hat. Laut dieser Studie widmen britische Eltern heute jedem Kind durchschnittlich 85 Minuten pro Tag, während es Mitte der 70er Jahre nur 25 Minuten pro Tag waren. Die Interviewer versuchten im Gespräch mit Vertretern dreier Generationen zu erfahren, wie hoch der Zeitaufwand für die Kindererziehung in der jeweiligen Gruppe war. Zu jedem Schlüsselaspekt der Kindererziehung und des Familienlebens gab die große Mehrheit der Befragten an, dass sie mehr Zeit als ihre Eltern mit ihren Kindern verbrächten. Auf Grundlage dieser Studie prophezeite die Future Foundation, dass bis 2010 die Zeitdauer, die Eltern mit ihren Kindern verbringen, auf 100 Minuten pro Tag ansteigen werde.[8]

Der Bericht der Future Foundation weist ganz deutlich auf eine grundsätzliche Neuorganisation der Zeitplanung von Eltern hin. Im Bericht wird festgestellt, dass bedingt durch verschiedene Entwicklungen, von denen einige negativ (wachsende Angst um die Sicherheit und das Wohlergehen der Kinder) und andere positiv sind (steigendes Interesse an einem kreativen Beitrag zum Leben der Kinder), »Kindererziehung heute mehr Zeit, mehr Überlegung und mehr emotionales Engagement« erfordere.

Fazit des Berichts war, Kindererziehung werde in der Zukunft proportional zu dem Perfektionsstreben der Eltern mehr Zeit und Energie beanspruchen. Michael Willmott, ein Mitglied der Future Foundation, prophezeit, dass neurotisches Verhalten und Stress bei Eltern sich noch verschlimmern könnten, wenn die Gesellschaft damit fortfahre, eine ganze Palette von Problemen elterlichem Versagen zuzuschreiben.[9]

Der ständige Zwang, immer mehr Zeit mit den Kindern zu verbringen, drängt Mütter und Väter zwangsläufig in die Defensive. Sogar selbstsichere Karrierefrauen fühlen sich schuldbewusst. Tracey, eine Unternehmensberaterin, berichtete von der Standpauke, die sie vom Lehrer ihres Sohnes zu hören bekam, nachdem sie zehn Minuten zu spät gekommen war, als sie ihren Sohn aus der nachschulischen Betreuung abholen wollte. »Es war eines der demütigendsten Erlebnisse in meinem ganzen Leben«, stellte sie fest. »Niemand in meinem Arbeitsumfeld würde es je wagen, in diesem Ton mit mir zu reden – aber irgendwie scheint jeder zu glauben, das Recht zu haben, berufstätige Mütter zu kritisieren«, sagte sie voller Empörung.

Egal, wie Eltern ihre Zeit einteilen – immer steht ein Experte bereit, um sie an die Unangemessenheit ihrer Arrangements zu erinnern. Besonders die so genannte *quality time* ist neuerdings verstärkt ins Visier der Expertenkritik geraten. Zahlreiche Fachleute überbieten sich darin, Eltern zu kritisieren, die versuchen, ihre Kindererziehungs-Pflichten in Momente besonders intensiver Zuwendung hineinzupacken. Mütter, die einer Erwerbstätigkeit nachgehen, werden besonders hart angegriffen. Eine umstrittene Studie der amerikanischen Soziologin Arlie Russell Hochschild unterstellt Eltern sogar, absichtlich länger im Büro zu bleiben, weil sie angeblich lieber dort als zu Hause seien.[10] Einige Forschungsarbeiten beschuldigen die abtrünnigen Väter, die sich weigern, eine gleichwertige Rolle in der Kindererziehung zu übernehmen. Andere machen nicht so sehr die Eltern als vielmehr die Kultur der langen Arbeitszeiten für die angebliche Vernachlässigung von Großbritanniens Kindern verantwortlich. Hunderte von Artikeln sind geschrieben worden, in denen praktisch alles gefordert wurde – von einer Revolution in der Arbeitskultur bis hin zu mehr Einsatz von Seiten der Väter und mehr Unterstützung für Mütter und Väter, damit sie zu Hause bei den Kindern bleiben können. Kummerkasten-Kolumnen offerieren reichlich Ratschläge zu der Frage, wie man Familie und Arbeit unter einen Hut bekommen kann. Doch was in der Debatte um den großen Balanceakt übersehen wird, ist die Tatsache, dass sich die zentrale Frage nicht um Zeit in abstraktem Sinne, sondern um die gesellschaftlich gebilligte Neudefinition des Zeitaufwandes für die Kindererziehung dreht.

Elternsein als qualvolle Pflicht

Mütter und Väter hatten es noch nie leicht. Obwohl sich in der Vergangenheit die meisten vernünftigen Leute darüber im Klaren waren, dass das Aufziehen von Kindern viel Schinderei und harte Arbeit bedeutet, war Elternsein dennoch eine Rolle, die die meisten mehr oder weniger enthusiastisch auf sich nahmen. Ein Grund dafür, warum die Menschen bereit sind, ihren Kindern zuliebe Opfer zu bringen, liegt darin, dass die Gesellschaft das von ihnen erwartet. Aber es war immer schon mehr als nur eine Pflicht. Bis vor kurzem gehörte es zur Kultur westlicher Gesellschaften, das Familienleben in leuchtenden Farben als diejenige Institution zu preisen, in der ein erwachsener Mensch sich selbst verwirklichen konnte. Die Familie wurde glorifiziert, gefeiert und romantisch verbrämt.

In der heutigen Zeit, in der Elternsein mit Krisen assoziiert wird, ist es schwierig, das Versprechen vom Familienglück aufrechtzuerhalten. Im Gegenteil: Das vorherrschende Bild von der Familie ist eher dazu angetan, potenzielle Kandidaten von der Gründung einer Familie abzuschrecken. Mit Recht trennte sich die Gesellschaft von dem verlogenen Mythos familiärer Harmonie, wie er in den 50er Jahren gang und gäbe war, verfiel aber anschließend in das andere Extrem: Der Mythos der von Natur aus kompetenten Eltern, die ihre absolute Erfüllung im Familienleben finden, machte dem Mythos vom Elternsein als Qual Platz. Kindererziehung wird heute nicht länger als eine Tätigkeit betrachtet, die Erwachsene spontan ausüben können. Es gibt sogar Stimmen, die behaupten, viele Menschen seien dafür absolut ungeeignet, und die Gesellschaft wäre besser dran, wenn diese Männer und Frauen keine Babys bekämen. Einige autoritär argumentierende Experten in den Vereinigten Staaten haben sogar die Einführung einer Elternlizenz angeregt. Jack Westman, Professor für Psychiatrie an der University of Wisconsin, geistiger Vater dieser Idee, behauptet, da »inkompetente Eltern die Gesellschaft erheblich [gefährdeten]«, müssten diese durch ein Überprüfungssystem ausfindig gemacht und von der Elternschaft ausgeschlossen werden.

Ratschläge zur Kindererziehung werden heute oft in einem düsteren, pessimistischen Tonfall geäußert. Christina Hardyments Studie über die Verschiebung der Schwerpunkte in der Babypflege zeigt diesen neuen Trend deutlich auf: »Heutzutage vertreten viele Forscher die Ansicht, es gebe nichts Schlimmeres für eine Ehe als die Ankunft eines Babys.« Susan Mausharts Buch *The Mask of Motherhood* hat sich dem Ziel verschrieben, früher gängige Mythen über die ungetrübten Freuden dieser Erfahrung zu demaskieren. Leider zeigt sie die Schwierigkeiten der Mutterschaft nicht nur auf, sondern charakterisiert sie gleich als pathologisches Erlebnis. Maushart zufolge kann die Mutterschaft »oftmals eine Gefahr« für die psychische Gesundheit von Frauen darstellen. Die Geburt des ersten Kindes wird als Ursache für »psychische Krisen« von Müttern beschrieben. Auch der Klappentext auf der Rückseite von Susan Jeffers' Buch *I'm Okay ... You're a Brat* verkündet, dieses »rückhaltlos ehrliche Buch« breche »das konspirative Schweigen« und ließe keine Zweifel darüber offen, wie »schwierig die Elternschaft für viele Menschen« sei. Dabei fällt es beim Durchblättern unlängst erschienener Handbücher über Kindererziehung wirklich schwer, Anzeichen für »konspiratives Schweigen« zu finden. Im Gegenteil: In großer Anzahl werden die Schwierigkeiten, denen Eltern gegenüberstehen – natürlich verbunden mit den entsprechenden Ratschlägen –, wiedergegeben, manchmal sogar auf äußerst schonungslose Weise. In den Regalen der Buchläden findet man sogar Bücher, deren Inhalt ausgesprochen gruselig ist. Jeffers' Exposé über die »Gefahren der Elternschaft« ist ein gutes Beispiel für eine neue Generation von Ratgebern, die darauf ausgerichtet sind, die Erwartungen der Eltern so weit wie möglich herunterzuschrauben.[11]

Eltern Angst einzujagen ist mittlerweile ein so fester Bestandteil unserer Kultur geworden, dass sich Gesellschaftskritiker manchmal darüber wundern, dass überhaupt noch jemand in der Lage ist, die Erfahrung des Kindergroßziehens als positiv zu empfinden. Eine Studie, die im November 1999 vom Institut ICM für Mothercare, eine Ladenkette für Schwangeren- und Kinderbedarf, durchgeführt wurde, berichtet, eine überwältigende Mehrheit der befragten Eltern habe für die Beschreibung ihrer Erfahrungen mit dem Kindergroßziehen Worte wie »mühevoll, undankbar und strapaziös« gewählt. 61 Prozent der Befragten fand die Erziehung ihrer Kinder schwierig oder sehr schwierig, und 71 Prozent bemerkten, sie seien »immer und ewig abgehetzt«.[12]

Derart negative Darstellungen von Kindererziehung führen dazu, dass ein bedeutender und kontinuierlich steigender Prozentsatz der erwachsenen Bevölkerung sich dagegen entscheidet, Kinder zu bekommen. Eine Studie, die 1998 von der Joseph Rowntree Foundation durchgeführt wurde, behauptet, jede fünfte Frau, die heute im gebärfähigen Alter sei, werde keine Kinder haben. Bei den 1945 geborenen Frauen blieb nur jede zehnte ohne Nachwuchs. Der Studie zufolge wurde »Elternschaft mit totaler Verantwortung, absoluter Hingabe und Opfern assoziiert – sozialer, emotionaler und finanzieller Art«. Die Tatsache, dass den Eltern immer höhere zeitliche Investitionen abverlangt werden, trägt mit zu dieser Sichtweise bei. Obwohl es natürlich viele gute Gründe dafür gibt, warum Erwachsene vernünftigerweise die Entscheidung treffen, keine Kinder zu haben, hat es den Anschein, als sei nicht zuletzt die Eltern-Paranoia zu einem Faktor geworden, der manche Menschen in ihrer Lebensplanung beeinflusst.[13]

Warum Eltern ihre Probleme auf ihre Kinder projizieren

Politische Debatten über Kinder werden von Erwachsenen geführt, die von sich behaupten, die Rechte der Kinder zu vertreten. Wir bekommen Appelle zu hören, Kinder bräuchten dies oder Kinder wollten jenes. Man vergisst schnell, dass wir die Kindheit aus der Erwachsenenperspektive heraus betrachten. Es sind ja nicht die Kinder, die Bücher und Zeitungsartikel über die Bedeutung der Kindheit verfassen, und nicht die Kinder produzieren Fernsehsendungen über ihre eigenen Anforderungen oder äußern sich über ihre emotionalen Bedürfnisse. Sogar der Ruf nach mehr »Rechten für Kinder« wurde von Erwachsenen formuliert. Und es sind heutzutage auch nicht die Kinder, die verzweifelt schreien, sie hätten Angst vor den Gefahren, denen sie ausgesetzt sind. Das Bild des »gefährdeten Kindes« ist das Produkt moderner Überempfindlichkeit und der Phantasie Erwachsener. Vorstellungen von Kindheit werden zwangsläufig durch die Gedanken Erwachsener gefiltert und sagen daher ebenso viel über die Welt der Großen aus wie über die Welt der Kleinen.

Im Laufe der Geschichte hat man Kinder immer wieder auf ganz unterschiedliche Art und Weise porträtiert – als kleine Wilde, als egoistische kleine Biester oder Objekte spiritueller Verehrung, als widerstandsfähig oder, wie heute, als permanent bedroht. Ansichten über Kinder schwanken aber nicht deshalb, weil sich etwa Babys oder Kleinkinder verändern, sondern weil die Erwachsenen die Welt der Kinder mit anderen Augen sehen – ein perspektivischer Wandel, der hauptsächlich aus bestimmten Spannungen resultiert, die in den Gedanken und Gefühlen der Erwachsenen Platz greifen. Die unterschiedlichen Einstellungen der Erwachsenen zur Kindheit haben wiederum einen großen Einfluss auf die Art und Weise, wie Kinder ihr Leben erfahren. So war es immer, und so ist es bis heute geblieben. Kinder lernen nämlich über ihre Welt, indem sie mit unseren Werten und den Erwartungen, die wir in sie setzen, interagieren und sie internalisieren. Kognitive Fähigkeiten – Denken, Konzeptualisieren, Probleme lösen – werden durch die Interaktion mit kompetenten Erwachsenen eingeübt, noch bevor ein Kind sie selbst beherrscht. Die Initiation eines Kindes in weitere Kreise der menschlichen Gesellschaft erfolgt unter der Leitung der Erwachsenen. Aus diesem Grund wird die Art und Weise, in der Kinder über sich selbst und über die Welt denken, von den Vorstellungen der Erwachsenen beeinflusst und ist untrennbar mit ihnen verbunden.

In den vergangenen Jahrzehnten hat die Welt der Erwachsenen ein größeres Interesse an der Stimme der Kinder gewonnen. Es ist modern geworden, sich für mehr Rechte für Kinder einzusetzen und Kinder zu zahlreichen Themen zu befragen. Bücher werden darüber geschrieben, was Kinder wirklich denken und was Erwachsene daraus lernen können. In ihrem Werk *Ask the Children: What America's Children Really Think of Working Parents* versuchte die Autorin Ellen Galinsky herauszufinden, wie Kinder über ihre Eltern denken und insbesondere, wie sie auf berufstätige Eltern reagieren. Ihre einfühlsame Untersuchung, die sowohl in den USA als auch in Großbritannien auf viel positives Interesse stieß, schloss mit dem Ergebnis, dass es für ein Kind gar nicht so wichtig ist, ob die Mutter arbeitet oder nicht, sondern wie gut sie ihre Aufgabe als Mutter erfüllt. *Ask the Children* bietet wichtige Einblicke in die Dynamik der Eltern-Kind-Beziehung. Doch es ist wichtig, nicht die Tatsache aus den Augen zu verlieren, dass das, was Kinder »wirklich über ihre Eltern denken«, untrennbar mit der Definition der Erwachsenen von einer angemessenen Form des Familienlebens und der Kindererziehung verknüpft ist. Galinskys Erkenntnisse können daher nicht nur als Porträt der Gefühle der Kinder betrachtet werden, sondern auch als das der zeitgenössischen Erwartungen von Erwachsenen in Bezug auf die Erwerbstätigkeit von Müttern. Die Reaktion der Kinder wird in erheblichem Maße davon bestimmt, was sie darüber von Erwachsenen zu hören bekommen. Würden arbeitende Mütter von der Gesellschaft stärker stigmatisiert, wären die Reaktionen der Kinder zweifelsohne wesentlich negativer ausgefallen. Und in diesem Fall wäre die negative Antwort wiederum als Beweis dafür angesehen worden, dass Mütter, die außerhalb ihres Heims einer Erwerbstätigkeit nachgehen, ihre Pflichten vernachlässigen.[1]

Zahlreiche Probleme, die wir mit der Kindheit in Verbindung bringen, wurden eigentlich von Erwachsenen aufgeworfen, die das Leben der Kinder vor dem Hintergrund ihrer eigenen Erfahrungen betrachten. In diesem Kapitel geht es hauptsächlich darum, zu zeigen, dass die Eltern-Paranoia größtenteils dadurch entsteht, dass Erwachsene ihre eigenen Ängste auf das Leben der Kinder projizieren.

Die Eltern-Identität

Kindererziehung und Elternschaft sind nicht dasselbe. In den meisten Kulturen werden keine bestimmten Handlungen mit dem Begriff Elternschaft assoziiert. In vorwiegend ländlichen Gebieten wird von Kindern erwartet, sich an der Arbeit und anderen gemeinschaftlichen Aufgaben zu beteiligen. Vor noch nicht allzu langer Zeit war man auch keineswegs der Ansicht, Kinder bräuchten spezielle elterliche Zuwendung oder Fürsorge. Sie wurden als kleine Erwachsene betrachtet, die eben noch nicht ganz ausgewachsen waren. Man machte sich keine großen Gedanken über sie und hatte kein besonderes Interesse an ihrer kognitiven oder körperlichen Entwicklung, weil man davon ausging, dass diese biologisch unreifen Menschlein sich zu gegebener Zeit schon von allein entwickeln würden. Aus heutiger Sicht ist dieses quasi nicht vorhandene Interesse der Erwachsenen an Kindern erstaunlich. Mütter und Väter tendierten dazu, die Entwicklung ihres Nachwuchses dem Schicksal zu überlassen. Indem man der Natur freien Lauf ließ, schrieb man den Erwachsenen im Prozess der Kindererziehung nur eine untergeordnete Rolle zu.

Der Glaube, Kinder bräuchten spezielle Fürsorge und Zuwendung, entwickelte sich parallel zu der Überzeugung, dass die gezielte Interaktion der Erwachsenen zu ihrer Entwicklung beitragen könne. Im neunzehnten Jahrhundert gewannen diese Ansichten an Bedeutung und begannen, die öffentliche Meinung zu prägen. Die Möglichkeit, gewisse Handlungsweisen der Erwachsenen könnten die Entwicklung eines Kindes in eine bestimmte Richtung lenken, löste ein breites Interesse am Verhalten Erwachsener aus. Die Aufgabe von Müttern und Vätern wurde von nun an als überaus bedeutungsvoll betrachtet. Kindererziehung wurde fortan zu einer Fertigkeit, mit deren Hilfe Eltern für die Entwicklung von Charakterzügen sorgen konnten, die ihre Kinder für ein erfolgreiches Leben brauchten. Gleichzeitig glaubte man, dass mangelndes Können der Eltern – schlechte Erziehung – einem Kind unter Umständen die Zukunft verbaue. Diese Definition von Elternschaft ist eng mit dem Rückgang großer Haushalte und dem Aufkommen individualisierter Kleinfamilien-Strukturen verknüpft.

Die soziale Anerkennung, die Erwachsenen für das Elternsein zuteil wurde, sorgte dafür, dass diese Rolle das Selbstbild der Mütter und Väter mit bestimmte. Zwar machten Eltern im Laufe der gesamten Menschheitsgeschichte immer eine besondere Beziehung zu ihren Kindern geltend, doch erst die Ansicht, Kinder seien das mehr oder weniger direkte Produkt ihrer Eltern, hob deren Status. Kinder sind nun der Nachweis ihrer Kompetenz. Mit dem wachsenden Einfluss der These des Eltern-Determinismus wurden Kinder zugleich zu einer Fleisch gewordenen moralischen Aussage über ihre Mütter und Väter. Das Benehmen eines Kindes, seine Fähigkeiten, seine Intelligenz und Charakterzüge dienen als Zeugnis für die Vorzüge oder Fehler der Eltern. Daher überrascht es nicht, dass die Elternschaft einen erheblichen Einfluss auf das Selbstbild Erwachsener ausübt. Erfolgreiche Elternschaft beispielsweise hat einen positiven Effekt auf die Identität Erwachsener. Die Rolle als Eltern wird zu einem wichtigen Bestandteil der eigenen Persönlichkeit, die wiederum die Art bestimmt, wie Erwachsene die Welt deuten.

Erwachsene neigen nicht nur dazu, ihr Leben durch ihre Kinder zu leben, sondern entwickeln teilweise auch ihre Identität durch sie. Wenn werdende Väter und Mütter darüber diskutieren, welchen Namen sie ihrem Kind geben sollen, zeigt sich deutlich, dass sie diese Gelegenheit dazu benutzen, sich selbst auszudrücken. Ein »cooler« Name für das Neugeborene lässt den Schluss zu, dass auch die Eltern cool sein wollen. Ein ungewöhnlicher Name für ein Kind gibt einen Hinweis darauf, dass die Eltern sich für besonders klug halten. Eltern, die ihrem Baby klassische Musik vorspielen, tun dies vielleicht primär, weil das ihren eigenen Interessen entspricht und nicht so sehr um des Kindes willen. Eltern, die Kleinkindern Ohrlöcher stechen lassen, sie wie kleine Erwachsene kleiden oder darauf bestehen, dass sie Vegetarier werden, machen damit teilweise Aussagen über sich selbst. Indem sie Kinder großziehen, ziehen Eltern auch sich selber groß.

In den meisten Diskussionen wird das Problem der Elternschaft mit den Schwierigkeiten gleichgesetzt, die Eltern im Umgang mit ihren Kindern haben, und natürlich ist diese Frage für Eltern von zentraler Bedeutung. Doch das Elternschafts-Problem hat auch noch einen anderen Aspekt – nämlich die Frage, wie Erwachsene sich verhalten sollten, um ihre Aufgabe der Kinderbetreuung verantwortungsvoll und effektiv zu erfüllen. Dass es bei der Elternschaft in einem überraschend hohen Maße um das Verhalten Erwachsener geht, wird schon aus einem flüchtigen Überblick über die Elternliteratur des vergangenen Jahrhunderts ersichtlich. Diese Bücher bieten zahlreiche nützliche Tipps, wie Väter und Mütter unter den verschiedensten Umständen mit ihren Kindern umgehen sollten. Doch sie enthalten auch Anleitungen, wie Mütter und Väter sich grundsätzlich verhalten sollten, besonders in Gegenwart der Kinder. Der Titel eines kürzlich erschienenen Handbuchs: *Change Your Child's Behavior by Changing Yours* formuliert explizit diesen Ansatz.[2]

Während der letzten zwei Jahrzehnte hat sich der Schwerpunkt in den Ratschlägen für Kindererziehung immer mehr in Richtung der Eltern verschoben. Diese Verschiebung überrascht nicht, da die ständige Ausweitung der Rolle der Eltern verlangt, dass ihrem Verhalten immer größere Aufmerksamkeit gezollt wird. Hardyments Übersicht über die Geschichte der Ratschläge zur Babypflege bekräftigt die Bedeutung dieser Schwerpunktverschiebung. Sie glaubt, der »einzige wirklich erstaunliche neue Akzent« in modernen Ratschlägen für Eltern sei der Umschwung »von einer Konzentration auf das Kind zu der Sorge um seine Eltern«.[3] Unsere eigene Übersicht über Handbücher zur Kindererziehung vermittelt den Eindruck, es habe nicht nur eine Verschiebung des Schwerpunkts auf die Eltern gegeben, sondern auch, dass diese Literatur am besten durch ihr Ziel definiert werden kann, das Verhalten von Erwachsenen zu verändern. Ratschläge, die als kindorientiert angepriesen werden, zielen in Wirklichkeit oft auf das Verhalten der Eltern. Unsichere Elternpersönlichkeiten ins Visier zu nehmen ist zu einem zentralen Bestandteil des Repertoires von Fachleuten für Kindererziehung geworden. Kinder werden als Mittel zum Zweck benutzt, um die Eltern darüber zu belehren, wie sie sich generell zu verhalten haben.

Erziehungsratgeber gehen oft von der Voraussetzung aus, das Verhalten von Eltern stelle ein Risiko für Kinder dar, solange man Mütter und Väter nicht anleite und unterrichte. Ein Artikel in der *Times* mit der Überschrift »Ratschläge sollen Eltern schlechtes Benehmen abgewöhnen« fasst diesen Ansatz treffend zusammen. Der Artikel berichtet vom Erscheinen einer Ratgeberbroschüre, die darauf abzielte, den Stress frisch gebackener Eltern zu mindern, um den daraus resultierenden Schaden für die Kinder so weit wie möglich zu minimieren. Auch Fortbildungsprogramme für Eltern verfolgen die Absicht, das Verhalten von Erwachsenen zu verändern.

Gestressten Eltern dabei zu helfen, mit ihrer Lebenssituation fertig zu werden, ist ein weiteres gängiges Thema der Erziehungsliteratur. Kapitel mit der Überschrift »Wenn einem alles über den Kopf wächst« empfehlen Müttern und Vätern, ein »entspannendes« Bad zu nehmen oder auf eine andere Art und Weise einfach mal abzuschalten. Eltern, die völlig erschöpft sind und das Gefühl haben, sich in einer Sackgasse zu befinden, wird zu speziellen Atemtechniken geraten. Bücher über Kindererziehung beschäftigen sich heutzutage routinemäßig mit »Ihren Bedürfnissen«. Das Handbuch der Health Education Authority (HEA) schlägt den gestressten Eltern gegenüber einen verständnisvollen Tonfall an: »Gesund zu bleiben, mit sich und seinem Leben im Reinen zu sein, als Mensch wie auch als Elternteil man selbst zu bleiben, ist alles in allem sehr wichtig.« Die Botschaft der HEA lautet, dass emotional ausgeglichene Eltern garantiert glückliche Kinder haben werden. »Wenn Sie auch mal an sich denken, werden Sie mit großer Wahrscheinlichkeit eine glückliche Mutter oder ein glücklicher Vater. Damit haben Sie die besten Chancen, diesen beschwerlichen Job gut zu meistern«, heißt es darin.[4]

Um Eltern dazu zu bringen, ihr Verhalten zu ändern, suggeriert die

Erziehungsliteratur ihnen gern, dass ihre Erfahrungen mit ihren Kindern ihrem Leben erst die richtige Bedeutung verleihen. Ihnen wird eingeredet, je mehr sie ihr Kind liebten, desto mehr würde es ihre Liebe erwidern. Auch dieser Lockruf der Liebe zielt auf den Hunger der Eltern nach Status und Anerkennung. Penelope Leachs Buch *Die ersten Jahre deines Kindes* bietet ein sehr gutes Beispiel dafür. Leach erklärt Müttern, Babys würden sich in Menschen »verlieben«, die sie emotional bemuttern. Leach wendet sich an das Bedürfnis der Mutter nach Bestätigung und verspricht ihr, das Baby würde ihr »mit seinen speziellen Aufmerksamkeiten danken«, was dazu führe, dass die Mutter sich »einzigartig, geliebt und unersetzlich« fühle.[5] Das Unterpfand einer außergewöhnlichen, einzigartigen und erfüllenden Beziehung wird den Eltern versprochen, die bereit sind, das vorgeschriebene Verhalten zu befolgen.

Appelle an die Persönlichkeit der Eltern thematisieren oft die Gedanken, die sich Mütter und Väter über ihre Rolle machen. *Parents Who think Too Much*, Anne Cassidys provokative Kritik an der heutigen Erziehungskultur, weist auf die wachsende Flut an Publikationen hin, die oberflächlich betrachtet von Kinderbetreuung handeln, in Wirklichkeit aber emotionale Probleme ansprechen, in denen es um die Identität der Erwachsenen geht.[6] Bücher wie *Mothering the New Mother, The Shock of Motherhood, Coaching for Fatherhood, The Gift of Fatherhood: How Men's Lives are Transformed by Their Children, Growing up Again: Parenting Ourselves, Parenting Our Children* zielen darauf ab, das Verhalten von Erwachsenen zu verändern, indem sie sich mit typischen persönlichen Problemen von Müttern und Vätern beschäftigen. In Großbritannien bieten Bücher wie *How Love Works: How to Stay in Love as a Couple and be True to Yourself … Even with Kids* von Kinder-Guru Steve Biddulph Anleitung für emotional verunsicherte Eltern. Oft wird Eltern Rat angeboten, wie sie nach der Geburt von Kindern einigermaßen normal weiterleben und ihre Ehe aufrechterhalten können. In manchen Fällen erscheint dabei das Aufziehen von Kindern als eine Art Therapie, durch die ein Erwachsener zur Selbsterkenntnis gelangen kann. »Viele ältere Väter sprechen davon, ihr Leben habe an ›Tiefe‹ gewonnen, sei ›offener‹ geworden oder auch ›lockerer‹, wobei sie den Eindruck vermitteln, sie hätten etwas Neues in sich selbst entdeckt«, schreibt Jeremy Hamand mit beruhigender Gewissheit in seinem Buch *Father Over Forty.*[7] Der Psychiater Frank Pittman schreibt in *Warum Söhne ihre Väter brauchen: Der schwierige Weg zur Männlichkeit*, dass »Vatersein nicht etwas [sei], was Männer perfekt erledigen könnten, sondern etwas, das den Mann perfektioniert«. Falls der Leser verwirrt fragt, was Vatersein denn nun beinhalte, bemerkt Pittman, dass »das Endprodukt das Kindergroßziehens nicht das Kind, sondern der Elternteil« sei.[8]

Anne Cassidy vertritt die Ansicht, die Tatsache, dass in den englischsprachigen Ländern der Begriff *parenting*, also »Elternsein« oder »Elternschaft«, allmählich den Begriff des *child-rearing*, »Kindergroßziehens« ersetzt, sei keineswegs Zufall. Diese Ausdrucksweise verschiebt den Schwerpunkt von den Kindern auf die Eltern. Ein Grund für diese Verschiebung sei, glaubt sie, dass Erwachsene heute in stärkerem Maße egozentrisch seien und es inzwischen kulturell als akzeptabel gelte, »die Kindheit unserer Kinder« als einen Katalysator für die eigene psychische Entwicklung zu betrachten.[9] Cassidy hat bestimmt nicht ganz Unrecht, doch wir werden an anderer Stelle in diesem Kapitel sehen, dass es noch weitere Einflüsse gibt, die die zeitgenössische Erwachsenenidentität prägen. Die Verschiebung in der Terminologie wirft allerdings ein weiteres interessantes Paradoxon auf – und zwar, dass in einer Ära, in der alle Aspekte des Familienlebens auf das Kind ausgerichtet werden, anscheinend viele Erwachsene die Fähigkeit verloren haben, ihre eigenen Sorgen von den Problemen, die ihre Kinder betreffen, zu unterscheiden. Dazu wird die Entwicklung des Kindes auch einfach als zu abhängig von ihrem Denken und Handeln betrachtet. Diese Projektion der elterlichen Probleme auf die Kinder deutet möglicherweise darauf hin, dass viele Fragen, die sich scheinbar um Kinder drehen, vielleicht viel weniger mit ihnen zu tun haben, als man uns glauben machen möchte.

Emotionale Investitionen in Kinder

Die Tatsache, dass sich Erwachsene Gedanken um ihre Identität als Eltern machen, bedeutet mitnichten, dass sie ihre Kinder nicht lieben. Kinder wurden noch nie so sehr von ihren Müttern und Vätern geliebt wie heute. In einer Welt, die mehr und mehr von zweckgerichteter Kalkulation bestimmt wird, sticht das Eltern-Kind-Verhältnis als herausragendes Beispiel für eine Interaktion hervor, die vorwiegend von Gefühl und Altruismus bestimmt ist. Das Kind ist zu einem einzigartigen Gegenstand der Liebe und manchmal auch der Anbetung geworden. Diese Vergötterung von Kindern wird gelegentlich als *Sakralisierung* der Kindheit charakterisiert. Dieser Ausdruck bezieht sich auf einen wichtigen historischen Prozess, in dessen Verlauf die Kindheit eine starke gefühlsmäßige, beziehungsweise fast schon religiöse Bedeutung erlangt hat.

Den Ausdruck »Sakralisierung« verwendet die amerikanische Soziologin Viviana Zelizer in ihrer *Pricing the Priceless Child* betitelten Studie. Sie untersucht den tief greifenden Wandel, der zwischen 1870 und 1930 bezüglich des ökonomischen und emotionalen Stellenwertes von Kindern stattgefunden hat. Zu Beginn dieser Periode wurden Kinder noch hauptsächlich wegen des wirtschaftlichen Beitrags geschätzt, den sie zum Unterhalt der Familie leisteten. Jedoch sorgten einschneidende Veränderungen im wirtschaftlichen und sozialen Leben dafür, dass dieser Beitrag nach und nach an Bedeutung verlor. Im Laufe der Zeit wurden Kinder immer weniger unter einem produktiven als vielmehr unter einem gefühlsmäßigen Aspekt betrachtet. Zelizer argumentiert, der Ausschluss der Kinder aus dem Wirtschaftsleben, der um die Jahrhundertwende herum seinen Anfang nahm, sei parallel zum kulturellen Prozess der Sakralisierung der Kindheit verlaufen. Sie schreibt, das Aufkommen der Vorstellungen vom wirtschaftlich »wertlosen«, hingegen aber emotional »unbezahlbaren« Kind habe eine wesentliche Voraussetzung für die heutige Sichtweise der Kindheit geschaffen. Die üblichen pragmatischen und ökonomischen Berechnungen, die Erwachsene bezüglich der meisten Aspekte in ihrem Leben anstellen, haben nur geringe Auswirkungen auf ihre

Entscheidung, Kinder zu bekommen. In einer industrialisierten Gesellschaft ist der Entschluss, Kinder zu haben, überwiegend emotional motiviert.[10]

Das heilige Kind unserer modernen Zeit ist ein Objekt der Verehrung und der Anbetung. Diese neuartige Betrachtung von Kindern als wertvoll an sich und als nie versiegende Quelle der Liebe entwickelte sich zu gleicher Zeit wie das Bild der nicht berufstätigen, mittelständischen Hausfrau. Der amerikanische Historiker Carl Degler vertritt die Meinung, die höhere Wertschätzung von Kindern habe den Interessen der Frauen genützt: »Die Verherrlichung des Kindes ging Hand in Hand mit der Verherrlichung der Frau als Hausfrau und Mutter; beide verstärkten sich gegenseitig, während sie gemeinsam der familiären Häuslichkeit zu einem größeren Ausmaß an Respektabilität verhalfen.«[11] War die Verherrlichung der Kindheit noch im 19. Jahrhundert eine Geisteshaltung, die sich auf eine relativ kleine Gruppe nicht berufstätiger Mütter aus dem Mittelstand beschränkte, fand sie später allmählich auch in weiteren Kreisen der Gesellschaft Verbreitung und bildet heute die Basis für die moderne Definition von Elternschaft.

In den vergangenen Jahrzehnten hat die Vergötterung von Kindern eine weitaus größere Bedeutung erlangt als zu irgendeinem anderen Zeitpunkt in der Vergangenheit. In den meisten westlichen Gesellschaften kommen Kinder heute kaum noch aus dem Grund zur Welt, weil die Menschen Fortpflanzung als ihre gesellschaftliche Pflicht betrachten; außerdem wird der Zeitpunkt der Geburt eines Kindes meist sorgfältig geplant. Infolge der besseren Familienplanung sind die Familien erheblich kleiner geworden. Kinder sind heute in viel stärkerem Maße »gewollt« und von Anfang an Objekt positiver Emotionen ihrer Eltern. Kurzum: Dass sie nicht mehr »einfach so« gezeugt werden, macht Kinder zu etwas Einzigartigem, das sowohl für die Eltern als auch für die Gesellschaft unbezahlbar ist. Dadurch wird wiederum die Verantwortung der Erwachsenen größer, für das Wohlbefinden dieses wertvollen Kindes zu sorgen.

Die immense emotionale Investition in Kinder, die die Gesellschaft heutzutage von deren Versorgern erwartet, wird von den Eltern fast immer widerspruchslos geleistet. Die Erwachsenen, die Kinder erfolgreich großziehen, erlangen einen hohen Status, der einerseits die Grundlage für moralische Glaubwürdigkeit als auch für elterliche Identität bietet. Viele Eltern, die diesen Status ausdrücklich begrüßen, sind sich zugleich der Tatsache bewusst, dass jeder Schritt in der Entwicklung ihres Kindes wieder neue Fragen in puncto ihrer eigenen Fähigkeiten und Kompetenzen aufwerfen wird. Sie machen sich häufig ernsthafte Sorgen darüber, wie ihre Leistungen in der Öffentlichkeit bewertet werden. Eltern sind bemerkenswert anfällig hinsichtlich der zahlreichen Wichtigtuer, die sie ständig mit Informationen und Ratschlägen versorgen.

Nicht zuletzt beobachten Eltern sich auch ängstlich gegenseitig und vergleichen ständig ihre Leistungen. Dem Druck, mitzuhalten oder zumindest zu versuchen, eigenes Versagen zu kaschieren, können nur wenige widerstehen. Die elterliche Identität hängt nämlich nicht nur davon ab, wie gut Mütter und Väter die Aufgabe des Kindergroßziehens erfüllen, sondern wird teilweise auch über den Vergleich mit anderen Eltern etabliert. Über diesen Aspekt der heutigen Kultur der Elternschaft wird nur selten debattiert, obwohl er eine enorme Bürde für Mütter und Väter darstellt. Da sie das Gefühl haben, unter ständiger Beobachtung zu stehen, können sie nicht anders, als immer mit dem Hintergedanken ihrer Wirkung auf andere aufzutreten. Dabei verlieren Eltern, die der Druck, nach außen hin eine Rolle spielen zu müssen, zu stark beschäftigt, manchmal den Blick dafür, worum es bei der Kindererziehung überhaupt geht. Konkurrenzorientierte Eltern tendieren nämlich dazu, ihre Kinder zu überfordern. Gut situierte Eltern aus dem Mittelstand, die ihre Kinder schonungslos antreiben und sie schon viel zu früh dazu zwingen, neue Fähigkeiten zu erlernen, werden dabei häufig beschuldigt, die seelische Gesundheit ihrer Kinder aufs Spiel zu setzen. Das Phänomen der Supereltern, die die Förderung ihrer Kinder hoffnungslos übertreiben, gibt es sowohl in Großbritannien als auch in den USA.

Meist wird die Überforderung von Kindern einseitig unsicheren und ehrgeizigen Eltern zugeschrieben. In seinem Buch *Das gehetzte Kind,* einem Klassiker über diese Form elterlicher Druckausübung, zeigte David Elkind mit dem Finger auf selbstsüchtige Mütter und Väter, die den Gefühlen und Bedürfnissen ihrer Kinder unsensibel gegenüberstehen.[12] Derartige Anschuldigungen sind nicht ganz unbegründet. Doch hinter der Überforderung von Kindern steckt mehr als nur die archetypisch ehrgeizigen Eltern. Ehrgeizige Eltern hat es schon immer gegeben – Überforderung durch Supereltern hingegen nicht. Die Wurzeln dieser Erziehungsstrategie liegen also nicht etwa im Ehrgeiz der Eltern begründet, sondern in dem kulturellen Phänomen, dass Eltern ständig Angst eingejagt wird. Zahlreiche der hier bereits diskutierten Trends – die erhöhte Wahrnehmung der Verwundbarkeit von Kindern, der Kindheits-Determinismus, das erweiterte Spektrum der elterlichen Aufgaben – verstärken sich gegenseitig und beeinflussen das Weltbild von Müttern und Vätern. Die konstante Ermahnung, man könne einfach nie genug für sein Kind tun, hat sich so ausgewirkt, dass nun manche Eltern schlichtweg zu viel für ihre Kinder tun. Dabei ist dieser übertriebene Förderansatz für viele Mütter und Väter noch nicht einmal eine Frage ihrer freien Entscheidung. »Sophie war die Einzige unter den Mädchen ihres Alters, die keine Ballettstunden bekam«, erklärte ihre Mutter Ruth. Man vermittelte Ruth das Gefühl, sie enthalte ihrer viereinhalbjährigen Tochter etwas Wichtiges vor, wenn sie ihr den wertvollen Unterricht und die Gesellschaft ihrer Freundinnen nicht gönne. »Sophie fühlte sich ausgeschlossen, und ich hatte die Nase voll davon, ständig von den Müttern ihrer Freundinnen gefragt zu werden, warum Sophie denn nicht zum Ballett ginge«, sagte Ruth mit einem Anflug von Resignation und fügte hinzu: »Nach vier Wochen haben wir dann tatsächlich nachgegeben.« Sogar Eltern, die es sich finanziell eigentlich nicht leisten können »nachzugeben«, fügen sich diesen Zwängen.

Die naheliegendste Reaktion auf den Druck, Zuwendung auf Verlangen zu geben, besteht eben darin, als Eltern zu viel zu leisten. Leider hat eine solche Reaktion wenig mit der Verbesserung der Eltern-Kind-Beziehung zu tun. Die Folge ist lediglich eine quantitative Steigerung der Auswahl an »fördernden« Aktivitäten und materiellen Besitztümern, die den Kindern geboten werden. Außerschulische Aktivitäten nehmen viel Zeit der Eltern in Anspruch, doch ob sie letztendlich den Kindern einen nennenswerten Nutzen bringen, ist fraglich. Das, was die Entwicklung kleiner Kinder mit am meisten fördert, ist das unbeaufsichtigte Spiel mit Gleichaltrigen. Das Lernen von und mit anderen Kindern trägt entscheidend dazu bei, dass Kinder ihre Fähigkeiten, mit bestimmten Situationen fertig zu werden, zu kommunizieren und mit Freiheit umzugehen, weiterentwickeln. Doch Erwachsene, die darauf gedrillt sind, dass sie nie genug für ihre Kinder tun können, betrachten es als viel zu gefährlich, Kinder Kinder sein zu lassen.

Die Aushöhlung der Erwachsenenidentität

Vielleicht sollte man unsere moderne Kultur eher als kindbesessen denn als kindorientiert charakterisieren. Die kontinuierlich steigenden Anforderungen, die man Eltern aufbürdet, hängen schließlich nicht zuletzt mit dem ständig steigenden ideellen Wert zusammen, den man Kindern zumisst. Der Grund für diese Entwicklung hat jedoch nur wenig mit neuen Erkenntnissen über die Kindheit zu tun. Zwar gelten aktuelle Diskussionen über die Stellung von Kindern unter anderem als Zeichen für eine aufgeklärtere und fürsorglichere Gesellschaft. Doch eine nähere Betrachtung unserer kollektiven Sorge um das Kind lässt eher vermuten, dass sie eng mit spezifischen Problemen der Erwachsenenwelt verknüpft ist.

Dass eine unsichere Persönlichkeit typisch für unsere Kultur ist, kann fast schon als Binsenweisheit gelten, und auch die Feststellung, dass wir in einer Zeit brüchiger Bindungen leben, trifft kaum auf Widerspruch. Viele von uns haben große Schwierigkeiten damit, mehr als eine provisorische Antwort auf die Frage »Wer bin ich?« zu finden. Generell geht man davon aus, dass die Identitätsprofile, die früheren Generationen nützlich waren, den Anforderungen unseres heutigen Lebens nur schwerlich genügen würden. Betrachten wir einmal die Rolle der Arbeit. Arbeit stellt traditionell eine wichtige Quelle kollektiver Erfahrung dar, die die Menschen miteinander verbindet. Sie war und ist ein wichtiger Bestandteil der Identität eines Menschen. Auf die Frage: »Wer ist das?« erwartet man eine Antwort, die mit der Arbeit des jeweiligen Menschen zusammenhängt. »Er ist Mechaniker« oder »Sie ist Krankenschwester« sind nicht einfach nur Aussagen über den Beruf eines Menschen, sondern auch über seine Persönlichkeit sowie seinen Status. Heute jedoch besitzt Arbeit einen weniger dauerhaften und identitätsbildenden Charakter, als es noch im vergangenen Jahrhundert größtenteils der Fall war. In einer Zeit, in der die Vorstellung von einer lebenslangen Anstellung als illusorisch aufgegeben wurde und in der von den Menschen erwartet wird, flexibel und aufgeschlossen auf die wechselnden Anforderungen des Arbeitsmarktes zu reagieren, wird das Gefühl der Menschen dafür, wer sie eigentlich sind, ambivalenter. Das Buch *Corrosion of Character*, verfasst von Richard Sennett, einem Soziologen an der London School of Economics, bietet eine hervorragende Übersicht darüber, wie berufliche Unsicherheit die Art beeinflusst, wie Menschen sich selbst sehen. Unsicherheit in Bezug auf den Beruf bringt innere Distanzierung und ein Gefühl der Entfremdung anderen Menschen gegenüber mit sich. Durch Arbeit innere Erfüllung zu finden fällt all denen schwer, die sich nicht mit ihren Jobs identifizieren können. Sennett behauptet, die Frage »Wer braucht mich?« sei im modernen Kapitalismus heute nur noch schwer zu beantworten. Seiner Meinung nach schafft ein System, das »Gleichgültigkeit ausstrahlt«, persönliche Desorientierung und sorgt beim Einzelnen für ein starkes Gefühl der persönlichen Isolation.[13]

Die Verunsicherung, die viele Menschen im Hinblick auf ihre Arbeit empfinden, erstreckt sich auch auf andere Bereiche. Unklarheiten darüber, was es bedeutet, Teil einer Nation, eines Volkes oder sogar einer Stadt oder eines Dorfes zu sein, stellen das Zugehörigkeitsgefühl der Menschen ebenfalls auf eine harte Probe. Wenn es uns nicht mehr gelingt, uns über unseren Beruf zu definieren, wenn wir uns von anderen entfremdet fühlen und unser Gemeinschaftssinn nur noch schwach ausgeprägt ist, dann verschwimmt auch unsere eigene Persönlichkeit.

Das Brüchigwerden dauerhafter Bindungen

Die Frage danach, wer wir eigentlich sind, hat jedoch nicht nur etwas mit unserer Arbeit und der Gemeinschaft, in der wir leben, zu tun. Soziale und kulturelle Veränderungen haben auch das Verhältnis der Geschlechter zueinander stark beeinflusst. Zwischenmenschliche Beziehungen im Allgemeinen sowie familiäre Bindungen werden generell als instabil und vergänglich erfahren.

Heutzutage entscheidet sich ein wachsender Prozentsatz von Paaren dafür, vor der Heirat oder auch auf Dauer unverheiratet zusammenzuleben. Den Angaben der nationalen Statistikbehörde (Office for National Statistics) zufolge ist der Prozentsatz der Frauen, die vor ihrem fünfundzwanzigsten Geburtstag mit einem Partner zusammengelebt haben, in den letzten dreißig Jahren sprunghaft angestiegen. 1997 hatten fast 40 Prozent aller 25- bis 29-Jährigen vor ihrem fünfundzwanzigsten Lebensjahr mit einem Partner zusammengelebt, während es in der Gruppe der 50- bis 54-Jährigen nur knapp über 2 Prozent waren. Und es leben nicht nur mehr Paare unverheiratet zusammen, sie tun es auch für längere Zeit. Diese Zunahme in der Anzahl der Paare und in der Dauer des Zusammenlebens verläuft parallel zu einem Rückgang der Eheschließungen.[14]

Die Zahl der Männer und Frauen, die ihre erste Ehe eingehen, ist in Großbritannien seit einem Höchststand im Jahr 1970 um 50 Prozent gesunken. Die jährliche Eheschließungsrate ist derzeit auf ihrem tiefsten Punkt seit Beginn der Aufzeichnungen vor 160 Jahren angelangt. Teilweise wird dieser zahlenmäßige Rückgang mit dem Durchschnittsalter der beteiligten Männer und Frauen in Zusammenhang gebracht. In den letzten drei Jahrzehnten ist das Durchschnittsalter bei der ersten Eheschließung in Großbritannien von 25 auf 28 Jahre bei Männern und von 23 auf 26 Jahre bei Frauen angestiegen. Ein Bericht, der 1998 vom Henley Center, einem bekannten Institut für Entwicklungsprognosen, herausgegeben wurde, behauptete, die Ehe und die traditionelle Familie wären in fünfundzwanzig Jahren nur noch Geschichte.

Der Untergang der so genannten traditionellen Familie ist so klar und deutlich sichtbar, dass er nicht länger angezweifelt werden kann. Seine Auswirkungen auf das Leben von Erwachsenen und Kindern dagegen sind weniger leicht vorhersehbar. Der Trend, unverheiratet zusammen zu leben, und der Rückgang der Eheschließungsrate gehen zugleich mit einem erheblichen Anstieg der Scheidungsrate einher. Die Zahl der Ehescheidungen hat sich in Großbritannien zwischen 1969 und 1994 mehr als verdreifacht. Gegenwärtig scheitert über ein Drittel aller Ehen innerhalb der ersten sechs Jahre. Die Statistikbehörde schätzt aufgrund des gegenwärtigen Trends, dass 40 Prozent aller Ehen früher oder später geschieden werden und vermutlich nur weniger als die Hälfte aller verheirateten Paare ihre Silberhochzeit feiern wird. Entwickeln sich die derzeitigen Scheidungsraten in demselben Maß weiter wie bisher, wird geschätzt, dass 28 Prozent aller Kinder vor ihrem sechzehnten Lebensjahr die Scheidung ihrer Eltern miterleben.[15]

Die rückläufige Zahl der Ehen, die zunehmende Anzahl der unverheiratet zusammen wohnenden Paare sowie die Scheidungsrate haben zu bedeutenden Veränderungen des Familienlebens geführt. Seit den 70er Jahren hat die Anzahl der unehelichen Geburten um das Vierfache zugenommen. In den späten 90ern wurde ein Drittel aller Kinder in England und Wales unehelich geboren, heute sind es schon fast vier von zehn Babys. Die wachsende Instabilität in den Beziehungen zwischen Erwachsenen – ob verheiratet oder nicht – bringt es mit sich, dass eine wachsende Anzahl von Kindern bei allein erziehenden Eltern oder in Stieffamilien aufwächst. Schon heute lebt eines von drei Kindern bei einem allein erziehenden Elternteil oder in einer Stieffamilie.

Die Aushöhlung der Erwachsenen-Persönlichkeit beruht nicht zuletzt darauf, dass Männer und Frauen immer größere Schwierigkeiten haben, in ihren Beziehungen zueinander und zu anderen Erwachsenen einen verlässlichen Spiegel für ihr eigenes Ich zu finden. Zugleich bieten auch andere Lebensbereiche, in denen Erwachsene traditionell Selbstbestätigung suchten – Beruf, Karriere, Arbeit und Lebensgemeinschaften – weniger solide Grundlagen für die Verleihung einer stabilen Identität.

Die Unsicherheit in der Persönlichkeit Erwachsener macht sich am stärksten in vertraulichen, intimen Kontakten bemerkbar. Da werden Beziehungen, in denen Liebe und Leidenschaft ein Paar miteinander verbinden, oft in einer eigenartig kurzfristigen und unsicheren Art und Weise erlebt. Die Gefühle, die die Partner füreinander aufbringen, werden von Unbeständigkeitserwartungen gedämpft. Häufig äußert sich die Liebe zwischen Männern und Frauen auf eine berechnende und pragmatische Art und Weise. Gleichzeitig ist die öffentliche Wahrnehmung geschärft für das Scheitern der Ehen und für die Veränderlichkeit intimer Beziehungen.

Viele Menschen erfahren die Aushöhlung der Erwachsenenidentität als Gefühl der Entfremdung. In solchen Fällen ist der Umgang dieser Menschen mit anderen stärker von Berechnung als von Emotionen geprägt. Der kürzlich geäußerte Vorschlag der britischen Regierung, Paare sollten vor der Heirat mehr rechtlich bindende Eheverträge schließen, spiegelt diese Stimmung wider. Eheverträge regeln die Teilung des Besitzstandes im Falle einer Trennung. Vom juristischen und wirtschaftlichen Standpunkt aus betrachtet ist es durchaus sinnvoll, einen solchen Vertrag abzuschließen. Andererseits kalkuliert, wer einen Ehevertrag abschließt, von vornherein das Scheitern der Ehe mit ein. Im August 1999 hieß es in den Nachrichten, die Regierung warne Frauen vor dem Risiko, zusammen mit ihren Ehegatten gemeinsame Konten zu eröffnen, denn falls die Ehe scheitere, könnten sie in eine gefährliche Abhängigkeit geraten. Manche Menschen empfinden eine solche Sichtweise lediglich als Zeichen einer realistischen Einschätzung der sozialen Entwicklung. Doch die Erwartung des Scheiterns ändert zwangsläufig unsere Auffassung von der Institution Ehe, da wir sie dann von vornherein nicht mehr als echten Bund fürs Leben betrachten. Zumindest aber wird die Erwartung der Unbeständigkeit wahrscheinlich die gefühlsmäßigen Investitionen begrenzen, die die beiden »Vertragsparteien« füreinander aufbringen.

Nicht nur Regierungen vertreten einen kalten, berechnenden Standpunkt bezüglich intimer Beziehungen. Eine ganze Reihe von Soziologen und Sozialkritikern haben es sich zur Aufgabe gemacht, die Menschen vor der »Illusion« der romantischen Liebe zu warnen.

Wendy Langford, Angehörige der University of Lancaster, hat ein Buch mit dem Titel *Revolution of the Heart* geschrieben, in dem sie Frauen mit heiliger Überzeugung vor den Gefahren der romantischen Liebe warnt. Ed Straw veröffentlichte eine Broschüre mit dem Titel *Relative Values* für *Demos*, eine Gruppe von politischen Strategen, in der er voller Überzeugung verkündet, dass man Erwachsene dazu erziehen müsse, realistischere Vorstellungen von Elternschaft zu entwickeln, da die romantische Liebe als untaugliche Basis für den Aufbau langfristiger Beziehungen zu betrachten sei. Die Ansicht, es sei unmöglich, wieder zu den früheren Vorstellungen zurückzukehren, die Ehe beruhe auf romantischer Liebe, liegt auch der Studie von Jane Lewis zugrunde, die sie 1999 für das Kabinett des Lordkanzlers anfertigte. Und es gibt noch zahlreiche andere vorgebliche Fachleute für Beziehungsfragen, die behaupten, man müsse Partnerschaften insgesamt realistischer betrachten.[16]

Es liegt eine gewisse Ironie in der Tatsache, dass intime zwischenmenschliche Beziehungen gerade in einer Zeit, in der sie von vielen traditionellen Zwängen befreit worden sind, als quälender und problematischer denn je erscheinen. Sogar wirklich enge Freundschaften sollen angeblich der Vergangenheit angehören. Einige Akademiker vertreten die Meinung, dass die Menschen sich heutzutage vor Intimität fürchten, weil sie individualistischer und zynischer geworden seien und stärkere Selbstschutzmechanismen entwickelt hätten. Diese These äußerte zum Beispiel der amerikanische Psychologe Dr. Robert Firestone in seiner Studie mit dem Titel *The Fear of Intimacy* (Die Angst vor Intimität).[17]

Obwohl die meisten Menschen sich immer noch nach dauerhaften, romantischen Bindungen sehnen, scheint die zeitgenössische Lebensweise eine skeptische Haltung gegenüber solchen Bindungen zu fördern. Die Gesellschaft im Allgemeinen tut das ihre, indem sie permanent die Probleme, die sich aus dem Familienleben ergeben, betont. Die Vorstellung, Liebe überwinde alle Hindernisse, wurde ad acta gelegt und als naiver Idealismus enttarnt, der in der Praxis niemals funktionieren kann. Das Resultat ist, dass die Menschen zu einer selbstsüchtigen, berechnenden und kurzfristigen Einstellung ermutigt werden und kaum noch Gefühle in jemand anderen außer sich selbst investieren.

Der unzuverlässige Charakter der romantischen Liebe steht außer Frage. Trotzdem ist sie als Basis für gereifte Leidenschaft und tiefe emotionale Bindungen bisher unersetzbar. Jane Lewis behauptet in ihrer Studie *Individualism and Commitment in Cohabitation and Marriage*, es gebe die Tendenz zu einer individualistischeren Haltung im Hinblick auf persönliche Beziehungen, und dieser Egoismus habe dafür gesorgt, dass die Bindungen von Männern und Frauen zueinander und zu ihren Kindern brüchiger wurden. Doch ist es gar nicht so evident wie es scheint, dass Egoismus zu Bindungsängsten führen soll, und genauso wenig ist es selbstverständlich, dass die Menschen insgesamt egoistischer geworden sind. Es ist vielmehr einfach so, dass viele von uns nicht mehr so recht wissen, woran sie sich halten sollen. Das Gefühl der Unsicherheit im Hinblick darauf, wer wir eigentlich sind, macht es schwer, dauerhafte Beziehungen miteinander einzugehen. Infolgedessen werden die Erwartungen, die wir in eine Beziehung setzen, kleiner, und manchmal wird auch unsere Fähigkeit, intime Bindungen einzugehen, schwächer.

Diese Probleme haben einen entscheidenden Einfluss auch auf die Beziehungen zwischen Erwachsenen und Kindern. Der enorme ideelle Wert, den die Gesellschaft der Kindheit beimisst, steht in einer direkten Beziehung zum Wandel im Persönlichkeitsbild Erwachsener: In dem Maße, wie die Erwachsenenidentität weniger ausgeprägt und damit problematischer wird, findet die Suche nach verlässlichen Werten einen wichtigen Bezugspunkt in der Kindheit.

Wenn Erwachsene sich in früherer Zeit in ihren Kindern verwirklichten, taten sie dies als Mitglieder von zumindest nach außen hin relativ stabilen Familien und größeren gesellschaftlichen Verbänden. Das Kind wurde als ein Mittel zur Selbstverwirklichung betrachtet und manchmal auch ganz einfach als Stammhalter. Inzwischen jedoch ist das Kind zu einem wesentlich bedeutungsvolleren Faktor für die Bestätigung des erwachsenen Ichs geworden: Es erscheint uns als ein einzigartiger emotionaler Partner in einer Beziehung. »Das Vertrauen, das man früher in Ehe, Partnerschaft, Freundschaft, Klassensolidarität und so weiter setzte, wird nun allein auf das Kind gerichtet«, schreibt der Soziologe Chris Jenks.[18] Im Gegensatz zur Ehe oder der Freundschaft können die Bande, die Eltern und Kind verknüpfen, nicht zerrissen werden.

Das sonst allgemein verbreitete Gefühl, die Beziehungen zwischen Männern und Frauen seien vergänglich, erstreckt sich nicht auf die ausgesprochen dauerhaften Bande, die Eltern mit einem Kind verbinden. Der Unterschied zwischen der Einstellung zu einem Gatten im Gegensatz zu einem Kind wurde ausführlich in einer Reihe von Artikeln über die Ansichten weiblicher Jugendidole bezüglich ihrer Partner und Kinder kommentiert. Ein Bericht über die Medienpersönlichkeit Zoë Ball stellte die pragmatische Sicht, mit der sie ihre Ehe betrachtete, dem Gefühl der Dauerhaftigkeit gegenüber, mit dem sie sich über ein zukünftiges Kind äußerte. Sie bemerkte, sie und ihr Mann seien »ziemlich realistisch« in puncto Ehe, und fügte hinzu, dass »das alles ja sicher nicht für immer« sei. Aber er sei ein wunderbarer Mann, und er werde später ganz phantastisch mit ihren Kindern umgehen, egal, was zwischen ihnen beiden passiere.[19]

Diese Umorientierung weg von der Verbindlichkeit einer dauerhaften Beziehung zwischen zwei Erwachsenen und hin zu der unauflöslichen Bindung zu einem Kind begleitet zwangsläufig ein Anstieg des emotionalen Kapitals, das man in das Kind investiert. Diese Entwicklung hat der deutsche Soziologe Ulrich Beck äußerst treffend in Worte gefasst:

Partner kommen und gehen. Das Kind bleibt. Auf es richtet sich all das, was von der Partnerschaft herbeigesehnt, aber in ihr unauslebbar wird. Das Kind gewinnt mit dem Brüchigwerden der Beziehungen zwischen den Geschlechtern Monopolcharakter auf lebbare Zweisamkeit, auf ein Ausleben der Gefühle im kreatürlichen Hin und Her, das sonst immer seltener und fragwürdiger wird. (...) Das Kind wird zur letzten Gegeneinsamkeit, *die die Menschen gegen die ihnen entgleitenden Liebesmöglichkeiten errichten können.*[20]

Natürlich haben die meisten Menschen die Hoffnung noch nicht aufgegeben, Erfüllung in der Partnerschaft zu finden. Doch der Wunsch nach einer festen Bindung existiert parallel zu einer erhöhten inneren Wachsamkeit intimen Beziehungen gegenüber. Kinder hingegen vermitteln ein Gefühl der Dauerhaftigkeit, eben diesen festen Halt, den Erwachsene auf ihrer Suche nach langfristigen Bindungen in einer partnerschaftlichen Beziehung oft nicht finden.

Mütter und Väter können ihre Arbeit verlieren und den Status, der damit verbunden ist. Scheidung und Trennung sind zu so weit verbreiteten Phänomenen geworden, dass viele Männer und Frauen einer möglichen zukünftigen Enttäuschung bewusst ins Auge sehen. Geliebte und Ehegatten kommen und gehen. Doch was immer auch mit den Beziehungen zwischen Erwachsenen geschehen mag: Die Tochter oder der Sohn wird für immer sein Kind bleiben. Das ist der Grund, warum es für Mütter und Väter eine so starke Motivation gibt, ungeheuer viel Gefühl, Zeit und Aufmerksamkeit in ihren Nachwuchs zu investieren.

Instabile Bindungen

In einigen Fällen geht die emotionale Investition so weit, dass sich Mütter und Väter nur noch über ihre Identität als Eltern definieren. Jerome Kagan schreibt, die Heiligkeit der Mutter-Kind-Beziehung und die daraus resultierende psychologische Bedeutung der Bindung eines Babys an seine Mutter gehörten zu den hartnäckigsten Elementen in unserem kleiner werdenden Repertoire unangetasteter ethischer Grundsätze.[21]

Eltern, die eine allesverzehrende emotionale Fixierung auf das eigene Kind haben, stehen paradoxerweise Kindern anderer Leute oft relativ gleichgültig gegenüber. Die große emotionale Investition in Kinder ist nämlich nicht mit einem allgemein gültigen elterlichen Altruismus zu verwechseln. Wie Viviana Zelizer bemerkte, geht die Emotionalisierung der Kindheit oft nicht weiter als bis zur eigenen Haustür.[22] Die tiefen Gefühle, die Eltern ihrem eigenen Kind in der privaten Atmosphäre ihres Heims entgegenbringen, stehen in krassem

Gegensatz zu dem Mangel an Verantwortungsgefühl, den sie, als Mütter und Väter, gegenüber fremden Kindern empfinden. Andere Kinder: Die lärmen nur in Restaurants herum, schreien und kreischen in Supermärkten, machen uns die kargen Plätze in den Schulen unserer Wahl streitig oder belästigen frech unsere Söhne und Töchter.

Der Widerwille, Verantwortung für Kinder im Allgemeinen zu übernehmen, sagt etwas Wichtiges über die Qualität des elterlichen Altruismus aus. Die gefühlsmäßigen Investitionen der Eltern in ihre Kinder sind ja oft untrennbar mit dem Motiv der Bestätigung des eigenen Ichs verknüpft. Kultureller Druck, auf Verlangen zu lieben, verstärkt diese Orientierung und erschwert es Erwachsenen, ihre eigenen privaten Sorgen von der allgegenwärtigen gedanklichen Beschäftigung mit den Kindern zu trennen. Doch es wäre ungerecht, deswegen Eltern den Vorwurf zu machen, sie seien heutzutage besonders egoistisch und selbstbezogen. Die Aushöhlung der elterlichen Identität, verstärkt durch zeitgenössische Ansichten über den Eltern-Determinismus, hat vielmehr eine Atmosphäre geschaffen, in der für viele Menschen die Suche nach dem eigenen Ich untrennbar mit ihrer Beziehung zu ihren Kindern verknüpft ist.

Ich würde es mir nie verzeihen, wenn ...

Viele Eltern sind sich der Tatsache bewusst, dass ihre Sorgen um ihre Kinder ans Neurotische grenzen. Doch sie glauben, sie müssten so sein, um ihrer Kinder willen. Fast alle Mütter und Väter, mit denen ich geredet habe, brachten das Thema der Gefahren von außen zur Sprache, die ihren Kindern angeblich drohen. »Noch nie hat es so viele Drogendealer gegeben, die sich schon an kleine Kinder ranmachen«, sagte ein 36-jähriger Vater von zwei Kindern im Alter von sieben und neun Jahren. Die Mutter einer 13-Jährigen, die ihrer Tochter nicht gestattet, zu Fuß in die Schule zu gehen, obwohl diese sich nur etwa 600 Meter weiter in derselben Straße befindet, beklagt sich darüber, dass sich noch nie auf den Straßen Großbritanniens so viele Pädophile herumgetrieben hätten. Larry lebt in einer ruhigen, grünen Vorstadt –

äußerlich betrachtet genau der Ort, an dem Eltern völlig beruhigt ihre Kinder draußen herumtoben lassen können. Doch weder sein elf Jahre alter noch sein 13-jähriger Sohn dürfen unbeaufsichtigt im Freien spielen. In einem Bericht der Future Foundation wurde festgestellt, dass »Eltern immer weniger dazu geneigt sind, die Sicherheit ihrer Kinder aufs Spiel zu setzen, indem sie sie unbeaufsichtigt lassen.«[23]

In Gesprächen geben die meisten Eltern bereitwillig zu, dass die Wahrscheinlichkeit einer Entführung ihres Kindes wirklich nur minimal ist. Sie haben im Grunde eine ziemlich vernünftige Vorstellung von den spezifischen Bedrohungen, denen ihr Nachwuchs ausgesetzt ist und können auch ohne Weiteres in einem vernünftigen und ruhigen Ton darüber diskutieren. Dennoch kann selbst ihr gesunder Menschenverstand nicht verhindern, dass sie sich von einem diffusen Gefühl der Bedrohung von außen belastet fühlen, und er verhindert ebenso wenig, dass Eltern extrem betroffen reagieren, wenn sie in den Nachrichten von tragischen Vorfällen erfahren, in die ein Kind verwickelt ist. Dabei reagieren Eltern keinesfalls ständig und aus jedem Anlass hysterisch, sondern man könnte vielleicht eher sagen, dass sie eine Disposition dazu haben, sich unter bestimmten Umständen auf diese Weise zu verhalten.

Zahlreiche Mütter und Väter, die eine beträchtliche Bestätigung aus ihrer Rolle als Erzieher und Beschützer ihrer Kinder beziehen, haben gleichzeitig das Gefühl, nicht genügend geistige und seelische Ressourcen zu besitzen, ihren Pflichten auch effektiv nachzukommen. Teilweise wird die Welt draußen gerade deshalb als Gefahr empfunden, weil sie sich außerhalb der Eltern-Kind-Beziehung befindet. Es ist schwierig, das angenehme Gefühl der Sicherheit, das einem diese einzigartige Beziehung bietet, mit dem Gefühl der Unsicherheit in Einklang zu bringen, das in der externen Welt vorherrscht. Manche Eltern sehen nicht nur ihr Kind in Gefahr, sondern auch diese einzigartige, niemals angezweifelte Beziehung.

Meine Gespräche mit Eltern über ihre Ängste haben mich zu dem Schluss kommen lassen, dass das Konzept des »gefährdeten Kindes« im Wesentlichen ein Ausdruck der diffusen Verunsicherung ist, die viele Erwachsene bezüglich ihrer Identität als Eltern quält. Wenn Eltern über die Ängste um ihre Kinder sprechen, taucht ein Satz immer wieder auf. Diese so häufig wiederholte Aussage: »Ich würde es mir nie verzeihen, wenn meinem Kind etwas zustoßen würde«, bezieht sich nicht so sehr auf die Verwundbarkeit von Kindern als auf die der Erwachsenen. Die Furcht der Eltern, die Beziehung zu verlieren, über die sie ihre eigene Identität definieren, führt zu einer erhöhten Sensibilität hinsichtlich der Probleme der Kindheit – auch wenn deren Auswirkungen dann letztendlich auf Kosten der Kinder gehen.

Der Umgang mit dem eigenen Erwachsensein

Seit den 1960er Jahren, im Zuge der Institutionalisierung der Jugendkultur, fiel es vielen Eltern immer schwerer, sich mit ihrer Rolle als »verantwortungsbewusste Erwachsene« zu identifizieren. Inzwischen neigen Erwachsene dazu, sich krampfhaft jugendlich zu geben, zu behaupten, man habe noch so einiges vor sich, und schamlos die Mode der jüngeren Generation zu kopieren. Schon seit geraumer Zeit geben sich Eltern, Lehrer und andere Erwachsene, die mit Kindern umgehen, alle Mühe, die »Autoritätskluft«, die die Generationen trennt, zu überbrücken. Sie wollen den jungen Leuten ein Freund sein, anstatt »Mentor« der jungen Leute zu sein. Dieser Wandel im Konzept des Erwachsenseins – ein unbewusster Prozess der »Infantilisierung« – spiegelt und verstärkt das schwindende Ansehen von Erwachsenen. Die Verwischung der Grenzlinie zwischen Erwachsensein und Kindheit, die damit einhergeht, spielt eine wichtige Rolle bei der Entstehung elterlicher Ängste.

Erwachsene, die sich gelegentlich wie Kinder benehmen, neigen ihrerseits dazu, Kinder wie Erwachsene zu behandeln. Reife bedeutet für sie nicht mehr, einen bestimmten Grad an Weisheit erreicht zu haben, sondern nur noch, zum alten Eisen zu gehören. Der niedrigere Status des Erwachsenseins führt jedoch zu einer eingeschränkten Fähigkeit von Eltern, ihren Kindern eine Autorität zu sein.

Die Abwertung des Erwachsenseins

In einer Welt, in der das Wort der Eltern nicht mehr Gesetz ist, plagt zahlreiche Mütter und Väter ein Gefühl der Machtlosigkeit und der mangelnden Kontrolle über ihre Kinder. Darauf reagieren Eltern oft, indem sie sehr viel Energie darauf verwenden, ihrem Nachwuchs das Leben zu Hause so attraktiv wie möglich zu gestalten. Seit den 1930er Jahren haben sich Experten für Kindererziehung vehement dafür eingesetzt, dass Eltern eine offenere und spielerische Beziehung zu ihren Kindern aufbauen. Familienhistoriker bestätigen, dass die Pädagogen entscheidend dazu beigetragen haben, dass altmodische, autoritäre Erziehungsmethoden zugunsten eher spaßorientierten Interaktionen mit den Kindern aufgegeben wurden. Die Studie von Lisa Jacobson über die Modernisierung des amerikanischen Familienlebens zeigt auf, dass »Kinderexperten die Eltern dazu drängten, ihren Kindern gegenüber einen verhandelnden Ton, Überredungskünste und schmeichelnde Worte anzuwenden und strenge Disziplin zugunsten verständnisvoller Kameradschaft aufzugeben«. Die modernen Experten für Kindererziehung verlangten, ein Vater solle lieber ein Freund und »netter Kamerad« sein als ein »Polizist«. Die idealen Eltern waren fortan Kumpel, übernahmen den Sprachgebrauch der Kinder und passten sich ihrer Welt an. Besonders in den 50er Jahren beeinflusste dann der Erziehungsstil, den Martha Wolfenstein als »Spaßmoral« charakterisierte, das Elternverhalten in entscheidender Weise. Ein Jahrzehnt später schwappte dieser Erziehungsstil auf Großbritannien und den größten Teil Westeuropas über.[1]

Spiel und Spaß sind wichtige Elemente jeder lebendigen Eltern-Kind-Beziehung und tragen dazu bei, eine vielschichtige Beziehung zwischen Elternteil und Kind zu etablieren. Eine lockere Atmosphäre bringt größere Offenheit und mehr Flexibilität ins Familienleben. Allerdings kann die Spaßmoral auch für Probleme sorgen. Eltern müssen oft schwierige Entscheidungen fällen. Sie müssen auf bestimmten Verhaltensformen bestehen, die für ein Kind alles andere als lustig sind. Manchmal ist es durchaus angebracht, tatsächlich die Rolle von Polizisten übernehmen und von einem Kind unbedingten Gehorsam zu verlangen. Doch viele Eltern haben Mühe, aus der Rolle des Freundes in die einer disziplinierenden Autorität zu schlüpfen.

Eltern beklagen sich darüber, ihre Autorität würde ständig durch äußere Umstände geschwächt. Sie erklären, es sei schwer, bei ihren Kindern auf einem hohen Niveau an Disziplin zu bestehen, wenn der Rest der Welt laxes Benehmen toleriere. Kinder wiederum machen sich diese Verunsicherung gerne zunutze und spielen ihre Eltern gegen andere oder auch die Elternteile gegeneinander aus. Sie verweisen auf andere Verhaltensstandards bei Gleichaltrigen und beklagen sich darüber, dass ihre Freunde nicht solchen unzumutbaren Zwängen ausgesetzt seien wie zum Beispiel zum Abendbrot zu Hause sein zu müssen. Dass Eltern, die Schwierigkeiten damit haben, ihre Kinder zum Gehorchen zu bringen, gern andere für ihr Versagen verantwortlich machen, ist verständlich. Doch wie dem auch sei: Mütter und Väter können bei der Ausübung ihrer elterlichen Autorität praktisch mit keinerlei Unterstützung oder Ermutigung von Seiten der Öffentlichkeit rechnen. Und ohne diesen Rückhalt ist es sehr schwer für Eltern, konsequent zu sein. Doch anstatt zu bekräftigen, dass es im wohlverstandenen Interesse der Kinder liegt, wenn Eltern einen konsequenten Erziehungsstil durchhalten, vermittelt die zeitgenössische Kultur den Eindruck, man müsse elterlicher Autorität grundsätzlich mit Misstrauen begegnen. Beispielsweise werden Disziplinierungsmaßnahmen oft als streng, autoritär, unflexibel und manchmal sogar als eine Form der Kindesmisshandlung dargestellt.

Wo wir auch hinsehen, werden Eltern in ein schlechtes Licht gerückt. Die öffentliche Meinung und die Medien skizzieren Eltern ständig als ahnungslose Looser, die den Bedürfnissen ihrer Kinder total unsensibel gegenüberstehen. Im Gegensatz dazu werden Kinder als überaus smart, gewitzt und einfallsreich präsentiert. Eltern, die versuchen, ihre Kinder zu disziplinieren, werden zum Gespött gemacht. Äußerst plastisch bediente ein Werbespot für die Cheltenham and Gloucester Building Society dieses Zerrbild von Kindern und Eltern. In diesem Werbestreifen wird die geschmeidige Gestalt eines Kindes, das nach Perlen taucht, als scharfer Kontrast zu einem schwerfälligen Erwachsenen gezeigt, der unbequem in einen plumpen Taucheranzug gezwängt ist. Natürlich erwischt das Kind die Perle. Auch im Oscar-preisgekrönten Film *American Beauty* ist der Jugendliche Ricky Fitts die cleverste Figur, und Lester Burnham, ein Mann mittleren Alters, betrachtet ihn als Inspiration für seinen neuen Lebensstil. Im Film *Ein Zwilling kommt selten allein,* der amerikanischen Version von *Das doppelte Lottchen,* schmieden aufgeweckte Zwillingsschwestern den Plan, ihre geschiedenen Eltern wieder zusammenzubringen. Dies gelingt ihnen auch, und dabei führen sie die

Erwachsenen regelrecht vor, die, ganz im Gegensatz zu ihnen, bei der Regelung ihrer emotionalen Angelegenheiten völlig hilflos sind. Das krasseste Porträt von der Unfähigkeit der Erwachsenen aber finden wir in der Fernsehserie *Die Simpsons*. Tochter Lisa ist die klügste von allen; der Rest der Familie ist dumm – strohdumm. Äußerst negative Bilder von Erwachsenen werden auch in erfolgreichen Filmen wie *Kevin, allein zu Haus, HausArrest* und *Liebling, ich habe die Kinder geschrumpft* präsentiert. »Anspruchsvollere« Filme, wie etwa der Oscar-preisgekrönte Streifen *Shine – Der Weg zum Licht*, zeigen Eltern als neurotische Kinderquäler.

Sylvia Ann Hewlett und Cornell West haben dieser, wie sie sie bezeichnen, »vergiftenden Volkskultur« in den USA vorgeworfen, ständig die Autorität der Eltern zu verunglimpfen. Im Sommer 1997 untersuchten sie Talkshows im Tagesprogramm auf die Darstellung von Eltern hin. Sie kamen zu dem Ergebnis, dass Eltern entweder als »verantwortungslose Deppen oder brutale Monster« porträtiert wurden. Dabei gaben Hewlett und West allerdings zu bedenken, Talkshows besäßen kein Monopol auf die Verbreitung negativer Stereotypen von Müttern und Vätern.[2]

Diese negativen Klischees von Eltern sind das Produkt einer Gesellschaft, die Reife mit gemischten Gefühlen betrachtet, als etwas Unerwünschtes sogar. Die Krise der elterlichen Identität und der besondere moralische Status, den Kinder – wie im vorangegangenen Kapitel diskutiert – besitzen, haben einen kulturellen Prozess begünstigt, der am treffendsten als eine Flucht vor dem Erwachsensein beschrieben werden kann. Populäre Sendungen, wie etwa die britische Fernsehserie *Men Behaving Badly*, präsentieren unreife erwachsene Männer als unumstößlichen Teil unserer Realität. In vielen anderen beliebten Comedy-Serien – *Frasier, Friends, Ellen* – sieht man erwachsene Männer und Frauen, die irgendwie nie richtig ihre Pubertät überwunden haben.

So nimmt es nicht wunder, dass manche Eltern sich nicht nur wünschen, dass ihre Kinder sie gern haben, sondern dass sie auch genauso sein wollen wie sie. Man kennt diese Väter über Vierzig, die das Gefühl haben, sie seien noch keineswegs alt, und das Leben hätte ihnen noch viel zu bieten. Diese erwachsenen Männer finden es toll, sich mit ihren Söhnen und Töchtern zu identifizieren und wollen von ihnen als ihresgleichen behandelt werden. Natürlich bestehen sie darauf, dass die Freunde ihrer Kinder sie beim Vornamen nennen. Sie kennen sich erstaunlich gut in der derzeitigen Musikszene aus, und wenn man sie besucht, wedeln sie einem mit der neuesten Neopunk-CD vor der Nase herum. In der englischsprachigen Werbebranche gibt es sogar eine spezielle Bezeichnung – *kidult*, eine Mischung aus *kid* (Kind) und *adult* (Erwachsener) – für die zunehmende Anzahl von Erwachsenen mit Peter-Pan-Syndrom.

Das Buch *Arrested Development* von Andrew Calcutt bietet eine interessante Schilderung der Erosion des Erwachsenseins in unserem kulturellen Bewusstsein. Calcutt behauptet, dass das, was früher ein ausschließliches Privileg der Jugend war – Stichwort »Jugendkultur« – heutzutage zur Volkskultur geworden sei, die den größten Teil der Bevölkerung unter 60 einschließt. Im Zentrum dieser Kultur steht der Wunsch, für immer jung zu bleiben, niemals reif und erwachsen zu werden. Die Werbebranche hat diesen Trend erkannt und begriffen, dass kein Blumentopf damit zu gewinnen ist, wenn sie mit ihren Botschaften die Erfahrungen erwachsener Männer und Frauen mittleren Alters anspricht. Der leitende Angestellte einer Werbeagentur, den Calcutt zitiert, erklärt dies folgendermaßen: »Der Eindruck, dass die Werbung heute generell auf junge Leute ausgerichtet zu sein scheint, stimmt und ist ein Resultat unserer langjährigen Erfahrungen. Man kann heutzutage nur dann ein großes Publikum ansprechen, wenn man in der Werbung Assoziationen mit Jugendlichkeit vermittelt.«[3]

Die Abwertung des Erwachsenseins und der derzeitige Jugendwahn untergraben die moralischen Grundlagen für die Ausübung elterlicher Autorität. In extremen Fällen führt das so weit, dass Erwachsenen, die sich wie Kinder benehmen, das nötige Durchsetzungsvermögen fehlt, um ihre Erziehungsfunktion ausüben zu können. Merkwürdigerweise hat die Vorstellung vom Kindheits-Determinismus, von der bereits in früheren Kapiteln die Rede war, den intellektuellen Unterbau für die Abwertung des Erwachsenseins geschaffen. Denn die Ansicht, die Erfahrungen in der frühen Kindheit bestimmten unmittelbar spätere Charakterzüge und Verhaltensweisen, lässt das Erwachsenenleben als lineare Fortsetzung der Kindheit erscheinen, gerade so, als würde man nur eine Rolle aus einem Drehbuch verkörpern, das schon vor Jahrzehnten geschrieben worden sei. Gestörte Erwachsene, die bereits als Kinder geschädigt wurden, »können dann eben nichts dafür«. Dieses Bild des Erwachsenen als eine Art machtloser Marionette ist im Übrigen keineswegs auf unseren Kulturkreis beschränkt.

Daraus resultiert gleichsam eine reduzierte Version des Erwachsenseins. Das Konzept des *erwachsenen Kindes* ist ein Symbol für diese infantilisierte Version des Ich. Die Vorstellung, Erwachsene befolgten nur die Anweisungen eines Drehbuchs, das aus ihrer Kindheit stammt, bringt viele Menschen dazu, ständig in ihrer Vergangenheit nach Hinweisen zu suchen. In einer Art Seelen-Archäologie forschen Therapien in der frühen Kindheit oder sogar in einem früheren Leben des Patienten nach Ereignissen von existenzieller Bedeutung. Von der wiedergewonnenen Erinnerung erhofft man sich außergewöhnliche und tief greifende Erkenntnisse. Tatsächlich schaffen es die Anhänger dieses Glaubens auch immer, wichtige Ereignisse zu entdecken, die als Ursache der Probleme des Erwachsenen gelten können. Es gibt eine starke Strömung in der Psychotherapie, die davon ausgeht, die menschliche Persönlichkeit beruhe grundsätzlich weniger auf dem, was man tut und was man über sich weiß, als vielmehr auf Dingen, an die man sich nicht mehr erinnern kann. Das verschafft der Psychotherapie natürlich eine herausragende Position bei der Wiederentdeckung der verlorenen eigenen Identität. Die Bedeutung, die man der charakterformenden Rolle des Erlebten in der Kindheit und sogar in einem Daseinszustand vor der Kindheit zuschreibt, beruht auf einer hochgradig deterministischen Sicht der menschlichen Existenz. Die zahlreichen Erfahrungen, die wir als Erwachsene sammeln, verblassen bis zur Unkenntlichkeit, wenn wir sie mit den schweren Prüfungen vergleichen, die wir als Kinder durchstehen mussten. Wie in einer griechischen Tragödie sind wir unser ganzes Leben lang dazu verdammt, eine Existenz zu führen, in der das Schicksal sich erfüllt. So veranlasst man die Menschen dazu, sich eher als Opfer ihrer Kindheit zu betrachten denn als selbstbestimmte Handelnde. Dieser Verzicht auf Selbstbestimmung geht mit einem vollständig neuen Entwurf des Erwachsenen-Ichs einher, eines schwachen, wenig ausgeprägten Ichs, das sich ausdrücklich von den zahlreichen, historisch idealisierten Charakteristika des Erwachsenseins lossagt: geistige Autonomie, Reife und Verantwortungsbewusstsein.

Die Loslösung der Assoziation von geistiger Reife und Erwachsensein ist jedoch keineswegs ein vollständig konsolidierter und unumkehrbarer Prozess. Es wäre falsch zu behaupten, alle Erwachsenen benähmen sich wie Kinder. Doch wächst der gesellschaftliche Druck auf Erwachsene, unreif zu bleiben. Dennoch geben sich die meisten Erwachsenen alle Mühe, als voll entwickelte Menschen aufzutreten.

Die Zukunft jeder Gesellschaft beruht auf der erfolgreichen Sozialisation ihrer Kinder, und daher muss man gemeinsam eine Lösung für die Frage erarbeiten, wie man Kinder zu Erwachsenen macht.

Das Problem mit der Konsequenz

Wie bringen wir unsere Kinder dazu, sich zu benehmen? Eltern wissen, dass Kinder sich später in der Gesellschaft schwer tun, wenn sie nicht lernen, Grenzen zu beachten sowie bestimmte Regeln zu respektieren, und allmählich die Fähigkeit der Selbstkontrolle erwerben. Leider gibt es jedoch kein Patentrezept dafür, wie wir sie dazu kriegen, uns zu gehorchen.

Grenzen auszutesten ist Bestandteil der Entwicklung eines Kindes. Kleine Kinder leben für den Augenblick; sie verlangen stets sofortige Zuwendung und können sich nur mühsam damit abfinden, dass sie nicht länger fernsehen dürfen oder dass sie zur vorgeschriebenen Zeit ins Bett gehen sollen. Der Widerstand kleiner Kinder gegenüber elterlicher Autorität kann ein kreativer Ausdruck ihrer sich entwickelnden Persönlichkeit sein, aber häufig ist ihr Trotz auch regelrecht gefährlich. Für Eltern ist es schwierig zu bestimmen, wann sie konsequent sein sollten und wann es gescheiter ist, schlechtes Benehmen einfach zu ignorieren. Obwohl wir sicher alle versuchen, auf Regeln zu bestehen, ist es in der Praxis einfach unmöglich, immer richtig zu reagieren. Manchmal sind Mütter und Väter vielleicht zu streng, dann wieder tolerieren sie um des lieben Friedens Willen ein Benehmen, das in der Zukunft möglicherweise für Probleme sorgt. Es ist nicht weiter verwunderlich, dass Disziplin zu den Topthemen gehört, die Erziehungsspezialisten und Handbücher für Eltern immer wieder aufgreifen. Ein Blick in die einschlägigen Publikationen aus dem vergangenen Jahrhundert zeigt, dass die Frage der Disziplin zu fast jedem Zeitpunkt eine Hauptsorge der Leser war.

Mittlerweile ist das Problem mit der Disziplin noch komplizierter geworden, weil das Familienleben nicht mehr wie früher nach festen Regeln abläuft, die das Oberhaupt – normalerweise der Familienvater – aufstellt. Moderne Familien verlassen sich im Umgang miteinander lieber auf die Vernunft und auf Verhandlungstechniken – zumindest versuchen sie es. Diese »Demokratisierung« des Familienlebens wurde durch ein aufgeklärteres Verständnis vom menschlichen Verhalten bewirkt. Die heutige Familie gewährt ihren einzelnen Mitgliedern mehr Freiheit und Entscheidungsmöglichkeiten, erkennt den Kindern einen höheren Stellenwert zu und bringt ihnen mehr Respekt entgegen. Die Abwendung von einem vorwiegend autoritären Erziehungsstil bedeutet, dass Mütter und Väter sich ein offeneres, sensibleres und verständnisvolleres Repertoire an Methoden zulegen müssen, um das Benehmen ihrer Kinder in die richtigen Bahnen zu leiten – eine positive und begrüßenswerte Entwicklung.

Die ambivalenten Gefühle zahlreicher Erwachsener in Bezug auf ihre eigene Identität erleichtern es nicht gerade, Disziplin einzufordern. Je mehr »Honig« für ihre Identität Eltern aus der Beziehung zu ihren Kindern saugen, um so stärker fürchten sie nämlich auch deren Ablehnung oder gar Liebesentzug, wenn sie disziplinarische Maßnahmen ergreifen. Eines der regelmäßig wiederkehrenden Themen im großen Drama der Kinderziehung ist daher die Furcht der Eltern, dass sie durch konsequente Disziplin ihre Kinder verlieren könnten. Besonders große Sorgen machen sich Eltern darüber, wie sie das Verhalten ihrer Kinder außerhalb der häuslichen Umgebung kontrollieren sollen. Totalverbote könnten möglicherweise dazu führen, dass das Kind in die falsche Gesellschaft gerät. Infolgedessen greifen Eltern, die befürchten, disziplinarische Maßnahmen könnten ihre Kinder gegen sie aufbringen, häufig auf Bestechung oder selektiven Gedächtnisverlust zurück, oder Sie geben einfach nach.

Mütter und Väter waren schon seit jeher unsicher, was sie tun sollten, wenn ihnen das Kind ein »Nein« an den Kopf warf, doch heute fragen sich viele von ihnen nicht nur, wie sie ihre Kinder maßregeln können, sondern sogar, ob sie überhaupt den Versuch wagen sollen.

Grenzen setzen

Wo ziehen wir die Grenze zwischen Erwachsenen und Kindern? Die mangelnde Klarheit bezüglich dieser Frage sorgt für gravierende Probleme. Heutzutage stößt nicht nur elterliche Autorität auf Missbilligung, sondern gleichzeitig wird Kindern auch ein höherer moralischer

Status zugestanden – das Erwachsensein wird abgewertet, der Zustand der Kindheit verherrlicht. Analog zur Infantilisierung der Elterngeneration werden jetzt oft Kinder in die Rolle kleiner Erwachsener gedrängt. Man hält sie für fähig, eine überlegte Wahl zu treffen und lässt sie sogar innerhalb der Familie gleichberechtigt mitentscheiden. Ein besonders absurder Ausdruck dieser Haltung in Großbritannien besteht in der gegenwärtigen Diskussion darüber, ob man Kindern das formale Recht einräumen sollte, die Scheidung ihrer Eltern einzureichen.

Der moderne Blick auf Kinder trägt beinahe schon schizophrene Züge. Auf der einen Seite schildert man sie als verwundbare Wesen, die ständig beaufsichtigt werden müssen, auf der anderen Seite werden sie häufig als kompetente Persönlichkeiten präsentiert, die dazu fähig sind, überlegte und verantwortungsvolle Entscheidungen in Bezug auf ihr Leben zu treffen. Den Erwachsenen wird ans Herz gelegt, lieber mit ihnen zu beraten und zu verhandeln als entschlossen zu agieren oder Entscheidungen im Namen ihrer Kinder zu fällen. Diese weit verbreiteten Ansichten finden im Gedanken der »Kinderrechte« ihren Ausdruck. Die Befürworter solcher Rechte für Kinder treten dafür ein, dass Kinder an den Entscheidungen beteiligt werden sollten, die ihr Leben betreffen.

In Wirklichkeit sind jedoch wahrscheinlich selbst die radikalsten Verfechter der Rechte für Kinder weit davon entfernt, bei der Durchsetzung ihres Anliegens konsequent vorzugehen. Sie müssen nämlich wohl oder übel zugeben, dass Kinder mit Rechten, wie Erwachsene sie besitzen, noch gar nicht umgehen können. Ein führender britischer Vertreter der Kinderrechte, Bob Cause, hat festgestellt, dass »Kinder von der Teilnahme an der formalen Entscheidungsbildung schon so lange ausgeschlossen sind, dass sie wahrscheinlich auf diesem Gebiet zunächst von Erwachsenen unterstützt und vertreten werden müssen«. Priscilla Alderson, Autorin von fachkundigen Büchern über Kinder, umgeht den Einwand, Kindern fehlten die Möglichkeiten, die juristische Fachsprache zu beherrschen, indem sie argumentiert, Kinder hätten schon ihre eigene Art, dafür zu sorgen, dass ihre Stimmen gehört würden.[1]

Es gäbe eine Menge über das Thema »Erwachsene, die auf die

Stimmen von Kindern hören«, zu sagen. Kinder interpretieren die Welt auf ihre eigene Weise und ziehen Lehren aus ihren Erfahrungen. Doch die Stimme eines Kindes mit den Überlegungen eines erfahrenen und vernünftig argumentierenden Erwachsenen gleichzusetzen bedeutet, die Anlagen für reifliche Überlegung mit ihrem tatsächlichen Vorhandensein gleichzusetzen. Solche Irrtümer dokumentieren sowohl die Krise des Erwachsenseins als auch die parallel dazu verlaufende Überhöhung der Kindheit. Kinder besitzen zwar das Potenzial, den Erwachsenen gleich zu werden, aber damit dieses Potenzial sich entwickeln kann, ist es überaus wichtig, sie nicht so zu behandeln, als wären sie bereits dreißig Jahre alt.

In dem Maße, wie sich unser Verständnis der Kindheit entwickelt hat, haben wir auch zu akzeptieren gelernt, dass Kinder ihre ganz eigenen Gefühle, Bestrebungen, Träume und Phantasien besitzen und dass sie die Welt auf andere Weise sehen als die Erwachsenen. Die Akzeptanz der besonderen Art, wie Kinder fühlen und begreifen, war der Schlüssel zu bedeutenden Erkenntnissen über den Prozess der Kindesentwicklung. Wir wissen heute, dass Kinder nicht einfach nur weniger wissen als Erwachsene, sondern dass dieses Wissen auch von ganz anderer Art ist. Natürlich überlappen sich die Welten von Kindern und Erwachsenen, und Kinder entwickeln sich durch die Interaktionen mit den Erwachsenen. Die moralischen und intellektuellen Universen eines Kindes sind weder dieselben wie die eines Erwachsenen, noch sind sie völlig verschieden. Für Erwachsene ist schwer, den Unterschied richtig einzuschätzen. Manchmal stellen sie sich die Kinder als ihre genauen Gegensätze vor, dann wieder verlieren sie den Blick dafür, was sie von ihrem Nachwuchs unterscheidet.

Wenn reife Erwachsene miteinander reden, äußern sie nicht einfach Befehle oder Aufforderungen. Da sie einander als Ebenbürtige gegenüberstehen, erwarten sie, durch vernünftiges Verhandeln zu einer Lösung zu kommen. Intelligente Eltern neigen dazu, auch ihren Kindern die Dinge zu erklären, mit ihnen vernünftig zu reden und mit ihnen zu verhandeln. Das ist sinnvoll, weil man Kindern beibringen möchte, was sie beachten müssen, wenn sie Entscheidungen treffen. Doch leider ist die moderne Erziehungskultur bestrebt, diese Lehrmethode zu einem grundlegenden Prinzip des Eltern-Kind-Verhältnisses zu erheben. In den 70er Jahren vertrat Thomas Gordon diesen Ansatz vehement in seinem Millionen-Bestseller *Familienkonferenz: Die Lösung von Konflikten zwischen Eltern und Kind*, der Eltern dazu aufrief, ihre Kinder nicht mehr zu bestrafen und sie stattdessen zu behandeln »wie einen Freund oder Ehepartner«. Seitdem wurde dieser Ansatz immer wieder propagiert. Penelope Leach äußert Kritik an Eltern, die ihr Kind für unverschämt halten, weil es ihnen nicht gehorcht. Außerdem ist sie der Meinung, es sei anmaßend von Müttern und Vätern, zu glauben, sie hätten das Recht, ihren Kindern zu sagen, was sie tun sollten, andererseits jedoch ihrem Nachwuchs nicht das gleiche Recht einräumten.

In einer kürzlich erschienenen Broschüre der Labour-Expertenrunde *Demos* mit dem Titel *The Familiy in Question* (Die Familie im Blickpunkt) schlug Professor Stein Ringen vor, dass Kindern ein Vetorecht bei der Scheidung ihrer Eltern oder einer von der Mutter geplanten Abtreibung eingeräumt werden sollte. Solche Ideen mögen manchen von uns bizarr erscheinen. Doch wenn die Verhandlungsmethode erst einmal zum grundlegenden Prinzip geworden ist, das das Familienleben regiert, ist eine solche Forderung nur konsequent. Dann gibt es allerdings auch keinen logischen Grund dafür, dass das Vetorecht für Kinder, einmal eingeräumt, sich auf Scheidung oder Abtreibung beschränken sollte. Warum sollten Kinder nicht auch das Recht haben, ihre Mutter daran zu hindern, wieder ins Berufsleben zurückzukehren? Und wie sieht es mit einem Umzug aus, vielleicht sogar in einen anderen Landesteil? Und wer trifft die endgültigen Entscheidungen über Urlaubsziele?[2]

Es gibt einen großen Unterschied zwischen einer vernünftigen Einstellung zum Geben und Nehmen und der Frage, ob man Kindern das Recht einräumt, sich über Entscheidungen der Eltern hinwegzusetzen. Verhandlungen sind eine gute Methode, um Kindern beizubringen, eine Wahl zu treffen und die Konsequenzen ihrer Entscheidung zu tragen. Sinnvoll eingesetzt, kann diese Praxis dazu beitragen, den Kindern zu helfen, innerhalb ihres Rahmens Entscheidungen zu fällen und zu lernen, die Grenzen ihrer Handlungsweisen zu erkennen. Doch diese Art der Interaktion sollte nicht mit Verhandlungen zwischen zwei gleichwertigen Partnern verwechselt werden. Das Verhandeln mit Kindern ist ein Erziehungsmittel, dem das Wissen zugrunde liegt, dass Erwachsene und Kinder eben nicht ebenbürtig sind.

Die Überzeugung, dass Erwachsene gegenüber Kindern dieselben Verhaltensnormen anwenden sollten wie gegenüber anderen Erwachsenen, steckt auch hinter der Debatte über die körperliche Bestrafung. Die Gegner der Prügelstrafe verlangen, dass ein Verhalten, welches unter Erwachsenen inakzeptabel ist, auch Kindern gegenüber nicht an den Tag gelegt werden sollte. Sie kritisieren, dass es als Körperverletzung gilt, wenn ein Mann einen anderen Erwachsenen schlägt, es aber als »Disziplinierung« gutgeheißen wird, wenn er einem Kind eine Ohrfeige gibt. Diese Art der Argumentation hat tief greifende Auswirkungen auf den gesamten Prozess der Kindererziehung. Denkt man diesen Gedanken zu Ende, bedeutet dies nämlich, dass Eltern auf jeglichen Versuch verzichten, den Kindern ihren Willen aufzuzwingen.

Das tun sie aber vom Augenblick der Geburt an. Eltern, denen es nicht im Traum einfallen würde, einem anderen Erwachsenen die Schlafenszeit vorzuschreiben, haben keine Probleme damit, von ihrem Kind zu verlangen, es solle sich pünktlich um sieben Uhr abends schlafen legen. Eltern, die kontrollieren, ob der Popo ihres Kindes sauber ist, würden dies bei Leuten ihres Alters vermutlich nicht tun. Wann immer sie ihre Kinder waschen, sie füttern oder ihnen im Bett vorlesen, behandeln Mütter und Väter ihre Kleinen ganz selbstverständlich wie Kinder und nicht wie Erwachsene.

In der Realität ist die Forderung, dass Eltern ihre Kinder wie Erwachsene behandeln, also vollkommen undurchführbar. Dieser Punkt wird sogar ausdrücklich von den Verfechtern der Rechte für Kinder anerkannt, die damit in ihrer Argumentation letztendlich widersprüchlich sind. Zum Beispiel beruht die beliebte These des Eltern-Determinismus mit ihrer einseitigen Betonung der Macht der Erziehung auf der Voraussetzung, dass Kinder deutlich anders behandelt werden als Erwachsene. Doch die Tatsache, dass der Eltern-Determinismus und die Behandlung von Kindern wie Erwachsene einander ausschließen, wird nur selten von den Fachleuten reflektiert, die beide Ansichten gleichzeitig vertreten. Manche fordern erst, dass Eltern ihre Kinder wie Erwachsene behandeln sollten und verkünden im gleichen Atemzug, dass Kinder verwundbare, permanent bedrohte Wesen seien. Diese ganze konfuse Diskussion über das Verhandeln mit Kindern ist Ausdruck einer tiefen Unsicherheit, was die Ausübung elterlicher Autorität betrifft.

Manche setzen sich für das Prinzip des Verhandelns ein, weil sie die elterliche Autorität einschränken wollen; sie betrachten die Macht, die Eltern besitzen, als potenziell gefährlich für Kinder. Diese Überzeugung bestimmt zum Beispiel das Denken derjenigen, die dafür plädieren, den Kindern mehr Rechte einzuräumen. Bob Franklin schreibt, dass »Kindsein immer noch mehr mit Machtverhältnissen zu tun hat als mit Genealogie«. Obwohl es außer Frage steht, dass Eltern eine beträchtliche Macht über ihre Kinder besitzen, ist es aber doch noch lange nicht ersichtlich, warum dies generell ein Problem darstellen soll. Es wird nur dann in der Praxis zu einem Problem, wenn es einen fundamentalen Interessenkonflikt zwischen Eltern und Kindern gibt, und leider werden in zunehmenden Maße familiäre Beziehungen unter dieser Perspektive betrachtet. Stein Ringens Vorschlag, den Kindern ein Vetorecht bei der Scheidung ihrer Eltern einzuräumen, basiert beispielsweise auf der Prämisse eines solchen Interessenkonflikts. Er ist außerdem der Meinung, die Interessen der Kinder würden bei politischen Wahlen nicht in adäquater Weise durch ihre Eltern vertreten und fordert daher, das Wahlalter auf sechzehn Jahre zu senken. Die unter Sechzehnjährigen sollten seiner Meinung nach ebenfalls eine Stimme erhalten, die dann ihre Mutter als Vertreterin abgeben soll.[3]

Handbücher über Kindererziehung stellen ständig die Interessen der Eltern und die Bedürfnisse des Kindes einander gegenüber. Fachleute für Erziehung nehmen dabei häufig die Rolle eines Schiedsrichters oder Vermittlers ein. Sie sprechen davon, wie sie »beide Seiten« dazu bringen, »ihre jeweiligen Bedürfnisse zu verstehen«. Der Tonfall der Kindererziehungsliteratur ähnelt schon fast dem einer Eheberatung, wobei auch der Eindruck vermittelt wird, die Konflikte zwischen den unterschiedlichen Bedürfnissen seien von derselben Art wie die zwischen Ehepartnern. Dieses Konfliktmodell des Eltern-Kind-Verhältnisses schadet unter Umständen gerade den zwischenmenschlichen Beziehungen, welche die Basis für eine funktionierende Erziehung bilden.

Ansichten über das konfliktorientierte Modell des Familienlebens werden allerdings nur selten energisch proklamiert. Schließlich verlangt die Gesellschaft von den Erwachsenen, Kinder zu versorgen und zu sozialisieren. Eine zu auffällige Denunzierung der Eltern als eigennützige und egoistische Individuen würde mit der Forderung kollidieren, Mütter und Väter sollten als altruistische Versorger agieren. Vor allem wegen dieser Leistung ist schließlich die Elternschaft auch heute noch relativ hoch angesehen. Doch während verantwortungsvolle Erziehung im Allgemeinen von Politikern und Kindererziehungsexperten gleichermaßen begrüßt wird, fehlt es auffällig an Unterstützung für elterliche Autorität. Es scheint, als verlange unsere Gesellschaft von engagierten Eltern, Zuwendung auf Verlangen zu geben, gleichzeitig aber auf die Ausübung ihrer Autorität zu verzichten. Es mutet wie Ironie an, dass sich einerseits die Politiker darüber beklagen, Eltern hätten ihre Kinder nicht im Griff, andererseits aber ständig Kritik an der Ausübung elterlicher Autorität laut wird. Wir neigen zu dem Glauben, strenge elterliche Disziplin sei repressiv und hinterließe bei einem Kind Schäden. Allein der Ausdruck »Disziplinierung« enthält heutzutage schon den Beigeschmack des Machtmissbrauchs. Wie nicht anders vorauszusehen, haben die meisten Eltern das Misstrauen bezüglich der Ausübung von Autorität internalisiert, und man muss sich nicht wundern, dass sie sich fragen, ob es überhaupt in ihrer Macht steht, ihre Kinder fest im Griff zu behalten. Manchmal sind sie sich nicht einmal sicher, ob es wirklich richtig ist, zu versuchen, ihrem Nachwuchs ihren Willen aufzuzwingen, und sie machen sich über die Konsequenzen Gedanken, egal welchen Weg sie einschlagen.

Disziplin

Viele Eltern klagen darüber, dass es ein ständiger Kampf sei, ihrem Kind Gehorsam abzuverlangen. Die meisten von uns haben Probleme, einfach mal kategorisch Nein zu sagen. Manche Eltern verbringen außerordentlich viel Zeit damit, alternative Reaktionsmuster in Erwägung zu ziehen. »Sollte ich das Problem lieber sofort ansprechen oder warten, bis wir alleine sind?« – »Sollte ich so tun, als hätte ich nicht bemerkt, dass sie mich schon wieder ignoriert hat, oder sie streng tadeln?« Eltern zermartern sich über jede Rüge das Gehirn und gehen danach oft die ganze Situation noch einmal im Geiste durch. »Hätte ich lieber eine andere Ausdrucksweise benutzen sollen?« – »Hätte ich lieber warten sollen, bis meine Wut etwas verraucht war?« Ständig wiederkehrende Ängste rund um alltägliche Fragen der Disziplin werden von den noch intensiveren Befürchtungen verstärkt, irgendwann womöglich einmal völlig die Beherrschung zu verlieren. Eine Umfrage, deren Ergebnisse im Januar 2000 im *Times Educational Supplement* veröffentlicht wurden, bot einen faszinierenden Einblick in elterliche Disziplinsorgen. Bei dieser Umfrage unter 1.000 Eltern in England und Wales kam heraus, dass die Eltern sich über dieses Problem derart sorgten, dass eine Mehrheit von ihnen sogar die Bereitschaft äußerte, die Wiedereinführung von körperlichen Strafen in der Schule zu befürworten. Zwei Drittel aller Eltern äußerten die Meinung, die Disziplin in den Schulen habe sich im Laufe des letzten Jahrzehnts erheblich verschlechtert, und 51 Prozent glaubten, dass die Wiedereinführung der Prügelstrafe die Lösung für dieses Problem darstelle.[4]

Niemand, der hin und wieder mit anderen Eltern zusammentrifft, wird über das Resultat dieser Umfrage überrascht sein. Eltern machen sich ständig Sorgen darüber, was mit ihren Sprösslingen in der Schule und ganz allgemein außerhalb des häuslichen Umfelds geschieht. Lehrer werden häufig kritisiert, weil sie angeblich zu schwach oder zu »liberal« seien. Bei näherer Betrachtung stellt man jedoch fest, dass Sorgen über die mangelnde Disziplin in der Schule eng mit dem allgemeineren Gefühl des Schwindens elterlicher Autorität zusammenhängt. Oft machen Eltern auch Schule und Lehrer für die Disziplinprobleme verantwortlich, die sie zu Hause nicht selbst effektiv gelöst haben.

Natürlich macht die Erosion der Erwachsenen-Autorität vor den Schulen nicht Halt. Im Gegenteil: Wahrscheinlich sind die Disziplinprobleme in den Schulen die dramatischste Auswirkung dieser Entwicklung. Zahlreiche Studien bestätigen, welche Schwierigkeiten Lehrer haben, manche ihrer Schüler unter Kontrolle zu halten. Ein kürzlich erstellter Bericht gab an, dass vier von zehn Lehrern an weiterführenden Schulen bereits unter verbalen oder tätlichen Attacken zu leiden hatten, fast zwei Drittel von ihnen mindestens einmal im Jahr.[5]

Es wäre sicher falsch zu behaupten, Disziplinlosigkeit sei ein typisches Problem unserer Zeit. Eltern standen seit jeher der Herausforderung gegenüber, mit dem Trotz ihrer Kleinkinder und der Rebellion der Jugendlichen fertig zu werden. Heute jedoch ist dieses Problem noch komplizierter geworden und wesentlich schwieriger zu bewältigen, und zwar aufgrund der sich wandelnden kulturellen Einstellungen zum Erwachsensein, zur elterlichen Autorität und zur Ausübung von Disziplin. Dem Autor erscheint es, als mache die weit verbreitete Meinung, Kinder sollten genau wie Erwachsene behandelt werden, die Aufgabe, Disziplin aufrechtzuerhalten, zu einer schwierigen, wenn nicht unmöglichen Aufgabe.

Hunderten von Handbüchern und Zeitschriften zum Trotz vermeidet es die Kindererziehungs-Branche, dieses enorm große Problem anzugehen. Nachschlagewerke über Kindererziehung bieten oft eine ganze Trickkiste voller Tipps für sorgenvolle Eltern an, lassen aber bestenfalls durchblicken, man könne ein Kind durch geschickte psychologische Manöver zum Gehorchen bewegen. Einige dieser Ratschläge sind vernünftig und können zum Beispiel durchaus eine Hilfe für einen Vater sein, der schon alles versucht hat, aber seinen Sohn noch immer nicht dazu bringen konnte, sein Spielzeug aufzuräumen. Doch leider gibt es nun einmal keine narrensicheren Rezepte dafür, wie man einem Kind das Gehorchen beibringt. Das Verhalten eines Kindes zu beeinflussen heißt, Grenzen zu ziehen, darauf zu bestehen, dass die Kinder Regeln einhalten, und auch, diese mit Nachdruck durchzusetzen.

Erziehungsratgeber empfehlen uns, konsequent und unbeirrbar zu sein und unserem Kind bestimmte Vorschriften aufzuerlegen. Leider werden solche guten Ratschläge oft mit Disziplinierungstechniken verbunden, die absichtlich der Frage ausweichen, ob negatives Verhalten bestraft werden sollte oder nicht. Natürlich können Maßnahmen zur Disziplinierung, die auf vernünftigen Argumenten, positiver Verstärkung und Verhandlungen basieren, eine nützliche Rolle bei der Beeinflussung kindlichen Verhaltens spielen. Doch ist es unwahrscheinlich, dass diese Techniken unter allen Umständen effektiv sind, und manchmal sind andere, strengere Methoden angebracht, um ein Kind von seinem negativen Verhalten abzubringen.

Mütter und Väter sind sich normalerweise der Tatsache bewusst, dass sie eine große Bandbreite von Sanktionen brauchen, um ihre Funktion auszuüben, und deshalb fahren sie fort – wenn auch widerwillig –, ungehorsame Kinder zu bestrafen. Doch diese intuitive Antwort auf ein bestimmtes kindliches Verhalten ist mittlerweile ins Kreuzfeuer scharfer Kritik geraten.

Der letzte Schrei in der Erziehungsbranche besteht darin, aus der Disziplinierung ein softes, pädagogisches Instrument zu machen, durch das Kinder lernen, wie sie mit der Welt, mit der sie konfrontiert werden, umgehen müssen. Jan Parker und Jan Stimpson beschreiben Disziplinierung als eine »Investition«, bei der es darum geht, Kindern beizubringen, was sie falsch gemacht haben, welche Konsequenzen ihr Verhalten hat und wie sie es ändern können. Disziplinierung als aufgeklärtes Mittel zur Belehrung wird dabei deutlich von der Bestrafung abgegrenzt, die die Autoren als eine minderwertige Methode ablehnen, da sie nur darauf abzielt, »Kinder zu beschämen, ihnen Angst einzujagen oder sie auf andere Weise zum Gehorsam zu zwingen, ohne dass sie verstehen, warum«.[6]

Diese neue Definition von Disziplinierung als ein Akt aufgeklärter Unterweisung bringt erhebliche Probleme mit sich. Man könnte natürlich behaupten, dass alles, was Eltern mit Kindern tun, einen wichtigen belehrenden Aspekt beinhalte. Doch es gibt einen Unterschied zwischen Lehren und Lehren. Kindern etwas über verschiedene Formen oder Farben beizubringen oder ihnen zu zeigen, wie man die Straße überquert, ist nicht das Gleiche, wie sie zu disziplinieren. Ob es uns gefällt oder nicht: In Situationen, in denen wir als Eltern Gehorsam von unseren Kindern verlangen müssen, müssen wir auch unser Recht durchsetzen, das Verhalten eines Kindes zu maßregeln und die Überschreitung einer wichtigen Regel zu bestrafen. Das tun wir nicht, weil die Disziplinierung an sich einen so bedeutenden erzieherischen Wert hat, sondern weil wir unser Kind davon abhalten müssen, mit seinem Verhalten sich selbst oder andere zu schädigen.

Doch zugegebenermaßen kann Disziplinierung tatsächlich einen hohen erzieherischen Wert besitzen. Ein Kind lernt, dass sein Verhalten erhebliche Konsequenzen hat und dass einige Formen seines Verhaltens so inakzeptabel sind, dass sie ernsthafte Sanktionen nach sich ziehen. Diana Baumrind, eine führende amerikanische Autorität auf dem Gebiet der Kindererziehung, erklärt, der wohl überlegte und begrenzte Einsatz von strengen Methoden wie zum Beispiel der Bestrafung helfe Kindern dabei, die Werte ihrer Eltern zu internalisieren.[7]

Eine wirkungsvolle Erziehung erfordert eine wohl überlegte Mischung von disziplinierenden Taktiken, die positives Verhalten bestärken, und strengen Sanktionen, die negatives Verhalten bestrafen. Um das Ziel einer effektiven Disziplinierung zu erreichen, müssen Eltern gutes Benehmen loben und solche Handlungen bestrafen, die ihnen als inakzeptabel erscheinen. Beides ist wichtig, Lob und Tadel ergänzen sich. Doch es ist unwahrscheinlich, dass man damit auskommt. Eltern müssen auch erklären, worum es bei der Disziplinierungsmaßnahme geht, damit ein Kind weiß, warum es gelobt oder bestraft worden ist. An diesem Punkt ist eine vernünftige Argumentation besonders wichtig. Sie sollte das Kind befähigen, von einem spezifischen Akt auf das Verhalten im Allgemeinen zu schließen, das von ihm unter anderen, ähnlichen Umständen erwartet wird. Sinnvolle Disziplinierung ist Teil eines komplexen Systems, das vernünftige Argumentation, Strafe, Lob und Kommunikation miteinander verbindet. Unerwünschtes Verhalten zu bestrafen ist ein Teil dieses Systems und nicht genau das Gegenteil davon.

Kinderexperten, die Bestrafung grundsätzlich verurteilen, gehen von der Voraussetzung aus, dass Disziplinarmaßnahmen von Seiten der Eltern eine Gefahr für das Kind darstellen. Erziehungsratgeber ermahnen Mütter und Väter ständig, sich gut zu überlegen, warum sie ihr Kind in einer bestimmten Situation bestrafen wollen. »Bitten Sie die einzelnen Gruppenmitglieder, darüber nachzudenken, was sie dazu veranlasst, die Beherrschung zu verlieren«, rät eine Broschüre der NSPCC, die für Leiter von Elternfortbildungsseminaren verfasst wurde. In der gesamten Broschüre steht zwischen den Zeilen, dass es in Wirklichkeit mehr um das Verhalten der Eltern geht als um das der Kinder. Die Publikation *Birth to Five* (Von der Geburt bis zum fünften Lebensjahr) der Gesundheitserziehungsbehörde (HEA) erklärt ziemlich unumwunden, das eigentliche Problem sei nicht etwa das Verhalten des Kindes, sondern bestehe darin, wie Eltern auf die Schwierigkeiten ihrer Kinder reagierten. Nachdem man Müttern und Vätern zunächst eine Gardinenpredigt über ihr Verhalten gehalten hat, reicht man ihnen mit beruhigenden Worten die Hand zur Versöhnung: »Wenn das Problem eher bei Ihnen als bei Ihrem Kind liegt, geben Sie nicht sich selbst die Schuld dafür.« Die HEA weist auch darauf hin, dass die Reaktion der Eltern auf das Verhalten eines Kindes unter Umständen dazu führen könne, dass das, was die Eltern zunächst nur als störend empfinden, sich für das Kind zu einem größeren Problem auswächst.

Ein Ziel, das in der NSPCC Ratgeberbroschüre *Positive Ways of Managing Children's Behaviour* (Positiver Umgang mit kindlichem Verhalten) abgesteckt wird, ist, »Eltern dazu zu befähigen, sich durchzusetzen, ohne auf körperlichen Zwang, Beschämung oder Schuldzuweisungen zurückgreifen zu müssen«. Wie aber können sich Eltern mit antiautoritären Methoden durchsetzen? Nach derzeitigen Erkenntnissen kaum. Was ratsuchenden Eltern angeboten wird, ist ein Schein von Autorität, der gewahrt wird, indem man das Thema Bestrafung ganz vermeidet. Der Ansatz der HEA bringt diese ausweichende Haltung auf den Punkt: »Handelt es sich um ein Problem, von dem sie meinen, sie *müssten* etwas daran tun, oder wäre es vielleicht besser, eine Zeitlang einfach damit zu leben?«[8]

Diejenigen, die die Frage der Bestrafung umgehen wollen, tendieren dazu, die Bedeutung schlechten Benehmens von Kindern herunterzuspielen. »Das ist nur so eine Phase«, ist die übliche Antwort der Leitartikel in den Elternzeitschriften. Diese Zeitschriften führen immer wieder das Argument an, kindlicher Widerstand gegenüber elterlicher Autorität sei etwas ganz Normales. Sie behaupten ganz richtig, Kinder hätten das Bedürfnis, ihre Grenzen auszutesten und ihre Freiheit zu behaupten. Doch anstatt Eltern zu ermutigen, eine gescheite Antwort auf Trotzreaktionen zu finden und die Grenzen akzeptablen Verhaltens aufrechtzuerhalten, rät man Eltern, nicht übertrieben zu reagieren. »Kinder können für Aufforderungen ihrer Eltern erstaunlich taub sein, besonders, wenn sie in vorgetäuschtes Spiel vertieft sind«, berichtet Professor Thomas G. Power von der University of Houston. Powers liefert mit seiner Feststellung, Trotz sei oft »nichts weiter als ein Ausdruck für die Schwierigkeiten eines Kindes, den mentalen Übergang von einer Handlung zur nächsten zu schaffen«, ein Argument zur Vermeidung der Frage der Disziplinierung. Die Behauptung, Trotz sei eher »eine Phase in der Entwicklung des Kindes« denn ein negatives Verhalten, ist nichts anderes als eine Aufforderung zur Trägheit.[9]

Kindlicher Ungehorsam wird nicht nur dadurch salonfähig gemacht, dass man ihn einfach als »Phase« verharmlost, sondern auch dadurch, dass man ihm ein medizinisches Etikett aufpappt. In den vergangenen Jahren haben wir die Entdeckung einer ganzen Reihe »versteckter Syndrome« miterlebt, die Kinder angeblich quälen. Die *Attention deficit hyperactivy disorder* («Zuwendungsdefizit-Hyperaktivitätsstörung«, abgekürzt ADHD) ist nun das neueste Syndrom, das in den Medien für Schlagzeilen sorgt. ADHD manifestiert sich in zahlreichen Symptomen, die ohne medizinische Diagnose einfach als schlechtes Benehmen missbilligt würden: Konzentrationsunfähigkeit, Faulheit, Unlenkbarkeit. Es scheint, als biete die Entdeckung neuer kindlicher Störungen manchen Eltern eine willkommene Entschuldigung für das schlechte Benehmen ihrer Kinder oder ihre schwachen Leistungen in der Schule: »Sie ist nicht ungezogen, sie ist krank.« Die Zahl der Eltern, die erwarten, dass man bei ihrem Kind ADHD oder eine andere Störung diagnostiziert, ist sprunghaft angestiegen. In einigen Gebieten der Vereinigten Staaten wurden bei 50-75 Prozent aller Kinder, die an Kinderneurologen oder Verhaltenspsychologen für Kinder überwiesen wurden, ADHD festgestellt. Angeblich sollen 10-20 Prozent aller schulpflichtigen Kinder in den USA von dieser Störung betroffen sein. In Großbritannien geht man von einer Rate von 1,7 Prozent bei Jungen im Grundschulalter aus. Doch angesichts der gegenwärtigen Trends in Amerika ist es nur eine Frage der Zeit, wann auch bei uns die Zahlen erheblich steigen.

Die Bereitschaft der Eltern, ein medizinisches Etikett für die schlechten Angewohnheiten und die Ungezogenheit ihrer Kinder zu akzeptieren, zeigt, dass die meisten Mütter und Väter ihre Hilflosigkeit gegenüber ihren Kindern sehr wohl spüren. Die meisten Eltern haben seit geraumer Zeit die »Spaßmoral« assimiliert, die von den Angehörigen der sozialen und pädagogischen Berufe Mitte des vergangenen Jahrhunderts propagiert wurde. Auch die Aufforderung, mit ihren Kindern zu verhandeln und vernünftig zu argumentieren, anstatt sie zu bestrafen, haben Eltern in einem erstaunlichen Ausmaß verinnerlicht. Natürlich möchten wir alle unsere Kinder in einer Atmosphäre großziehen, die frei von Einschüchterungen ist. Doch Eltern haben oft einfach keine Ahnung, was sie tun sollen, wenn das Kind auf freundliche Aufforderungen nicht reagiert. »Konsequent sein«, lautet die vernünftige Lösung, die die meisten Kindererziehungs-Ratgeber dafür anbieten. Aber leider ist es schwer, konsequent zu sein, wenn es mit der Durchsetzung elterlicher Autorität nicht klappt. Und wenn sie nur dauernd zu hören bekommen, sie sollten ihre Kinder immer fest im Griff haben, dabei aber möglichst nicht auf Bestrafung zurückgreifen, ist es kein Wunder, dass viele Eltern das Gefühl haben, sie hätten überhaupt keine Kontrolle mehr über ihren Nachwuchs.

Die Diskussion um die Prügelstrafe, oder: Wie um den heißen Brei herumgeredet wird

Das Für und Wider der körperlichen Bestrafung ist momentan das kontroverseste Thema auf dem Gebiet der Kindererziehung. Besonders in den USA und in Großbritannien bringt die Debatte um die Prügelstrafe die Gemüter in Wallung. Die Gegner der körperlichen Bestrafung stellen sie als eine Form von Kindesmisshandlung dar, die langfristig gewalttätiges Verhalten auslösen kann. Die Kampagne gegen das Schlagen von Kindern hat mittlerweile bei einigen Fachleuten die Dimensionen eines moralischen Kreuzzugs angenommen. Sie haben Lobbys installiert, um juristische Sanktionen gegen Eltern durchzusetzen, die ihr Kind schlagen. Ihre Kampagne hat Meinungsmacher und Politiker sehr wirkungsvoll beeinflusst. Ohne Ausnahme übernehmen die Medien die Ansichten der Anti-Prügel-Kreuzritter und gestalten ihre Berichte so, dass Schlagen als eine Form antiquierten und brutalen Verhaltens erscheint.

Es gibt nur wenige vehemente Verteidiger der Prügelstrafe. Die meisten ihrer Verfechter schlagen leise Töne an in der Furcht, man könne sie als brutale Befürworter von Kindesmisshandlung geißeln. Das einzige Hindernis, das dem Anti-Prügel-Kreuzzug im Weg steht, ist die Praxis einer großen Elternmehrheit. Umfragen in Großbritannien und den USA lassen darauf schließen, dass die Mehrheit der Eltern körperliche Bestrafung bis heute dafür einsetzt, das Benehmen ihrer Kinder zu regulieren. Anti-Prügel-Aktivisten haben deshalb erkannt, dass ihre wichtigste Aufgabe in der Änderung des Verhaltens der Eltern liegt. Ein Leitartikel im *British Medical Journal* rief zu einer »öffentlichen Kampagne« auf, die Eltern dazu erziehen sollte, ihre Kinder nicht zu schlagen.[10] Engagierte Gruppierungen wie die NSPCC benutzen ebenfalls Fortbildungsprogramme für Eltern, um sie in ihrem Sinne zu beeinflussen.

Bei näherer Betrachtung wird deutlich, dass es bei dieser Kampagne nicht allein um die Frage geht, ob Schlagen vertretbar sei oder nicht. Einige ihrer führenden Vertreter sind nämlich bezeichnenderweise gegen jede Form der Bestrafung. Sie glauben, dass Eltern, die auf Liebesentzug als Alternative zum Schlagen zurückgreifen, ein Kind damit sogar noch mehr verletzen können. Bestrafungen, die dazu dienten, dass sich Kinder dumm oder würdelos vorkommen, seien genauso ineffektiv und emotional verletzend wie körperliche Strafen. »Liebesentzug wird häufig als Alternative zu Körperstrafen eingesetzt, doch nach Meinung vieler Psychologen kann diese Form der Strafe schädlicher sein als eine körperliche Bestrafung«, lautet der Kommentar von Frances Hamcock in der Zeitschrift *Nursery World*.[11] Solche Hinweise auf seelische Schäden deuten darauf hin, dass wahrscheinlich bald alle strengen Disziplinierungsmethoden wegen der Verletzungen, die sie bei Kindern hinterlassen, verurteilt werden.

Das unausgesprochene Ziel der Kampagne gegen die Prügelstrafe ist die Einschränkung der elterlichen Autorität. Wie bereits an anderer Stelle bemerkt, wird dieses Projekt von der Überzeugung getragen, Eltern und Kinder hätten gegensätzliche Interessen. Penelope Leach vertritt redegewandt diesen Standpunkt, wenn sie ihren Lesern rät, aufzuhören, über das Benehmen eines Kindes in Begriffen wie »Gehorsam« und »Ungehorsam« zu denken. Leach glaubt, das, was Eltern als einen Akt des Ungehorsams interpretierten, sei im Grunde eine Manifestation der eigenen, charakteristischen Interessen eines Kindes. Wenn ein Kind sich weigert, zu Bett zu gehen, so sagt sie, verursache nicht sein Ungehorsam die Probleme, sondern der zugrunde liegende Interessenkonflikt.[12] Aus dieser Perspektive heraus betrachtet, besteht der richtige Weg immer darin, eine Lösung auszuhandeln und niemals darin, das Kind zu bestrafen.

Die Debatte um die Prügelstrafe ist im Grunde ein Ergebnis unserer Orientierungslosigkeit in Bezug auf die Frage, was es heißt, erwachsen und Mutter oder Vater zu sein. Sie stellt die Frage nach der Grenze, welche die Kindheit vom Erwachsensein trennt, und auch nach der Legitimität elterlicher Autorität. Leider werden in der Debatte jedoch diese weiter reichenden Fragen umgangen und die Scheinwerfer unsinnigerweise auf eine einzige Disziplinierungstechnik gerichtet. Dies hat zu einer starken Polarisierung geführt. In einer solchen Diskussion erliegen beide Seiten oftmals der Versuchung, sich einseitiger und irreführender Argumente zu bedienen. In Amerika publizierten Gary und Anne Marie Ezzo mehrere Bücher, in denen sie sich dafür aussprachen, erst 18 Monate alte Kleinkinder als angemessene Strafe für Unartigsein zu schlagen. Sie glauben, eine körperliche Bestrafung besitze inhärente Vorteile für die Kindererziehung. Gegner der Prügelstrafe, zu denen die meisten Angehörigen der Pädagogenzunft gehören, nehmen eine diametral entgegengesetzte Haltung ein und verurteilen diese Praxis als Misshandlung, die aller Wahrscheinlichkeit nach langfristig schädliche Folgen für das Kind hat.[13] In einer solchen Atmosphäre der Hysterie und moralischen Entrüstung fällt es den Eltern schwer, ihre eigenen Regeln zur Disziplinierung ihrer Kinder zu finden.

Aber was wissen wir denn eigentlich genau über die langfristigen Folgen, die die Prügelstrafe für Kinder nach sich zieht? Die Gegner der Prügelstrafe verweisen auf wissenschaftliche Forschungen, die schlüssige Beweise dafür geliefert hätten, dass Schlagen langfristige negative Auswirkungen auf das Verhalten von Kindern habe. Eine der stärksten Behauptungen findet man in einer neueren Veröffentlichung von Penelope Leach, *The Physical Punishment of Children: Some Input from Recent Research*. Leach schreibt, anerkannte wissenschaftliche Forschungen hätten ergeben, dass Kinder um so aggressiver, instabiler und asozialer würden, je mehr man sie schlage. Es lägen Beweise dafür vor, dass Schlagen sogar zu kriminellem Verhalten Jugendlicher und Erwachsener führen könne. Um ihre Argumente zu stützen, bezieht sich Leach wiederholt auf Untersuchungen von Murray Strauss, einem amerikanischen Veteranen im Kampf gegen die Prügelstrafe. Allerdings gibt die Arbeit von Strauss wesentlich weniger her, als die Behauptungen Leachs vermuten lassen. Strauss räumt ein, dass die Beweise, die gegen das Schlagen ins Feld geführt werden, »nicht absolut schlüssig« seien, wirft jedoch die Frage auf, ob es ethisch vertretbar und verantwortungsvoll sei, Eltern zum Schlagen ihrer Kinder zu raten. Strauss ist der Meinung, das sei es nicht – aber nicht etwa aufgrund wissenschaftlicher Forschungsergebnisse, sondern aus moralischen Gründen.[14]

Amerikanische Gegner der körperlichen Bestrafung geben häufig mit entwaffnender Offenheit zu, dass es noch weiterer Forschungen bedürfe, um ihren Standpunkt zu untermauern. Irwyn Hyman schlug 1996 im Rahmen einer Ärztetagung der American Academy of Pediatrics vor, eine Kampagne auf Basis der »bestätigenden Forschung« zu starten, bei der man Brocken wissenschaftlicher Forschungsergebnisse zu Propagandazwecken benutzen würde, um die Einstellung der Öffentlichkeit zu ändern. Sein Kollege Leonard Eron bat das Publikum dringend, den Mut aufzubringen, seine Überzeugungen über ein notwendiges Verbot der Prügelstrafe weiterhin zu vertreten, egal wie der Stand der Forschungen aussehe. »Wie viele Beweise brauchen wir, und wie schlüssig müssen diese Beweise sein, bevor wir handeln können?«, fragte er. Andere Ärzte, die bei dieser Tagung zugegen waren, wahrten hingegen ein gewisses Maß an Objektivität. Nachdem sie die Beweise, beziehungsweise das Fehlen der Beweise, zur Kenntnis genommen hatten, weigerte sich die Mehrheit der anwesenden Ärzte und Psychologen, die Prügelstrafe rundheraus abzulehnen.[15]

Andererseits gibt es Beweise dafür, dass Schlagen in manchen Situationen eine effektive Erziehungsmethode ist. 1996 veröffentlichte der Psychologe Robert Larzelere eine umfassende Übersicht über den derzeitigen Forschungsstand zu diesem Thema. Er wertete die 35 exaktesten empirischen Studien aus und zog den Schluss, es gebe keine überzeugenden Beweise dafür, dass nicht-missbräuchliches Schlagen, wie es typischerweise von Eltern angewendet wird, Kinder schädige. Larzelere kam bei seiner Untersuchung außerdem zu der Überzeugung, keine andere Disziplinierungsmethode – inklusive Time-Out und der Entzug von Privilegien – sei effektiver als Schlagen, um Kinder unter dreizehn Jahren zum Gehorchen zu bringen. Larzeleres Untersuchung wird von der Arbeit Diana Baumrinds, Psychologin an der University of California in Berkeley, unterstützt. Baumrind, die das Konzept der autoritativen Erziehung wieder aufgegriffen und neu interpretiert hat, vertritt die Meinung, die Debatte über die Prügelstrafe stelle Bestrafung und vernünftiges Argumentieren zu Unrecht als einander entgegengesetzt gegenüber. Sie behauptet, autoritative Eltern seien warmherzig, konsequent und aufmerksam, und in diesem Zusammenhang habe ein gelegentlicher Klaps keinerlei langfristige schädliche Auswirkungen.[16]

Baumrinds Ansatz liefert überzeugende Argumente im Kampf um die Prügelstrafe. Das hauptsächliche Verdienst ihrer Arbeit liegt darin, dass sie den *Kontext* berücksichtigt, in dem Disziplinierung sich abspielt. Sie erklärt, dass Disziplinarmaßnahmen dann Wirkung zeigen, wenn Kinder begreifen, dass sie berechtigt sind. Im Kontext einer herzlichen und offenen Beziehung können Kinder die Verhängung einer strengen Strafe verstehen und sogar eine gelegentliche Ohrfeige akzeptieren. Natürlich kann jede Form der Bestrafung unerwartete negative Folgen haben. Doch ein solches Ergebnis hat weniger mit der Form der Bestrafung zu tun als vielmehr mit der Qualität der spezifischen Eltern-Kind-Beziehung.

Leider wird in der aufgeladenen Atmosphäre, die dieses Thema umgibt, der vernünftige Ansatz von Baumrind gern übersehen. Die Gegner der Prügelstrafe definieren Schlagen schlicht als Gewalt gegen Kinder und machen geltend, Gewalt könne nur zu mehr Gewalt führen und müsse daher gestoppt werden. Natürlich ist das Argument, Gewalt bringe neue Gewalt hervor, nicht so leicht vom Tisch zu fegen. Und wer wird schon ernsthaft der Gewalt positive Seiten abgewinnen? Allerdings ist die Gleichsetzung von Schlagen mit Gewalttätigkeit ein rhetorischer Trick, der dazu dient, diese Form der Bestrafung in einen engen Zusammenhang mit Kindesmisshandlung zu bringen. Doch Eltern, die ihren Kindern gelegentlich eine Ohrfeige verpassen, verhalten sich mitnichten gewalttätig. Gewalt stellt den Einsatz von Körperkraft mit dem Ziel dar, jemanden zu verletzen oder zu misshandeln. Liebevolle Eltern, die mit einem Klaps auf absichtlich ungehorsames Verhalten ihrer Kinder reagieren, verhalten sich daher nicht gewalttätig.

Die Unfähigkeit, rohe Gewalt von fürsorglicher Disziplinierung seitens der Eltern zu unterscheiden, sagt mehr etwas über die Ansichten der Gegner der Prügelstrafe aus als über reale Mütter und Väter. Die Gegner des Schlagens vertreten nämlich implizit die Auffassung, Kindesmissbrauch durch die Eltern sei eher die Norm als eine seltene Ausnahme. Das Thema Prügelstrafe dient ihnen als Vorwand für eine Kampagne gegen die Ausübung elterlicher Autorität, die sie grundsätzlich als potenziell schädlich für Kinder betrachten.

Sind autoritäre Eltern unbeherrscht?

Wie auch immer die Debatte um die Prügelstrafe ausgehen mag – die Auswirkungen werden nicht hilfreich sein für die Eltern-Kind-Beziehung. Der ganze Rummel um die Prügelstrafe hat das Problem, um das es wirklich geht, in den Hintergrund gedrängt. Für die meisten Eltern dreht sich die eigentliche Frage nämlich nicht um das Schlagen, sondern darum, wie sie das Leben ihrer Kinder regulieren sollen. Sie sind sich der Tatsache bewusst, dass es ihre Aufgabe ist, die Entwicklung ihrer Kinder zu steuern, haben aber kaum eine Ahnung, wie sie dieses Ziel erreichen können. Eltern bekommen ständig zu hören, was an den verschiedenen disziplinarischen Maßnahmen falsch ist, doch sie bekommen keinen konkreten Hinweis darauf, was denn nun richtig sei. Sie werden dazu gedrängt, positive Erziehungsmethoden anzuwenden, aber die entsprechenden Ratschläge bestehen leider nur in den banalen Anweisungen, konsequent und einfühlsam zu handeln. Die Methoden, die von den Verfechtern der Erziehung durch positive Verstärkung propagiert werden, beschränken sich darauf, dass brave Kinder zu belohnen seien. Kinder für gutes Benehmen zu loben, ist ein wichtiger Bestandteil einfühlsamer Erziehung, doch es hilft denjenigen Eltern wenig, die wissen möchten, was sie tun sollen, wenn ihr Kind sich schlecht benimmt. Kinder verhalten sich ganz unterschiedlich. Manchmal verwandelt sich das brave Vorzeigekind plötzlich in ein destruktives kleines Monster, das zu seinem eigenen Besten gebremst werden muss. Es gibt eine Zeit zum Belohnen und eine Zeit zum Bestrafen. Der eindimensionale Ansatz der Disziplinierungsstrategie, die auf positiver Verstärkung beruht, gibt Eltern kein Mittel in die Hand, mit schlechtem Benehmen fertig zu werden.

»Kämpfen Sie nicht um alles.« – »Das ist nur so eine Phase.« – »Es ist Ihr Problem, nicht das Ihres Kindes.« – »Der Trotz Ihres Kindes ist nur Ausdruck seines Wunsches nach Aufmerksamkeit.« – »Es ist besser, schlechtes Benehmen zu ignorieren, als es durch Aufmerksamkeit zu belohnen.« – »Finden Sie einen Kompromiss.« – »Bringen Sie Ihre Gefühle rüber.« Die meisten Ratschläge fordern dazu auf, inkonsequent zu sein und die Anwendung elterlicher Autorität zu vermeiden.

Eltern führen oft ein regelrecht schizophrenes Leben. Sie machen sich Sorgen über die Auswirkungen, die ihre Disziplinierungsmaßnahmen auf ihre Kinder haben, befürchten aber andererseits, die Kontrolle zu verlieren, wenn sie sie nicht bestrafen. Zahlreiche Charakteristika der Eltern-Paranoia – der Einsatz von technischen Überwachungsmöglichkeiten, um die Kinder zu beaufsichtigen, das Verbot, draußen zu spielen, die permanente Beaufsichtigung durch Erwachsene – stellen eine Form der Kontrolle dar, die das Problem der Disziplinierung verlagert und in eine Sicherheitsfrage umwandelt. Eltern, die ihrem Kind aus lauter Verunsicherung noch nicht einmal ein weiteres Stück Schokolade abschlagen können, haben andererseits kein Problem damit, ihm das Spielen im Park zusammen mit seinen Freunden zu verbieten. Das Leben der Kinder nach Maßgabe von Sicherheitserwägungen zu regulieren, wird ohne Diskussion als Akt lobenswerten Elternverhaltens betrachtet. Die übertriebene Reaktion auf die Risiken, denen Kinder ausgesetzt sind, erlaubt es den Eltern nämlich, die Kontrolle aufrechtzuerhalten, ohne besondere Autorität auszuüben. Diese exzessiven Eingriffe in das Leben der Kinder sind der Preis, den die Kleinen für die Probleme bezahlen, die Erwachsene damit haben, ihre Elternrolle zu bewältigen.

Empfehlungen voller Widersprüche und Voreingenommenheit – da ist guter Rat teuer

Ansichten über Kindererziehung sind stets untrennbar mit der persönlichen Weltanschauung verknüpft. Der fehlende Konsens in Bezug auf den »richtigen« Erziehungsansatz spiegelt sich daher in den Debatten über »Familienwerte«, Ehe, Zusammenleben und allein erziehende Eltern wider. Die Menschen werden von Unsicherheit und Selbstzweifeln geplagt, und Bräuche und Traditionen, die früher als gegeben betrachtet wurden, verlieren allmählich ihre Bedeutung. Mütter und Väter glauben, dass die Art und Weise, wie ihre eigenen Eltern sie großgezogen haben, kaum noch als Vorbild für die moderne Kindererziehung taugt. Veränderungen in der Stellung der Frau und in den Beziehungen der Geschlechter haben auch dem Familienleben andere Konturen gegeben. Und damit neuartige Komplikationen für alle Beteiligten geschaffen, die die beträchtliche Last noch erhöhen, die ohnehin auf den Schultern der Eltern ruht.

Alles, was mit Kindererziehung zu tun hat, scheint Fragen aufzuwerfen, nichts ist sicher, nichts kann als selbstverständlich betrachtet werden. Infolgedessen kann fast jeder Aspekt eine Kontroverse auslösen. Doch Kontroversen sind das Letzte, was wir gebrauchen können, wenn wir mit den alltäglichen Belastungen des Familienlebens kämpfen. Schlimmer noch: Viele Eltern, denen es sowieso an Selbstvertrauen mangelt, bekommen auch noch das Gefühl, unter ständiger Beobachtung zu stehen. Da »Erziehungsfragen« so stark in den Mittelpunkt öffentlichen Interesses gerückt sind, sehen sich Eltern gezwungen, jede ihrer Handlungen Lehrern, Ärzten und anderen Fachleuten gegenüber zu rechtfertigen. Es überrascht nicht, dass Eltern, die sich so exponiert fühlen, Schwierigkeiten haben, Entscheidungen zu treffen, und nicht wissen, ob sie überhaupt in der Lage sind, alles richtig zu machen.

Eine Methode, wie Eltern diese Schwierigkeiten zu meistern versuchen, besteht darin, die Vorschriften der fachlichen Koryphäen zu befolgen. Doch leider wissen es die Fachleute selbst nicht immer besser, und häufig sind sie sogar genauso unsicher wie die Eltern selbst. Ihre Ratschläge »von der Stange« tragen daher nur wenig dazu bei, Eltern mit den praktischen Anleitungen zu versorgen, derer sie bedürfen.

Bei Null anfangen?

Während der letzten beiden Jahrhunderte waren die Vorstellungen von Kindererziehung einem kontinuierlichen Wandel unterworfen. Neue Erkenntnisse über Ernährung, die Gesundheit kleiner Kinder und die Erziehung haben gemeinsam mit einer Umwertung der Bedeutung der Familie und des Status ihrer Mitglieder zu einer grundlegenden Revolutionierung unseres Denkens über Kindererziehung und Elternschaft geführt. Auch die geographische und soziale Mobilität moderner Menschen hat neue Erziehungsansätze hervorgebracht. Eine erhebliche Anzahl frisch gebackener Mütter und Väter leben weit entfernt von ihrem Elternhaus und werden daher nicht mit der üblichen Flut an Ratschlägen überschüttet, die Verwandte sonst so freigebig verteilen. Infolgedessen ist die Wahrscheinlichkeit geringer, dass sie Erziehungsprinzipien ihrer Eltern auf die Erziehung ihres eigenen Kindes anwenden. Einige junge Eltern begrüßen die Abwesenheit neugieriger Verwandter; andere wiederum wünschten, sie hätten Zugang zu einer verlässlichen Quelle von Ratschlägen. In jedem Fall sind sie jedoch dazu gezwungen, ihre eigenen Regeln aufzustellen.

Familienhistorikern zufolge haben das insgesamt höhere Bildungsniveau sowie die Verbesserung des Bildungssystems einen bedeutenden Einfluss auf die Art und Weise ausgeübt, in der junge Männer und insbesondere junge Frauen ihre zukünftige Rolle als Eltern sehen. Junge, gebildete Erwachsene gehen davon aus, dass sie mehr wissen als ihre Väter und Mütter. Sie halten die Ansichten ihrer Eltern für altmodisch und meinen, sie würden sich in der modernen Welt einfach besser auskennen. Damit tut sich eine intellektuelle und emotionale Kluft zwischen den Generationen auf. Das ist soweit ganz normal und auch unvermeidlich, und solange die Menschen dazu bereit sind, aus den Erfahrungen der Vergangenheit zu lernen, fällt das Ergebnis normalerweise besser aus als vorher.

Sich gegen alte Gewohnheiten aufzulehnen muss ja nicht unbedingt heißen, »Familienratschläge« über Kindererziehung rundweg abzuschlagen. Zu Beginn des 20. Jahrhunderts tauchte jedoch eine neue Gruppe von Experten auf, die die Vorstellung verkündete, Ratschläge von Seiten der Familie seien grundsätzlich Unfug. Sie bestanden darauf, dass Erziehung eine Wissenschaft und viel zu wichtig sei, um sie unwissenden Müttern und Vätern zu überlassen. Obwohl Eltern bereits seit Tausenden von Jahren auch ohne die Hilfe wissenschaftlicher Autoritäten ihre Kinder großziehen, behaupteten diese Experten, ihre Wissenschaft vertrete eine wesentlich aufgeklärtere und wirkungsvollere Art der Kindererziehung. Die Autorin Susan Isaac schrieb 1929, sie sei entzückt, dass »Mütter und Krankenschwestern« begonnen hätten, »sich von reiner Gewohnheit und blinder Tradition« ab- und der Wissenschaft zuzuwenden. Sie erklärte, dass zahlreiche Praktiken, die jahrhundertelang als selbstverständlich galten, sich nach näherer Prüfung als falsch erwiesen hätten. Die Baby- und Kinderpflege müsse von nun an »auf wissenschaftlichen Erkenntnissen über Nahrung, Schlaf und Kleidung, die Auswirkungen von Licht und Luft und Möglichkeiten zur Krankheitsvorsorge« beruhen.[1]

In den 1950er Jahren war die Praxis, Eltern fachliche Ratschläge zu erteilen, bereits voll etabliert. Der erhebliche Einfluss von Kindererziehungs-Gurus veränderte die Familienkultur. Da man davon ausging, die Erziehungsmethoden würden jeweils den neuesten wissenschaftlichen Erkenntnissen angepasst, verlor die Ratgeberrolle von Familienmitgliedern an Bedeutung. »Amerikanische Eltern zum Beispiel gehen nicht davon aus, dass sie ihre Kinder genauso erziehen werden, wie sie selbst erzogen wurden, ebenso wenig, wie sie in dem Haus wohnen wollten, in dem sie aufgewachsen sind oder Lust hätten, im alten Auto ihrer Eltern herumzufahren«, beobachtete Wolfenstein in den 50er Jahren.[2] Ähnliche Vorstellungen wurden auch in Großbritannien publiziert.

Doch die ablehnende Haltung, die man vor fünfzig Jahren gegenüber althergebrachten Erziehungstraditionen einnahm, hatte eine andere Qualität als die von heute. Damals berührte der Widerstand junger Erwachsener gegen die Kindererziehungsmethoden ihrer Eltern nur selten grundlegende Fragen zu moralischen Werten und Grundsätzen. Im Großen und Ganzen akzeptierten sie das geistige und moralische Wertesystem ihrer Väter und Mütter, strebten aber danach, es in der Kindererziehung besser zu machen als die vorherige Generation. »Sie hoffen, dass sie ihre Kinder besser großziehen, als ihre Eltern sie selbst erzogen haben«, beschrieb Martha Wolfenstein die Einstellung der jungen Erwachsenen.[3] Während dieser Periode relativen wirtschaftlichen Wohlstands blickte man auch mit einer positiven Erwartung in die Zukunft. Neue wirtschaftliche Möglichkeiten und Bildungschancen bedeuteten, dass das Leben junger Mütter und Väter ganz anders verlaufen würde als das ihrer Eltern und sie daher wiederum viel mehr für ihre Kinder würden tun können.

Inzwischen sieht die Sache ganz anders aus. Die Generation junger Erwachsener, über die Martha Wolfenstein schrieb, wollte ihre Kinder *besser* erziehen. Heutzutage dagegen werden junge Erwachsene nicht so sehr dazu ermutigt, die Dinge zu verbessern, als vielmehr, sie *anders* zu machen. Traditionelle Werte haben heute eine geringere Bedeutung.

Filme, Romane, Dokumentationen und andere Medien legen neuerdings gern den Nachdruck auf die so genannte dunkle Seite der Familie. Eltern früherer Generationen werden häufig als emotional unterentwickelte Leute dargestellt, die entweder bewusst oder unbewusst ihre Kinder geschädigt haben. Während klugen Eltern immer seltener öffentliche Anerkennung gezollt wird, hat sich eine ganze Sparte von Autoren dem Aufdecken von destruktiven Verhaltensweisen brutaler Eltern verschrieben. Negative Stereotypen traditioneller Kindererziehungspraktiken sind in Elternzeitschriften weit verbreitet und beeinflussen die Praxis und das Denken professioneller Experten.

Wann immer ein problematischer Aspekt der Kindererziehung ins Scheinwerferlicht der Öffentlichkeit gerät, wird er unweigerlich als Überbleibsel der schlechten Angewohnheiten früherer Generationen etikettiert. Eines der Standardargumente der Gegner der Prügelstrafe lautet zum Beispiel, Eltern würden ihre Kinder schlagen, weil ihre eigenen Eltern sie geschlagen hätten. »Warum schlagen wir überhaupt?«, wurde in einem Sonderbeitrag in *Practical Parenting* gefragt. »Wir empfinden Schlagen als sinnvoll, weil wir gesehen haben, dass es in unserer Elterngeneration gang und gäbe war, allerdings zu einer Zeit, als die Prügelstrafe noch als akzeptabel betrachtet wurde.«[4] Kindesmisshandlung wird ebenfalls regelmäßig mit einer Nachahmung des Verhaltens der eigenen Eltern erklärt, wohingegen positive Verhaltensformen äußerst selten auf die gleiche Weise abgeleitet werden. Auf die Frage etwa: »Warum lieben wir unsere Kinder?« können wir keineswegs die Antwort erwarten: »Weil unsere Eltern uns mit Liebe überschüttet haben.« Positives Elternverhalten wird den Einflüssen unserer aufgeklärten Gesellschaft zugeschrieben, während man negatives Handeln unseren Eltern zur Last legt.

Das Denken der Experten ist von der Prämisse geprägt, Erziehungsmethoden aus der Vergangenheit sollten gemieden werden wie die Pest. Fortbildungsprogramme für Eltern sowie einschlägige Publikationen ermuntern ihre Zielgruppe, sich von dem Modell abzuwenden, das ihre inkompetenten Mütter und Väter ihnen vorgelebt haben. Eine Zeitschrift mit dem Titel *Get Ready*, Bestandteil des Werbepakets, das die Firma *Bounty* schwangeren Frauen schenkt, lässt sich keine Gelegenheit entgehen, einen Keil zwischen die schwangere Leserin und ihre Familie sowie ihre Freunde zu treiben: »Freunde und Verwandte, denen Sie vertrauen, sind wahrscheinlich Ihre ersten Ansprechpartner, wenn Sie Rat und Hilfe brauchen, doch die Zeiten haben sich geändert, und es ist sinnvoll, sich seine eigenen Gedanken darüber zu machen, was es bedeutet, Eltern zu sein und für jede Generation einen neuen Erziehungsansatz zu wählen.«[5]

»Wenn Sie das Gefühl haben, dass Ihre eigene Mutter oder Ihr eigener Vater ihre Aufgabe als Eltern nicht besonders gut gemeistert haben«, rät *Get Ready*, »sorgen Sie sich vielleicht, dass Sie dieselben Fehler machen könnten.« Diese Anspielung auf die Inkompetenz der eigenen Eltern ist nur das Vorspiel; danach wird der Tonfall drohender. »Wenn man ein Baby bekommt, kann dies starke Erinnerungen an die eigene Kindheit mit sich bringen«, warnt *Get Ready*. Es wird zwar eingeräumt, dass die meisten Menschen glückliche Erinnerungen an ihre Kindheit haben, aber dann kommt man doch schnell auf den Punkt: »Falls es keine glücklichen Erinnerungen sind, ist es sehr wichtig, sich Unterstützung zu suchen und jemanden mit einem offenen Ohr zu finden, dem Sie vertrauen und dem Sie Sympathie entgegenbringen.« Sollten Sie sich immer noch nicht angesprochen fühlen, wird Ihnen geraten, darüber nachzudenken, ob Sie »heute ganz und gar damit einverstanden sind, wie Sie als Kind erzogen wurden«. Das Nachdenken kann nur zu einem Ergebnis führen: »Nein!«, da niemand wirklich mit allem einverstanden sein kann, was seine Eltern taten. Nachdem die Zeitschrift alles getan hat, um die schwangere Leserin von ihren Eltern zu distanzieren, hält *Get Ready* ein Trostpflästerchen für die alten Eltern bereit: »Denken Sie daran, dass sich die Erziehungsmethoden verändert haben und Ihre Eltern es vermutlich so gut gemacht haben, wie sie eben konnten«, wird gönnerhaft festgestellt und sofort anschließend vorgeschlagen: »Wenn möglich, reden Sie miteinander und versuchen Sie, einen Teil dieser Dinge mit Ihren Eltern aufzuarbeiten.«

Der plumpe Versuch, den *Get Ready* unternimmt, beruht auf der Annahme, frühere negative Erfahrungen mit den Eltern seien für die heutigen Probleme mit den eigenen Kindern verantwortlich. Fortbildungsprogramme für Eltern drängen ihre Teilnehmer dazu, kritisch über das Verhalten ihrer Eltern nachzudenken und die schlechten Angewohnheiten abzulegen, die sie von ihnen gelernt haben. Dieser Ansatz wird inzwischen auch von Erziehungsratgebern propagiert. »Denken Sie daran zurück, wie Sie mit Ihren eigenen Eltern kommuniziert haben«, rät *Raising Happy Children*, und die Autoren fragen: »Hatten Sie das Gefühl, dass sie Ihnen zuhörten und Sie Dinge, die Sie beunruhigten, ängstigten oder auch interessierten, äußern konnten?«[6] Auf diese Fragen folgen sieben weitere, ähnliche, die rhetorisch so verpackt sind, dass sie eine negative Antwort erzwingen. Die Leserin oder den Leser emotional von ihren Eltern zu distanzieren scheint das Ziel zahlreicher Handbücher für Kindererziehung zu sein.

Die Verurteilung der Eltern von gestern ist derzeit ein immer wiederkehrendes Thema und beeinflusst die Diskussion über Kindererziehung. Die konkreten Konsequenzen daraus sind nicht so recht ersichtlich. Die meisten Mütter und Väter holen sich auch heute noch Ratschläge von ihren Eltern und wenden einige ihrer Kenntnisse und Praktiken an. Doch mehr denn je wird ihnen das Gefühl vermittelt, dass diesen Ratschlägen nicht mehr so recht zu trauen sei. Es ist fast so, als müssten sie bei Null anfangen. Zahlreiche Eltern ziehen daher auch Fachleute zu Rate und lesen viel über Kindererziehung. Manche der Informationen, die sie so bekommen, sind durchaus nützlich und helfen ihnen dabei, vernünftige Entscheidungen zu treffen. In vielen Fällen sind die einander widersprechenden Ratschläge von Experten aber auch die Ursache von noch mehr Zweifeln und Orientierungslosigkeit.

Verwirrende Regeln und widersprüchliche Ratschläge

Ratschläge über Elternschaft und Kindererziehung sind stets von den moralischen und kulturellen Werten der jeweiligen Epoche geprägt. Experten für Kindererziehung, Kummerkastentanten und andere öffentliche Informationsquellen liefern oft getreue Abbilder der vorherrschenden moralischen Atmosphäre. Wer Lust hat, sich einmal die zahlreichen Ausgaben von Dr. Spocks Buch *Säuglings- und Kinderpflege* anzusehen, wird erstaunt zur Kenntnis nehmen, wie exakt diese Autorität auf dem Gebiet der Kindererziehung die wechselnden Geisteshaltungen der damaligen Zeit widerspiegelte. In den 60er Jahren wetterte Spock gegen Mütter, die einem Beruf nachgingen. In den 70ern, als die Akzeptanz gegenüber berufstätigen Müttern größer geworden war, nahm auch Spock eine positivere Haltung an. 1991 wurde Spock Veganer, was sich prompt in der nächsten Ausgabe seines Handbuchs niederschlug. »Wir wissen heute, dass der Verzehr von Fleisch schädliche Auswirkungen haben kann«, bemerkte er und erklärte zudem, nach der Vollendung des zweiten Lebensjahrs empfehle er keine Gabe von Milchprodukten mehr.[7]

Ein mangelnder Konsens über die Regeln und Werte, die das Familienleben beeinflussen, bringt es mit sich, dass Ratschläge für Eltern sehr großen Veränderungen unterworfen sein können. Als meine Frau

1995 unseren Sohn zur Welt brachte, stand ich zum Beispiel unter dem starken gesellschaftlichen Druck, bei der Geburt dabei zu sein. Mir wurde gesagt, dies sei eine grundlegende Erfahrung, die mich meinem Baby und meiner Partnerin näher bringen würde. Ein paar Jahre später erklärte einer der weltweit anerkanntesten Geburts-Gurus, Michel Odent, dass man Männer aus dem Kreißsaal fernhalten sollte, weil sie Frauen bei den Mühen der Geburt doch nur hinderlich wären. Der National Childbirth Trust, der vorher Männer dazu ermutigt hatte, die Geburt ihres Kindes mitzuerleben, erklärte, Odents Argumentation »könne etwas für sich haben«.[8]

Ratschläge zur Kindererziehung sind schon immer mit der Zeit gegangen. Doch heute ändern sie sich schneller denn je. Manchmal wird ein Ratschlag, der mit wissenschaftlicher Autorität geäußert wurde, schon nach wenigen Monaten widerrufen. Zum Beispiel informierte man Eltern im Mai 1999 darüber, dass kleine Kinder, die bei brennendem Licht schlafen, ein viel höheres Risiko hätten, später kurzsichtig zu werden. Und man empfahl den Eltern, die Nachtleuchten aus den Kinderzimmern zu entfernen. Diese neue Quelle der Besorgnis eliminierten jedoch im März 2000 veröffentlichte Forschungsergebnissen die bewiesen, dass ein Nachtlicht im Kinderzimmer dem Augenlicht der Kinder keineswegs schade.[9] Im Oktober 1999 publizierte die britische Presse Forschungsergebnisse, nach denen Kinder angeblich weniger Allergien, Asthma und Hautekzeme entwickelten, wenn sie mit Tieren auf dem Bauernhof und reichlich Dreck in Berührung kämen. Einige Monate später, nachdem herausgekommen war, dass sich ein Kind bei einem Ausflug zu einem Bauernhof mit Kolibakterien infiziert hatte, machten es sich einige Sicherheitsfachleute zur Aufgabe, Eltern vor den Infektionsgefahren zu warnen, die auf die Kinder bei einem Bauernhofbesuch lauerten.[10]

Ratschläge, die zunächst mit großer Überzeugungskraft verkündet werden, erweisen sich nur wenige Jahre später nicht nur als überflüssig, sondern geradezu als gefährlich. Heutzutage gehört es zu den Pflichten eines verantwortungsvollen Bibliothekars, alte Handbücher über Kindererziehung zu verbrennen. »Titel über Kindererziehung, die zeitgenössische Bedingungen, moderne wissenschaftliche Informationen und aktuelle ergänzende Literatur nicht diskutieren oder zumindest erwähnen, haben viel von ihrem ursprünglichen Wert verloren und sollten aus den Regalen aussortiert werden«, warnt ein Artikel im *Library Journal*. Kathryn Carpenter, die Autorin dieses Artikels, erklärte, einige Ratschläge in älteren Texten – etwa den, kleinen Kindern Honig zu geben oder Kinder weinen zu lassen, anstatt ihre Bedürfnisse postwendend zu befriedigen – könnten »Gefahr für Leib und Leben« mit sich bringen.[11]

Der mangelnde Konsens über Regeln und Werte zeigt sich schon im Fehlen einer anerkannten Autorität auf dem Gebiet der Kindererziehung. Heute gibt es keine kompetente Einzelperson oder führende Autorität vom Kaliber und dem Einfluss eines Dr. Spock mehr. Der Einfluss von Kindererziehungs-Gurus wie dem Amerikaner T. Berry Brazelton oder von Penelope Leach zum Beispiel sind nicht mit dem von Dr. Spock vergleichbar, einem Mann, dessen Wirken eine ganze Generation geprägt hat. Heute neigen Eltern vielmehr dazu, sich ratsuchend an denjenigen zu wenden, der ihre speziellen Werte und Interessen verkörpert. Dr. Hugh Jollys *Book of Childcare* zum Beispiel passt gut zu durchschnittlichen, traditionellen Eltern. Feministisch geprägte Mütter finden Dr. Miriam Stoppard möglicherweise attraktiver. Ob ehrgeizige Supereltern, allein erziehende Mütter, einsame Väter oder Öko-Eltern – für jeden gibt es den passenden Ratgeber.

Führende Autoritäten ändern ständig ihre Meinung, erteilen widersprüchliche Ratschläge und geraten sich manchmal öffentlich in die Haare. Als Dr. Spock Eltern riet, ihren Kleinen kein Fleisch zu geben und Milchprodukte zu meiden, sagte T. Berry Brazelton der *New York Times* gegenüber, dies sei »absolut verrückt«, da die Kinder die in Fleisch und Milch enthaltenen Proteine und das Kalzium bräuchten. Penelope Leach bezeichnete Gary und Anne-Marie Ezzo als »höchst gefährliche Leute«, deren strenge Erziehungsmethoden eine Form des Kindesmissbrauchs darstellten. Die Ezzos wiederum kritisierten ihrerseits Leach für ihren »unmoralischen« Einfluss auf das Familienleben. Öffentliche Auseinandersetzungen um die Erziehung zur Sauberkeit, Betreuungsarrangements und *quality time* geben deutliche Hinweise darauf, dass Ratschläge zur Kindererziehung selbst eine Quelle für Kontroversen darstellen. Streitigkeiten zwischen verschiedenen Kinderspezialisten haben manchmal allerdings weniger mit dem Inhalt ihrer Theorien als vielmehr mit dem Wetteifern um Status und Glaubwürdigkeit zu tun. Trotzdem spiegeln ihre gegensätzlichen Meinungen immer auch miteinander konkurrierende moralische Standpunkte in Bezug auf die Kindererziehung wider.

Dies ist beispielsweise bei der Diskussion über das Für und Wider der Berufstätigkeit von Müttern der Fall. Im Laufe des vergangenen Jahrhunderts beruhte die Kritik an der Berufstätigkeit von Müttern auf der Sorge über ihre Auswirkungen auf das Familienleben. Auch heute noch betrachten manche konservativen Kritiker die Erwerbstätigkeit von Müttern als Ursache der Zerrüttung der Familie. Von ihrem Standpunkt aus schaden diese Mütter dem ehelichen Verhältnis und versagen bei der Erfüllung ihrer Mutterpflichten. Diese Ansicht basiert auf der Überzeugung, der Platz einer Frau sei im Haus und ihre wichtigste Rolle sei die der Hausfrau und liebenden Mutter. Nun hat jeder prinzipiell das Recht auf seine eigene Meinung und eine eigene Weltanschauung. Doch anstatt sich öffentlich zu dieser Überzeugung zu bekennen, verstecken sich die Gegner der Berufstätigkeit von Müttern leider hinter der Wissenschaft und hinter Ratgebern.

Fast die ganzen 50er und 60er Jahre hindurch propagierten Fachleute für Kindererziehung den Gedanken, Kinder unter drei Jahren seien auf die ständige Anwesenheit der Mutter angewiesen. Allen voran Dr. Spock, der erklärte, eine Berufstätigkeit der Mutter vor dem dritten Lebensjahr ihrer Kinder könne schädliche Auswirkungen haben. Man glaubte, Kinder, die in eine Kindertagesstätte gegeben würden, litten an einem emotionalen Defizit und erhielten außerdem viel zu wenig Förderung. Zudem wurden Mütter davor gewarnt, es würde die Eltern-Kind-Beziehung dauerhaft schwächen, wenn sie ihr Kleines der Obhut anderer überließen. Dieser Ansatz, den Scarr und Dunn als »Hausmütterchen-Psychologie« belächelten, dominierte die Kindererziehungsliteratur bis in die späten 70er Jahre hinein. Da hatte die Zahl der berufstätigen Mütter mittlerweile so stark zugenommen, dass es schwer fiel, eine solch einseitige Verurteilung aufrechtzuerhalten. Als sich die öffentliche Meinung zu ändern begann, kamen liberale und feministische Erziehungsexperten zum Zuge und versicherten, eine Berufstätigkeit der Mutter habe überaus viele Vorteile für das Familienleben. Selbst Autoren, die diese Praxis vorher verurteilt hatten, änderten ihre Meinung. Spock gab seine frühere Voreingenommenheit öffentlich zu und schrieb nun, beide Eltern hätten das Recht auf eine Karriere, wenn sie es wünschten. Kathryn Youngs Übersicht über die gesammelten Weisheiten zur mütterlichen Berufstätigkeit, die in der amerikanischen Zeitung *Parent* erschienen waren, bestätigt diesen Umschwung von der Ablehnung zur Akzeptanz. In den späten 70er Jahren informierten die Leitartikel die Leser schließlich darüber, die Qualität der Beziehung zwischen Mutter und Kleinkind spiele zwar eine wichtige, aber nicht die ausschließliche Rolle für das spätere emotionale Gleichgewicht des Kindes.[12]

Die aus reinem Pragmatismus resultierende Akzeptanz der Berufstätigkeit von Müttern bedeutete, dass die traditionelle Familienmoral nicht mehr länger in ihrer reinen Form vertreten werden konnte. Also feuerten ihre Gegner eine neue Breitseite auf die erwerbstätigen Mütter ab, diesmal geladen mit Munition aus Forschung und Wissenschaft. Sie unterstellten, Kinder, die in Kindertagesstätten betreut würden, entwickelten einen niedrigeren IQ oder zeigten später schlechtere Leistungen in der Schule. Bis heute beharren sie darauf, Kindertagesstätten oder auch eine Tagesmutter seien schädlich für Kinder. »Wenn Sie wollen, dass sich Ihre Babys und Kleinkinder zu gesunden, leistungsfähigen, angepassten und produktiven Erwachsenen entwickeln, muss eine Ersatzbetreuung der Kinder nicht nur als minderwertig, sondern sogar als schädlich betrachtet werden«, behauptet Allan Carlson, ein amerikanischer Kritiker dessen, was er das »Trojanische Pferd der Kindertagesstätten-Betreuung« nennt. Carlson glaubt, es könne zur Zerrüttung des Familienlebens führen, wenn man seine Kinder in Kindertagesstätten betreuen ließe. Doch anstatt sich offen zu seinem ideologisch geprägten Standpunkt zu bekennen, versteckt er sich hinter angeblich wissenschaftlichen Ratschlägen und Forschungen über Kindererziehung.[13]

Leider tendieren auch Befürworter der Berufstätigkeit von Müttern dazu, sich der gleichen trickreichen Methode zu bedienen. Anstatt sich einfach für das Recht der Frauen einzusetzen, ebenso wie die Männer eine berufliche Karriere anzustreben, rechtfertigen sie ihre Meinung häufig über die Kindesentwicklung. Sie argumentieren, die Kinder profitierten von einer professionellen Betreuung. Sie zitieren Studien, in denen behauptet wird, dass amerikanische Kinder, die Kindertagesstätten besucht hätten, gegenüber Kindern, die keine solche Betreuung gehabt hätten, fünfmal weniger gefährdet wären, später straffällig zu werden. Manche Feministinnen wiederum versuchen, die Aufmerksamkeit von der abwesenden Mutter abzulenken, indem sie mit dem Finger auf den abwesenden Vater zeigen. So vertreten zahlreiche Autoren die Meinung, die Art, wie der Vater sich um die Kinder kümmere, habe signifikante Auswirkungen auf die intellektuelle und emotionale Entwicklung eines Kindes. »Was und wie häufig Jungen lesen, wird durch das Leseverhalten ihrer Väter zu Hause beeinflusst«, behauptet ein Autor in *Parents*. Die Publikation *Baby's First Year* (Das erste Jahr Ihres Kindes), herausgegeben von der NSPCC, machte die erstaunliche Feststellung, Babys lächelten früher und häufiger, wenn ihre Väter sich mit ihnen beschäftigten, und wenn die Kinder älter würden, hätten sie insgesamt weniger Probleme. Ratschläge, die heutzutage die Beteiligung des Vaters an der Kinderpflege propagieren, sind nichts als die Kehrseite des Ansatzes, der vor dreißig Jahren die ständige mütterliche Zuwendung forderte. Man hat einfach den Schwerpunkt von den Müttern auf die Väter verschoben. Delegierte, die im November ein Seminar des Innenministeriums besuchten, bekamen zu hören, dass bei Jungen, die keinen Kontakt zu ihren Vätern hätten, eine größere Gefahr bestehe, später gewalttätig, neurotisch und auffällig in der Schule zu werden. Verfechter der These des väterlichen *bondings* konnten zwar keinen kausalen Zusammenhang zwischen abwesenden Vätern und geschädigten Kindern nachweisen. Doch dieser Mangel hielt sie nicht davon ab, diese These weiterhin mit Überzeugung zu vertreten.[14]

Gegen eine offene und intelligente Auseinandersetzung mit Fragen der Moral, die sich auf das Familienleben beziehen, oder auch mit der Rolle von Müttern und Vätern ist ja an sich nichts einzuwenden. Doch wenn Moraldebatten die Kindererziehung als Vehikel benutzen, vergrößern sie nur die Konfusion. Schlimmer noch: Wenn hinter den Ratschlägen damit ganz unnötig oft ein bestimmtes ideologisches Konzept steckt, wird ein bestimmter praktischer Aspekt der Kindererziehung verkompliziert. Ein Beispiel dafür liefert die gegenwärtige Diskussion über das Stillen: Stillen wirft viele praktische Probleme auf, besonders für berufstätige Mütter. Doch indem man diese Frage als Waffe in einem moralischen Kreuzzug schwenkt, macht man es Müttern so gut wie unmöglich, eine vernünftig begründete Entscheidung für oder wider das Stillen zu treffen.

Im zwanzigsten Jahrhundert wurde lange Zeit das Stillen zumeist mit der Begründung propagiert, es sei von wesentlicher Bedeutung für das *bonding* zwischen Mutter und Kind sowie für das emotionale Wohlergehen eines Säuglings. Die steigende Rate berufstätiger Frauen führte jedoch zu einer Veränderung dieser Position. In den 70er Jahren bestand dann Konsens darüber, dass auch die Flaschennahrung eine gute Alternative sei; trotzdem sprachen sich Experten aber wegen der vermeintlichen emotionalen Vorteile für das Kind immer noch für das Stillen aus. In dieser Zeit haben sich zahlreiche Mütter für das Fläschchengeben entschieden, obwohl sie dabei manchmal ein schlechtes Gewissen hatten und bangten, sie würden sich womöglich »unnatürlich« verhalten.[15]

In den vergangenen Jahren haben Umweltprobleme, die Verseuchung der Nahrung und eine neue Hinwendung zur »Natürlichkeit« zu dem Appell geführt, Babys seien unbedingt zu stillen. Experten für Kindererziehung betrachten das Stillen außerdem als eine wichtige Erfahrung, die Mütter ihren Kindern näher bringt. Tatsächlich gibt es gute Argumente dafür, sich aus gesundheitlichen Gründen für das Stillen zu entscheiden, zumindest während der ersten drei Lebensmonate eines Kindes. Doch leider werden die gesundheitlichen Argumente im Zusammenhang mit dem Stillen inzwischen so stark politisiert, dass es schwierig geworden ist, diese Praxis einfach nur als eine alltägliche Ernährungsfrage zu betrachten.

Wie berechtigt die positiven Argumente auch immer sein mögen: Der Kreuzzug für das Stillen erreicht bisweilen eine schrille Tonlage. Publikationen über Kinderpflege hauen immer in die gleiche Kerbe.

Die Artikel tragen Überschriften wie »Brust oder Flasche?« – doch anstatt den Frauen dabei zu helfen, eine klare Entscheidung zu treffen, lautet die Botschaft grundsätzlich, die Flasche sei die schlechtere Wahl, und nur verantwortungslose Mütter würden sie bevorzugen. »Sie allein müssen entscheiden, wie Sie Ihr Baby füttern möchten«, stellt ein Journalist im *Baby Magazine* fest, nur um gleich anschließend darauf hinzuweisen, dass die »Vorzüge des Stillens« auf der Hand lägen. Ein anderer »Stillen oder Flasche?«-Leitartikel in der *Mother and Baby*-Ausgabe vom Mai 2000 feierte die Tatsache, dass die meisten der befragten Frauen ihre Babys stillten. Es wurde groß herausgestellt, dass 72 Prozent der Mütter ihrem Baby die Brust gaben. Als man sich den restlichen 28 Prozent zuwandte, hieß es in dem Artikel, die meisten dieser Frauen hätten »zunächst versucht (...), mit dem Stillen zurechtzukommen«. Ähnlich wie Rauchern, die vergeblich probiert hatten, aufzuhören, zollte man diesen erfolglosen Müttern wenigstens ein Minimum an Anerkennung.[16]

Frauen, die sich dazu entschlossen haben, ihrem Kind die Flasche zu geben, sehen sich einem Sperrfeuer der Propaganda ausgesetzt. »Was hindert Sie daran, Ihr Kind zu stillen?«, fragt *Prima Baby* verständnislos. Die Zeitschrift hält Müttern vor, Stillen sei »absolut natürlich« und schütze ihr Kind »vor vielen Krankheiten, von Asthma bis zu Diabetes«, trotzdem aber stillten viele Mütter nicht. *Prima Baby* hat eine deutliche Botschaft für Frauen in petto, die mit dem Stillen aufhören wollen: »Machen Sie weiter, wenn Sie können – halten Sie durch, und sowohl Sie als auch Ihr Baby werden davon profitieren.« Befürworter des Stillens graben immer neue Fakten aus, um ihre Ansichten zu untermauern. So stürzten sie sich auf eine Studie aus Neuseeland aus dem Jahr 1998, aus der hervorgeht, dass Kinder, die gestillt werden, intelligenter seien. Während des ganzen Sommers 1999 verkündete *Prima Baby* in einer Tour den Gleichklang von Stillen und »klugen Babys«. »Durch das Stillen wird der IQ Ihres Babys noch um ein paar Punkte steigen, weil Muttermilch mehr langkettige Fettsäuren enthält als Standard-Flaschennahrung«, so wurde enthüllt. *Parents* erklärte, Stillen könne dazu beitragen, das Risiko für »Taubheit bei Kindern in den ersten beiden Lebensjahren« zu vermindern.

Außerdem hieß es, Stillkinder stürben seltener am plötzlichen Kindstod und Stillen sei die beste Medizin gegen Probleme beim Zahnen, da es das Kind am effektivsten tröste. Schreckensnachrichten über Flaschennahrung komplettierten die positive Propaganda für das Stillen. Sowohl *Practical Parenting* als auch *Mother and Baby* warnten Mütter vor dem Risiko, ihre Babys zu verbrühen, wenn sie heißes Wasser benutzen. Solche Geschichten suggerieren, dass Verbrühungen häufig vorkämen, auch wenn die genannte Zahl von 23 Fällen innerhalb von drei Jahren diesem Eindruck klar widerspricht.[17]

1996 nutzten fanatische Verfechter des Stillens in Dundee ihren Einfluss auf besondere Art. Gesundheitsfürsorgern wurde verboten, werdenden Müttern beizubringen, wie man Flaschennahrung zubereitet, es sei denn, sie wurden ausdrücklich darum gebeten.

Zahlreiche Gesundheitsfachleute behaupten, das Zubereiten von Flaschennahrung in Geburtsvorbereitungskursen vermittle die falsche Einstellung. In den vergangenen Jahren war diese Kampagne zumindest inoffizielle Politik, die mit Vehemenz in ganz Großbritannien betrieben wurde. Im April 2000 bekannte sich schließlich auch die Regierung offiziell zu diesem Standpunkt und kündigte an, stillenden Müttern zehn Pfund pro Woche zusätzlich zukommen zu lassen.[18]

Die plumpen Kampagnen der Still-Lobby sind nicht nur aufdringlich und einschüchternd, sondern stürzen viele Frauen in völlig unnötige Sorgen. Zahlreiche Mütter haben sich darüber beschwert, dass es schwierig sei, an wirklich fundierte Informationen über die Ernährung mit der Flasche heranzukommen. Versuche, Informationen zu diesem Thema einzuholen, würden oft mit ungläubigen Blicken registriert, als wolle man ihnen zu verstehen geben, dass keine verantwortungsbewusste Mutter ihr Baby mit dem Fläschchen füttere. Viele junge Mütter werden dadurch völlig verunsichert, und noch schlimmer geht es den Frauen, die aus irgendwelchen Gründen gar nicht stillen können.

Indem man eine praktische Ernährungsfrage zu einem brisanten öffentlichen Diskussionsthema macht, vergrößert man die Unsicherheit der Eltern in Bezug auf die Ernährung ihrer Babys. Da die Ratschläge immer auf den allerneuesten Forschungsergebnissen basieren, sind sie jedoch vorläufig und widersprechen sich häufig. Wir wissen heute, dass jeder gesundheitliche Vorteil unweigerlich mit irgendeiner unerwarteten Nebenwirkung in Verbindung gebracht werden kann. Kein Wunder also, dass sogar Mütter, die stillen, regelmäßig mit Informationen konfrontiert werden, die dazu angetan sind, sie ernsthaft zu beunruhigen. Wie soll eine Mutter auf die Behauptung reagieren, sie flöße ihrem Kind womöglich mit der Muttermilch unwissentlich auch Umweltgifte ein? Sir Kenneth Calman, der Chief Medical Officer der Regierung, schätzte noch 1997 diese Gefahr als gering ein. Drei Jahre später jedoch berichtete eine niederländische Studie, dass die Muttermilch vieler europäischer Frauen Mengen von polychloriertem Biphenyl enthielten, die groß genug wären, um das Immunsystem eines Kindes zu schädigen. Die Autoren dieser Studie behaupteten, für die Babys dieser Mütter bestehe ein deutlich erhöhtes Risiko, sich später Windpocken, Ohrinfektionen und andere Krankheiten zuzuziehen. Auch wenn die Verfechter des Stillens diese Ergebnisse sofort anzweifelten, war hiermit ein neuer Anlass zu elterlicher Beunruhigung geboren.[19]

Ein ähnliches Dilemma steckt in der Frage, ob Eltern und Kinder in einem Bett schlafen dürfen. Die Befürworter des Stillens haben diese Praxis traditionell begrüßt, da sich bei dieser Form der Ernährung auch das gemeinsame Schlafen anbietet. Jedoch hat in den letzten Jahren eine Gruppe von Forschern behauptet, dass es möglicherweise einen Zusammenhang zwischen dem gemeinsamen Schlafen und dem plötzlichen Kindstod (SIDS) gebe.

Ob ein Baby im Bett der Eltern schläft, sollte als relativ unwichtige Frage betrachtet werden, die zu beantworten man am besten denen überlässt, die sie etwas angeht. Zusammen mit den Kindern in einem Bett zu schlafen oder ein Baby zu stillen klappt bei den einen gut, bei den anderen nicht. Doch anstatt es dabei zu belassen, droht diese Frage zu einem hoch brisanten Diskussionsgegenstand mit denselben moralischen Untertönen wie die Prügelstrafendebatte zu werden. Die Befürworter des gemeinsamen Schlafens tendieren dazu, mehr zu predigen als aufzuklären. Deborah Jacksons Buch *Three in a Bed: The Benefits of Sleeping with Your Baby* zählt viele gute Argumente zu diesem Thema auf. Doch anstatt sich einfach an die Vorteile zu halten, diffamiert Deborah Jackson Eltern, die nicht mit ihren Kindern in einem Bett schlafen, als moralisch unterlegen. Sie schildert die Praxis, ein Kind weinen zu lassen, anstatt es aus seinem Bettchen zu heben und mit ins Bett zu nehmen, als eine Form der Misshandlung. Die Gewohnheit, ein Kind in seinem Körbchen in einem eigenen Zimmer schlafen zu lassen, wird als »offensichtliche Ursache für kindliches Leid« angeprangert. Jackson droht berufstätigen Eltern, die nicht mit ihren Kindern in einem Bett schlafen, damit, dass solche auf Distanz gehaltenen Kinder womöglich mit einer engeren Beziehung zu ihren Tagesmüttern als zu ihren Eltern aufwachsen würden.[20]

Andere Experten der gleichen Fraktion behaupten gleichzeitig, im gleichen Bett zu schlafen sei essentiell für das Eltern-Kind-*bonding*. Diese unbewiesene Behauptung koppeln sie mit dem Argument, gemeinsam in einem Bett zu schlafen *verhindere* den plötzlichen Kindstod. In den frühen 1990er Jahren war der amerikanische Anthropologe James McKenna zu dem Schluss gekommen, dass die Praxis, mit seinem Baby in einem Bett zu schlafen, tatsächlich dazu beitragen könne, das Risiko des plötzlichen Kindstods zu vermindern. Von Verhinderung war nicht die Rede. Dennoch überzeugte dieses Argument zahlreiche Experten für Kindererziehung und veranlasste sie, das gemeinsame Schlafen in einem Bett zu propagieren. Mary Newburn, Leiterin für politische Forschung beim National Childbirth Trust (Nationale Stiftung für Geburt), erklärt, je näher sich ein Baby bei Erwachsenen aufhalte, desto sicherer sei es, weil Herzschlag und Atmung seiner Eltern seine eigenen Körperfunktionen stimulierten. Doch 1999 stellten Forschungen in Großbritannien und in den Vereinigten Staaten dieses Argument in Frage. Eine Folge davon war, dass die amerikanische Verbraucherschutzorganisation Federal Consumer Product Safety Commission warnend erklärte, das Schlafen in einem Bett berge die erhebliche Gefahr, das Kind versehentlich zu ersticken oder zu strangulieren. In Großbritannien rät die Foundation for the Study of Infant Deaths, eine Stiftung, die Todesfälle bei Babys und Kleinkindern untersucht, dass ein Baby grundsätzlich dann wieder in seine Wiege zurückgelegt werden soll, wenn die Eltern Alkohol getrunken oder Drogen genommen haben oder auch, wenn sie außergewöhnlich müde oder fettleibig sind. Inzwischen sind die Meinungen zu diesem Thema geteilt, und die Eltern müssen zusehen, wie sie damit zurechtkommen.[21]

Da die Debatte über das gemeinsame Schlafen in einem Bett zum Gegenstand konkurrierender geistiger und moralischer Anschauungen geworden ist, wird leicht die Tatsache übersehen, dass wir im Grunde überhaupt nicht wissen, welche Risiken mit dem Schlafen in einem Bett beziehungsweise in getrennten Räumen verbunden sind, sofern überhaupt welche bestehen. Es ist bisher nämlich noch niemandem gelungen, irgendeinen kausalen Zusammenhang zwischen den Schlafgewohnheiten einer Familie und der Häufigkeit des plötzlichen Kindstodes festzustellen. Genau wie beim Stillen schüren eher ideologische Überzeugungen als praktische Überlegungen die Kontroverse. Fragen der Sexualmoral spielen eine große Rolle. So machen sich zahlreiche Gegner des Schlafens in einem Bett, etwa Spock und Brazelton, Gedanken über die Auswirkungen elterlicher Nacktheit sowie über die Möglichkeit, das Kind könne seine Eltern beim Sex erleben. Andere wieder fragen sich beunruhigt, ob vielleicht ödipale Konflikte dadurch verschlimmert werden könnten. Die Befürworter des Schlafens in einem Bett wiederum nehmen den Standpunkt ein, diese Praxis sei natürlich und von eminenter Bedeutung für die kindliche Entwicklung.

Allzu oft stecken nichts als Meinungen, Spekulationen und Vorurteile hinter den scheinbar verlässlichen Ratschlägen. Den Eltern werden solche Ratschläge immer in Form von Entscheidungsfragen dargeboten. Immer sollen sie selbst entscheiden, was das Beste für sie sei. Ständig betonen die Ratgeber, dass sie sich natürlich nicht anmaßen könnten, den Eltern Patentrezepte zu liefern. Die ersten Worte in Dr. Spocks Werk sind: »Haben Sie Vertrauen zu sich selbst.« Aber das ist leider alles nur wohlfeile Rhetorik. Man lässt Eltern keineswegs eine echte Wahl. Die Ratschläge tragen stets den Charakter von Vorschriften und deuten in den allermeisten Fällen an, man solle sich tunlichst an diese Empfehlungen halten, weil sonst …

Was schließen wir also daraus? Ist es sinnvoll, die Frage zu stellen: »Was wissen Erziehungsgurus wirklich?« Und was genau wissen wir eigentlich über den Einfluss von Erziehung auf Kinder? Für die Eltern, die an der Antwort auf diese Frage interessiert sind, gibt es eine gute und eine schlechte Nachricht. Die schlechte Nachricht ist, dass die meisten Ratschläge auf Spekulation und nicht auf wissenschaftlichen Erkenntnissen beruhen. Kurzum: Wir wissen nur sehr wenig über die Auswirkungen des Elternverhaltens auf die Kinder. Die gute Nachricht, die *wirklich* gute Nachricht besteht darin, dass Eltern vermutlich genauso viel über ihre Kinder wissen wie alle anderen. Und da Ratgeber über Kindererziehung im Grunde so wenig Ahnung haben, können wir sie also ebenso gut ignorieren und uns auf unser Gefühl verlassen.

Dogmatismus unter dem Deckmäntelchen der Wissenschaft

Ratschläge zur Kindererziehung werden üblicherweise so präsentiert, als beruhten sie auf dem neuesten Forschungsstand. Unterstützt von der Autorität der Wissenschaft, üben Experten wie Dr. Spock oder Penelope Leach einen erheblichen Einfluss auf die Art und Weise aus, wie Eltern sich ihren Kindern gegenüber verhalten. Ihre Ansichten werden nicht nur als weise Worte, sondern als unumstößliche Fakten behandelt, die auf exakten wissenschaftlichen Erkenntnissen beruhen. Doch das Problem besteht nicht nur darin, dass unsere Kenntnisse unvollständig sind, sondern auch darin, dass Kindererziehung einfach nicht auf wissenschaftliche Fakten reduziert werden kann. Sie setzt eine einzigartige Beziehung voraus, die sich nicht in eine allgemeingültige Formel pressen lässt.

Forschungen zur Kindererziehung werden in besonderem Maße von vorherrschenden moralischen und kulturellen Ansichten geprägt. Diese Ansichten beeinflussen auch den Experten und die Art, wie er Informationen auswählt und präsentiert. Nicht zuletzt sind ja auch sie Produkt ihrer eigenen Erfahrungen als Kinder, Jugendliche, Familienmitglieder, Väter und Mütter. Diese persönlichen Umstände formen zwangsläufig ihre Einstellungen und beeinflussen häufig die Qualität und die Richtung ihrer Ratschläge. Diese basieren also im Großen und Ganzen auf einer Kombination von gesundem Menschenverstand, eigenen Meinungen und Erkenntnissen aus der Wissenschaft, interpretiert durch das Prisma gegenwärtiger moralischer Werte.

Die teilweise heftige Kritik, die die modernen Erziehungsexperten an den früheren Ratschlägen für Eltern äußern, hindert sie nicht daran, sich selbst zu schmeicheln, ihr Rat sei zuverlässig, objektiv und über jeden Vorwurf erhaben. Dass auch ihren Ratschlägen immer wieder mit »neuesten Erkenntnissen« widersprochen wird, irritiert sie kaum. Auf dem Gebiet der Psychologie wimmelt es von neuen Eltern-Pathologien, die man als wichtige Entdeckungen anpreist, nur um sie ein paar Jahre später als Unsinn abzutun. In den 50er Jahren wurden beispielsweise schizophrene und gefühlskalte Mütter für ihre autistischen Kinder verantwortlich gemacht. Die 60er wiederum waren das Jahrzehnt des »mütterlichen Liebesentzugs«, als man berufstätigen Müttern vorwarf, ihren Kindern irreparable emotionale Schäden zuzufügen. Mittlerweile sind diese Behauptungen längst diskreditiert – stattdessen haben Psychologen neue Problemlagen konstruiert, so zum Beispiel die Bindungsstörung.

Bei näherer Betrachtung der Literatur über Kindererziehung zeigt sich, dass die Verfechter bestimmter Erziehungsmethoden ständig ihre Argumentation von der Wissenschaft weg und hin zu dem verlagern, was sie als gesunden Menschenverstand bezeichnen. Schauen wir uns einmal die Diskussion über die Erkenntnisse auf dem Gebiet der Entwicklungspsychologie an, die aus der Hirnforschung gewonnen wurden. Ein Leitartikel in der *Newsweek* verkündete begeistert: »Exakte Wissenschaft bestätigt, was kluge Eltern schon seit jeher instinktiv wussten: Kleine Kinder brauchen viel Zeit und Zuwendung von den wichtigsten Erwachsenen in ihrem Leben.«[22] Wie schön. Aber Skepsis ist angebracht. Denn die Erfahrung zeigt, dass in den Fällen, wo Wissenschaft dazu benutzt wird, eine spekulative Behauptung zu legitimieren, fast immer auch das gefunden wird, was man sucht.

Überhaupt legen Befürworter bestimmter Erziehungsmethoden häufig eine beunruhigend zweckgerichtete Einstellung zu Forschung und Wissenschaft an den Tag. Beispielsweise begrüßten viele Verfechter des Kindheits-Determinismus Forschungsarbeiten, deren Ergebnisse angeblich darauf hinwiesen, dass das Hören klassischer Musik einen erheblichen Effekt auf die intellektuelle Entwicklung kleiner Kinder habe. »Wir wussten seit jeher, dass Musik gut ist für Kinder, doch nun beweisen Forschungen, dass Musik sogar eine sehr bedeutende Rolle spielt«, begeisterte sich Elizabeth Stilwell, die Direktorin des Zentrums für frühkindliche Studien an der Cornell Universität. Erst recht die Musiklehrer ergriff helle Begeisterung. Ein Artikel in der Zeitschrift *Teaching Music* stellte fest, dass »die langfristigen Auswirkungen auf die öffentliche Meinung in Bezug auf Musik und Unterricht eine günstige Veränderung für uns alle« zur Folge haben würden. Wobei mit »uns alle« die Musiklehrer gemeint waren. Als der so genannte Mozart-Effekt durch neuere Forschungsergebnisse in Frage gestellt wurde, änderten seine Verfechter sofort den Tonfall. Nun befanden sie plötzlich, dass die positiven Auswirkungen des Musikhörens so evident seien, dass es nichts ausmache, wenn ihre Behauptungen nicht von wissenschaftlichen Erkenntnissen gestützt würden. Einer von ihnen schrieb im *Time Magazine*, zwar basiere die ganze Sache vielleicht nicht unbedingt auf »exakten neurowissenschaftlichen Forschungen«, sei aber dennoch »uneingeschränkt empfehlenswert«. Wenn es der Sache dient, ist Wissenschaft der Weisheit letzter Schluss – wenn nicht, wird sie als irrelevant abgetan.[23]

Da die Autorität Wissenschaft den Meinungen der Fachleute Glaubwürdigkeit verleiht, beruft man sich in Ratschlägen ständig auf sie. Es ist üblich geworden, Formulierungen wie »wissenschaftliche Untersuchungen haben ergeben …« zu benutzen. Wer behauptet, Liebe fördere die Intelligenz oder Kinder entwickelten sich rascher, wenn sie in ihren ersten Lebensjahren systematisch gefördert würden, beruft sich gern auf Erkenntnisse aus der Hirnforschung. In Wirklichkeit aber gibt es gar keine echten Beweise für solche Behauptungen. Die Ratschläge, die angeblich auf den Erkenntnissen der Hirnforschung beruhen, sind noch genau dieselben, die von den Verfechtern des Kindheits-Determinismus bereits vor zwanzig oder dreißig Jahren ins Feld geführt wurden; man hat sie einfach nur in den Sprachgebrauch der Hirnforscher verpackt.

Scharlatane, die wissen, dass sich mit der Berufung auf die Wissenschaft bares Geld verdienen lässt, manipulieren manchmal den Hunger der Eltern nach harten Fakten auf diese Weise. Doch in den meisten Fällen ist nicht Unehrlichkeit der Grund dafür, dass Fachleute die Autorität der Wissenschaft missbrauchen. Es ist wohl eher so, dass sie nicht in der Lage sind, ihre Meinung von dem, was die Forschung wirklich hergibt, zu unterscheiden. Untersuchungen der Literatur über Kindererziehung bestätigen, dass die darin verbreiteten Informationen nur wenig mit den Erkenntnissen seriöser Wissenschaft zu tun haben.[24]

Wir müssen verstehen lernen, dass man die Berichte in den Medien über Forschungsergebnisse nicht mit echten wissenschaftlichen Erkenntnissen gleichsetzen kann.

Es gibt gute Gründe dafür, dass Forschungen über Elternverhalten und Familienleben so unzuverlässig sind. Vor dreißig Jahren sagte Michael Anderson, Herausgeber des viel zitierten Leitfadens *Sociology of the Family*, jeder Soziologe wisse eigentlich von vornherein viel zu viel über das, was er untersuchen solle.[25] Das Ganze wird noch dadurch verkompliziert, dass derzeit gültige kulturelle Werte die Fragestellungen der Forscher beeinflussen, mit denen sie an ihre Arbeit herangehen. Das prägte zum Beispiel – wie bereits dargestellt – die Erforschung der Auswirkungen mütterlicher Berufstätigkeit auf Kinder.

Nachdem die Diskussion zu diesem Thema über Jahrzehnte hinweg hin- und herschwappte, kommen in einer wichtigen Studie zwei neuseeländische Akademiker, John Horwood und David Fergusson, letztendlich zu dem Schluss, dass die Frage: »Ist die Beteiligung von Müttern am Arbeitsprozess schädlich oder vorteilhaft?« vielleicht einfach falsch gestellt sein könne. Sie vertreten die Ansicht, man müsse im Zusammenhang mit diesem Thema Muster im Familienleben, Kinderbetreuung und Unterstützung für Familien erforschen, da genau diese dazu beitrügen, dass mütterliche Berufstätigkeit entweder schädliche oder positive Effekte habe.[26]

Erst vor kurzem haben Psychologen begonnen, den Gedanken populär zu machen, dass Kinder in hohem Maße befähigt sind, ihre eigene Entwicklung zu beeinflussen. Auch Soziologen äußerten während der letzten zwanzig Jahre Zweifel, ob der Einfluss der Eltern auf die Entwicklung des Kindes wirklich der wichtigste von allen sei. Der Mangel an Beweisen für irgendeine signifikante direkte Beziehung zwischen dem Verhalten der Eltern und dem ihrer Kinder hat einige Soziologen dazu bewogen, nach anderen Einflüssen zu suchen, insbesondere nach dem anderer Kinder.[27] Leider hat sich die Familienforschung bisher noch nicht ernsthaft mit dieser Erkenntnis befasst und ist weiterhin von der Ideologie des Eltern-Determinismus geprägt.

Doch selbst mit bestem Willen betrieben steht die Erziehungswissenschaft immer vor beträchtlichen Schwierigkeiten. Wie sich Kinder entwickeln, wird nur zum Teil vom Verhalten ihrer Eltern beeinflusst. Kinder wachsen auf in einem dichten Netzwerk von sozialen, kulturellen, umweltbedingten, ökonomischen und familiären Beziehungen. Forschungsergebnisse beziehen sich jeweils nur auf bestimmte menschliche Gesellschaften, Kulturen und soziale Gegebenheiten. Erkenntnisse aus Forschungen in Slowenien treffen nicht unbedingt auch auf die Erfahrungen von Kindern in Wales zu. Das betrifft auch Vergleiche innerhalb einer Gesellschaft. Zum Beispiel ist es schwierig, die Vorteile des Stillens zu beweisen, weil schon die untersuchten Milieus nicht ohne Weiteres miteinander verglichen werden können. So wird das Stillen im Mittelstand häufiger praktiziert als von Müttern aus dem Arbeitermilieu. Die angeblichen Vor- oder Nachteile dieser Praxis könnten also durchaus auch auf Unterschieden bezüglich soziokultureller Faktoren und auf anderen Variablen beruhen. Da so viele Faktoren und Komponenten im Spiel sind, ist es unmöglich, den Einfluss der Eltern auf die kindliche Entwicklung isoliert zu betrachten. Je älter die Kinder werden, um so größer und komplexer werden die Einflüsse, die auf sie einwirken. Freundeskreise, Bildungsniveau, die Annehmlichkeiten, welche die Gemeinschaft bietet, und, am wichtigsten von allem, die eigene Rolle des Kindes bei der Gestaltung seines Lebens gewinnen da an Bedeutung.

Seriöse Forscher sind normalerweise vorsichtig und ziehen nicht so schnell drastische und übereilte Schlüsse. Objektive Forschung erfordert, dass ihre Erkenntnisse durch andere Forscher mit derselben Versuchsanordnung überprüft werden können.[28] Die Geschichte der

Familienforschung ist jedoch eine der unüberprüfbaren Resultate. Manchmal liegt es an den unterschiedlichen Methoden bei der Sammlung von Daten, doch in den meisten Fällen eher daran, dass Erziehung so vielen unvorhersehbaren und unerklärliche Einflüssen unterworfen ist und daher im Grunde niemals zum Gegenstand exakter wissenschaftlicher Forschung werden kann. Deshalb versteigen sich renommierte Wissenschaftler nur selten zu der Behauptung, es gebe eine kausale Beziehung zwischen dem Verhalten der Eltern und dem ihrer Kinder. Erziehungsexperten und Pädagogen erlegen sich jedoch nur selten diese Beschränkung auf und vermitteln eher den Eindruck, wir wüssten über die Macht von Müttern und Vätern viel mehr, als die Forschung letztendlich hergibt.

Die meisten Projekte, die angeblich die Kindererziehung zum Gegenstand haben, sollte man daher besser auch als *nachweisende Forschung* etikettieren. Nachweisende Forschung hat nicht zum Ziel, etwas Neues herauszufinden, sondern sie strebt danach, die öffentliche Meinung zu beeinflussen. Wenn sie von der Annahme ausgeht, etwas Bestimmtes sei gut und richtig, versucht sie mit allen Mitteln, Argumente herbeizuschaffen, die genau das demonstrieren, um so die Zweifel des Publikums zu zerstreuen. Aktivisten, die gegen die Prügelstrafe kämpfen, setzen sie ein, um Eltern und Politiker dazu zu veranlassen, das Schlagen zu ächten. Kinderschutzorganisationen publizieren Umfrageergebnisse und Berichte, um Aufmerksamkeit für ihr Anliegen zu wecken. Wenn die NSPCC einen Bericht veröffentlicht, in dem behauptet wird, möglicherweise würden bis zu eine Million Kinder in Großbritannien misshandelt, will sie die Öffentlichkeit beeinflussen und sich selbst profilieren. An und für sich ist an dieser Art Forschung nichts Anrüchiges. Sie hat eine lange und ehrenvolle Tradition bei der Klärung sozialer Fragen vorzuweisen. Doch es ist wichtig, im Kopf zu behalten, dass derart fallorientierte Untersuchungen tendenziell in den Bereich der Propaganda gehören und nicht in den der Vermittlung wissenschaftlicher Wahrheiten. Eltern müssen sich bewusst sein, dass die meisten Untersuchungen zu Erziehungsproblemen das Produkt vorgefasster Meinungen sind und sich der Wissenschaft nur bedienen.

Moralische Verunsicherung

Wie bereits ausgeführt, sind Ratschläge für Eltern und Forschungen auf dem Gebiet der Kindererziehung von moralischen und kulturellen Werten und Grundsätzen geprägt – Werte und Grundsätze, über die allerdings kein Konsens besteht. Wir leben folglich in einer Ära der moralischen Verunsicherung, was die Konkurrenz zwischen verschiedenen moralischen Geisteshaltungen begünstigt. An den Debatten über »Familienwerte«, allein erziehende Eltern, die Rolle von Frauen und Männern, Homosexualität und elterliche Verantwortung sind konkurrierende moralische Grundsätze abzulesen. Verunsicherung und Unübersichtlichkeit fördern die Neigung, sich für simplifizierte Lösungen zu entscheiden. »Bessere Leistungen seitens der Eltern« zu fordern, ist so eine simple Antwort auf unsere fehlende Gewissheit, wie wir unsere alltäglichen Aufgaben bewältigen sollen. Wie einfach das ist: Wir Eltern müssen nur effektiver werden. Mag sein, dass wir uns nicht ganz im Klaren darüber sind, wie wir unsere Kinder großziehen wollen und welche Regeln und Werte wir ihnen mitgeben möchten; auf jeden Fall können wir ihnen größere Aufmerksamkeit zuteil werden lassen. Vielleicht sind wir uns unsicher, wie wir unseren Kindern eine positive Sichtweise von einer Welt, die in Ordnung ist, vermitteln sollen, aber wir können immerhin viel Zeit in die Beaufsichtigung ihres Tuns investieren, damit sie nicht in irgendwelche Schwierigkeiten geraten. Ob das der richtige Weg ist, muss bezweifelt werden: Kinder brauchen zwar eine Menge von ihren Eltern, doch in den meisten britischen Familien gibt es eine Sache, die sie garantiert nicht brauchen: mehr Beaufsichtigung.

Paranoide Eltern sind ganz normale Leute, die den Preis für das Versagen der Gesellschaft bezahlen, die ihnen keine verbindliche moralische Perspektive zu bieten hat, nach der sie ihr Leben ausrichten können. Weil eine solche Leitlinie fehlt, bemühen sich Mütter und Väter, ein gewisses Maß an Kontrolle über ihre missliche Lage zu behalten, indem sie zu Supereltern werden. Wie wir im folgenden Kapitel sehen werden, nützt dies aber nicht etwa den Müttern und Vätern, sondern nur den Experten für Kindererziehung.

Professionelle Ratschläge und das Abbröckeln der elterlichen Autorität

Angefangen bei der Regierung werden alle, die sich an der Debatte über Kindererziehung beteiligen, nicht müde zu betonen, dass Eltern und Familien Unterstützung bräuchten. Eltern brauchen in der Tat Unterstützung, aber nicht die Art, wie sie ihnen in den meisten Fällen angeboten wird. Nützlich wäre eine vernünftige Form der Kinderbetreuung, und wir alle brauchen eine kinderfreundliche Gesellschaft. Doch in erster Linie müssen wir als Eltern sicher sein können, dass die Entscheidungen, die wir im Hinblick auf die Zukunft unserer Kinder treffen, von der Gesellschaft unterstützt und nicht torpediert werden. Leider ist jedoch der Ausdruck »Unterstützung« häufig nur ein Euphemismus dafür, den Eltern Ratschläge und Seminare andrehen zu wollen, um sie mit Fähigkeiten auszustatten, die ihnen angeblich fehlen.

Die Einmischung der Fachleute ins Familienleben hat in hohem Maße dazu beigetragen, die Eltern-Paranoia zu konsolidieren. Obwohl die Experten es gut meinen, stellen sie die Autorität der Eltern ständig in Frage. Schon allein ihre Existenz wirkt als deutlicher Hinweis auf die Inkompetenz der Eltern. Die Spezialisten behaupten, die Interessen der Kinder und Familien zu vertreten, und das mag auch durchaus ihre Intention sein. Doch gleichgültig, wie ehrenwert ihre Absichten auch sein mögen: Die meisten Fachleute vertreten vor allem ihre eigenen Interessen, und dabei stellt die Erziehungs- und Kinderschutzbranche keine Ausnahme dar. Es nützt ihnen und ihrer Profession, wenn sie neue Krisen ausfindig machen, für die eine Lösung gefunden werden muss, oder wenn sie die Probleme, die mit der Kindererziehung verknüpft sind, dramatisieren. Durch die Einmischung von Fachleuten werden Eltern als unfähige Amateure auf ihre Plätze verwiesen, wodurch Mütter und Väter immer mehr das Vertrauen in ihre eigenen Fähigkeiten verlieren. Zu allem Überfluss machen Experten die Eltern teilweise sogar selbst für die Probleme verantwortlich, die ihnen Kopfzerbrechen bereiten.

Wie steigert man die Nachfrage nach »Unterstützung«?

Im vergangenen Jahrzehnt gab es eine groß angelegte Kampagne, mit dem Ziel, die britische Öffentlichkeit davon zu überzeugen, dass Mütter und Väter unbedingt die Unterstützung von Fachleuten für Kindererziehung bräuchten. Eltern, die schockierende Untersuchungsberichte über verschiedene Aspekte des Familienlebens lesen, vermögen oft nicht zu erkennen, dass das, was sie für objektive Studien halten, in Wirklichkeit Public-Relations-Kampagnen sind. Dabei ist es eine Tatsache, dass einige der am weitesten verbreiteten Untersuchungen über Kindererziehung explizit dazu ausersehen waren, einen Bedarf an Kindererziehungs-Fachleuten zu schaffen. Nehmen wir einmal den Umfragebericht, den die Wohlfahrtsorganisation Barnardo's im Mai 1999 veröffentlichte. Dieser Bericht mit dem Titel *Attitudes to Parenting* (Ansichten über die Elternschaft) betont stark die Schwierigkeiten, mit denen britische Eltern zu kämpfen haben und erklärt, es bestehe ein breiter Bedarf an Elternfortbildung. Es überrascht nicht, dass der Bericht zu solchen Ergebnissen kommt, schaut man sich die Bedingungen an, unter denen die Umfrage durchgeführt worden war. Die Befragten sollten auf Feststellungen wie »Elternhilfsdienste könnten mir bei meiner Aufgabe helfen« oder »Ich kenne Kinder, deren Eltern von Elternhilfsdiensten profitieren würden« mit Ja oder Nein antworten. Wahrscheinlich würde kaum jemand solche Statements verneinen. Wer kennt wohl keine Eltern, die nicht ein bisschen »Unterstützung« gebrauchen könnten? Daher kann die Aussage des Berichts, 68 Prozent der Befragten kennten einige Kinder, deren Eltern von einer Unterstützung profitieren würden, nicht im Geringsten überraschen. Der Bericht selbst sieht darin eine begrüßenswerte positive Resonanz auf das Konzept einer Elternhilfe. Weiter heißt es darin, es sei viel versprechend, dass fast drei Viertel der Eltern nicht der Meinung waren, Elternhilfsdienste seien nur etwas für Eltern, die nicht wüssten, wie sie ihre Kinder in den Griff bekommen könnten. Und noch mehr Hoffnung wecke die Tatsache, dass die überwältigende Mehrheit (94 Prozent) der Meinung sei, es wäre manchmal hilfreich, mit einer anderen Person über Probleme und Fragen in der Kindererziehung zu reden.[1] Bei derart banalen Fragestellungen nimmt es wunder, dass die Zustimmungsrate nicht noch höher ausfiel – sagen wir so um die 99,9 Prozent.

Denselben Ansatz, der *Attitudes to Parenting* zugrunde liegt, verfolgen auch andere Kampagnen. 1997 kam eine durch die Organisation Family Forum veranlasste Umfrage zu dem Resultat, über zwei Drittel aller Kinder glaubten, man müsse jungen Leuten beibringen, wie man mit Kindern umgeht. Eine im Oktober 1999 durchgeführte Studie, welche die Gründung des National Familiy and Parenting Institutes (Nationales Institut für Familie und Kindererziehung) bekannt machen sollte, ergab, dass die Hälfte der Befragten sich mehr Unterricht über Kindererziehung in den Schulen wünschte, und dass sieben von zehn der Aussage zustimmten, Unterstützung könne wichtig für problembelastete Familien sein. Auch hier wurden die Befragten ausdrücklich dazu aufgefordert, die Notwendigkeit dieses neuen, von der Regierung finanzierten Institutes für Eltern und Familien zu bestätigen.

Es überrascht eigentlich nicht, dass so viele Untersuchungen daraufhin konzipiert sind, eine Nachfrage nach den Leistungen der Erziehungsfachleute zu schaffen. Die professionellen Helfer beklagen sich häufig darüber, dass nur eine relativ kleine Anzahl viel beschäftigter Eltern ihre Dienste in Anspruch nimmt. Eine Untersuchung über Programme für Eltern, durchgeführt von Celia Smith, ergab indes erhebliche Differenzen zwischen dem, was Fachleute einerseits und Eltern andererseits über die Notwendigkeit von Hilfsdiensten denken. Obwohl einige der Fachleute, die sie befragte, glaubten, es gebe Bedarf für eine Erweiterung des Angebots, konnte dies nicht gerade durch einen großen Elternzulauf bestätigt werden, und manche der angebotenen Kurse wurden wegen mangelnder Teilnehmerzahl sogar abgesagt.[2] Weiterbildungsprogramme für Eltern und andere Projekte decken offensichtlich nicht einen vorhandenen Bedarf ab, sie müssen ihn erst wecken. Sonst wären aufwändige Public-Relations-Kampagnen ja auch gar nicht nötig.

Nicht nur die Regierung und spezielle Agenturen setzen sich für die Interessen der Erziehungsfachleute ein. Es gehört zu den charakteristischen Eigenschaften der zeitgenössischen Kindererziehungsliteratur, *Ratschläge zur Einholung weiterer Ratschläge* zu erteilen. Die Handbücher empfehlen den Lesern, Rat und Hilfe bei anderen Fachleuten zu suchen, anstatt ihnen direkt eine praktische Lösung anzubieten. Lesern, die konkrete Hilfe brauchen, präsentiert man lange Listen telefonischer Beratungsdienste und Unterstützungsnetzwerke. Brauchen Sie zum Beispiel einen guten Rat, wie Sie mit Ihrem weinenden Baby umgehen sollen, erklärt Ihnen das Handbuch der Gesundheitserziehungsbehörde (HEA), Sie möchten doch bitte Ihren Gesundheitsfürsorger fragen. »In einigen Regionen gibt es einen telefonischen Beratungsdienst«, erklärt das Buch den Eltern lapidar.

Früher versuchten die Autoren solcher Handbücher immerhin noch, Ratschläge zu erteilen, die Eltern helfen sollten, mit alltäglichen Herausforderungen fertig zu werden. Obwohl sie glaubten, die Handlungsmöglichkeiten der Eltern seien begrenzt, unterstellten sie, dass die meisten Probleme mit Hilfe vernünftiger Ratschläge gelöst werden können. Heute jedoch verfolgen Ratgeber einen völlig anderen Ansatz. Sie gehen nicht nur davon aus, dass es Eltern an gesundem Menschenverstand und Grundkenntnissen mangelt, sondern sogar, dass sie überhaupt nicht alleine zurechtkommen. Eltern ständig zu erklären, dass sie es nicht alleine schaffen und sie sich deshalb fremde Hilfe suchen sollten, gehört zu den zentralen Themen der zeitgenössischen Leitfäden zur Kindererziehung.

Eine breit angelegte Studie der kanadischen Stiftung Invest in Kids im April 1999 brachte angeblich ans Licht, dass Eltern erschreckend unwissend bezüglich »grundlegender Dinge« seien, die »für eine gesunde Entwicklung« notwendig sind. Laut Carol Crill-Russell, Vizepräsidentin dieser Organisation, ist elterliches Wissen zwar breit gefächert, aber nicht sehr detailliert.[3] Auch britische Kinderfachleute verwahren sich energisch gegen die Vorstellung, Kindererziehung lerne man am besten in der Praxis und so etwas könne nicht unterrichtet werden. Ed Straw, Mitarbeiter des National Familiy and Parenting Institutes, veröffentlichte eine Broschüre, in der er für ein landesweites Programm zur Verbesserung der Fähigkeiten von britischen Eltern eintritt. Straw ist der Meinung, unser kollektives Wissen über Beziehungen und Kindererziehung sei ungefähr genauso rudimentär wie es unsere medizinischen Kenntnisse im neunzehnten Jahrhundert waren. Das Programm zielt darauf ab, ein Klima zu schaffen, in dem mehr Menschen Interesse daran haben, etwas über »bessere Kindererziehung« zu lernen.[4] Das National Family and Parenting Institute hat sich Straws Gedanken zu eigen gemacht und betrachtet es als seine wesentliche Aufgabe, die öffentliche Meinung zu ändern und die Nachfrage nach Familienhilfsdiensten zu steigern. In ihrer ersten großen Publikation, *The Millennial Family* (Die Familie im neuen Jahrtausend), weist die Institution darauf hin, dass es eine »Marketing-Herausforderung« anzunehmen gelte, die das Ziel verfolgt, das Einholen von »Ratschlägen und Informationen über Beziehung und Familie nach dem Beispiel der Schwangerschaftsvorsorge zur Routine werden zu lassen«. Auch die Medien sollen überzeugt werden, dass sich die Zuschauer ebenso intensiv für Elternprogramme interessieren wie für Sendungen über Gartenbau.[5]

Fachleute für Kindererziehung vergleichen ihren Kreuzzug oft mit früheren Kampagnen gegen Alkohol am Steuer oder gegen das Rauchen. Die allgemeine Unwissenheit wird mit einem solchen Eifer bekämpft, dass die Aktion allmählich einen ziemlich dogmatischen Charakter erhält. Die Hingabe, mit der die Fachleute ihr Ziel verfolgen, könnte zu der Annahme verleiten, es müsse eine wahre Flut an Beweisen dafür geben, dass Eltern-Fortbildungsprogramme sehr viel Positives bewirken können. Die Verdienste solcher Programme werden regelmäßig in einem so überzeugten Tonfall herausgestellt, dass man einfach glauben muss, sie würden wirklich etwas nützen. Doch leider gibt es überhaupt keine Beweise dafür, dass diese Programme tatsächlich sinnvoll sind.

Die Wirksamkeit dieser Programme wird zum einen kaum überprüft. Geschieht dies aber doch, findet man wenig Hinweise darauf, dass sie effektiv sind. Eine in Texas durchgeführte Studie ergab zum Beispiel, dass diese Programme nur wenig Einfluss auf die Kinder von Eltern aus dem Mittelstand hatten.[6] Celia Smith konnte bei ihrer Untersuchung britischer Programme ebenfalls keine Beweise dafür erbringen, dass sie irgendeine besondere Wirkung haben. Doch anstatt diese Tatsache zuzugeben, verweist sie lieber auf die Schwierigkeiten bei der Durchführung der Untersuchung. Sie muss zwar einräumen, dass wir »immer noch nicht genug über die Effektivität der Eltern-Weiterbildungsprogramme wissen«, beharrt aber gleichzeitig darauf, dass diese Ungewissheit kein Hindernis dafür darstelle, die Programme weiterhin anzubieten. Smith hat einfach ein zu starkes Interesse daran, die Fortbildungsprogramme zu propagieren. Dass sie nutzlos sein könnten, darf nicht sein, weshalb sie Zuflucht in der Interpretation sucht, »dass ihre Effektivität extrem schwer zu beweisen war«. Mit anderen Worten: Sie nimmt an, dass diese Programme nützlich seien – und dass es nur eine Frage der Zeit sei, bis die Beweise dafür gefunden würden. In der Zwischenzeit macht sie auf die »Fülle positiver mündlicher Aussagen« aufmerksam, die ihre Meinung untermauern, sowie auf das »praktisch einhellige Lob der Eltern, die an diesem Projekt teilnehmen«.[7]

Die Tatsache, dass es bislang nicht gelungen ist, die Wirksamkeit der Eltern-Weiterbildungsprogramme zu beweisen, bereitet manchen Erziehungsfachleuten durchaus Sorgen. Roger Smith, Leiter der Unternehmenspolitik der Children's Society, gibt zu bedenken: »Weiterbildung und Unterstützung für Eltern können nur dann zu einem wichtigen und weithin akzeptierten Gegenstand der öffentlichen Politik werden, wenn sie noch wesentlich deutlicher ihre potenziellen Vorteile bewiesen haben.«[8] Maureen Freely berichtete, bei einem Seminar über die Beratungsmöglichkeiten im Februar 1999, das vom Forschungszentrum für Familienpolitik organisiert wurde, hätten viele Fachleute selbst nicht so recht gewusst, welche der Projekte sinnvoll seien und welche nicht.[9] Doch trotz solcher Zweifel wird immer mehr Aufwand in die Werbung für Eltern-Weiterbildungsprogramme gesteckt.

Angesichts dieser dürftigen wissenschaftlichen Beweislage fragt man sich unwillkürlich, womit die Leute, die an diesen Projekten beteiligt sind, ihren Expertenstatus begründen. Er beruht sicher nicht auf Kenntnissen aus Wissenschaft und Forschung, und auf praktischer Erfahrung kann ihr Können auch nicht basieren. Die meisten professionellen Kinderexperten nehmen für sich selbst nicht in Anspruch, Modell-Eltern zu sein, die alle Tricks kennen. Professionelle Kindererziehung gehört also wohl zu jenen mysteriösen Künsten, bei denen selten jemand nach einem Leistungsnachweis fragt. Leider sind viele Mütter und Väter, denen es an Selbstvertrauen mangelt, nur zu bereit, sich diesen selbst ernannten Experten zu fügen, ohne die nahe liegende Frage zu stellen: »Warum glaubt diese Person, sie wüsste mehr als ich über die Bedürfnisse meines Kindes?« Wie lange dauert es noch, bis jemand herausschreit, dass der Kaiser ja gar keine Kleider trägt?

Die Entmachtung der Eltern

Immer wieder betonen Fachleute, sie seien nicht in der richtigen Position, um Eltern zu beurteilen oder Patentrezepte zu liefern. Auch äußern sie ihre Ratschläge in einem nicht-direktiven und nicht-präskriptiven Tonfall. »Es gibt nicht *die* richtige Methode, ein Kind großzuziehen«, bekommen Eltern zu hören, nur um gleich darauf daran erinnert zu werden, ihr Kind werde langfristige Schäden davontragen, wenn sie sich nicht an die vorgeschriebenen Regeln hielten.

Die üppige Flut von Ratschlägen zu jedem Detail im Leben eines Kindes hat den zweifachen Effekt, dass einerseits das Selbstbewusstsein der Eltern untergraben wird, während zugleich die Autorität des Experten wächst.

Diese Autorität darf jedoch nicht allzu offen zum Vorschein kommen. Deshalb sind Fortbildungskurse für Eltern absichtlich so verpackt, dass sie nicht autoritär wirken und sensibel auf unsere Bedürfnisse einzugehen scheinen. Die Parole lautet Partnerschaft – Fachleute und Eltern sollen zusammenarbeiten. Diejenigen, die diese Programme entwickeln, machen geltend, es sei ihnen wichtig, die Eltern mit einzubeziehen, und betonen, sie selbst seien eher dazu da, für Abhilfe bei konkreten Problemen zu sorgen als Anweisungen zu erteilen. Diese Behauptungen leugnen die Tatsache, dass diese Elternprogramme von einem ungleichen Verhältnis ausgehen und auf Plänen beruhen, die von Fachleuten, und zwar nur von Fachleuten allein, entworfen wurden. Der Eltern-Input ist oberflächlich und ausschließlich schmückendes Beiwerk.

Damals in den 1950er Jahren warnte der renommierte Kinderpsychiater Donald W. Winnicott bereits vor der Gefahr, dass sich Fachleute zwischen Mutter und Kind drängen könnten. Winnicott befürchtete, dass die Einmischung von Fachleuten in die Kindererziehung Probleme nur verschlimmern würde. 1976 berichtete das Komitee für Kindergesundheitsdienste, die »wachsende Anzahl unterschiedlicher Berufe, die mit dem Großziehen von Kindern zu tun haben – wie notwendig sie auch immer in unserer modernen Gesellschaft sein mögen – haben in gewisser Hinsicht das Selbstvertrauen der Eltern untergraben«. Sogar zwei treue Anhänger der Weiterbildung für Eltern schrieben 1984: »Ein häufiges Thema in Gesprächen mit Elterngruppen sowie in Forschungsberichten und Berichten über Gruppendiskussionen ist das Phänomen, dass die Einstellungen zahlreicher Fachleute dazu beitragen, das Selbstbewusstsein der Eltern und ihren Glauben in ihre eigenen Fähigkeiten als Eltern zu schwächen.«[10]

In den letzten Jahren jedoch ist die Sorge der Fachleute über den negativen Einfluss, den sie auf das elterliche Selbstvertrauen haben könnten, erheblich geschwunden. Fachleute für Kindererziehung glauben mittlerweile, ihr Kreuzzug sei viel zu bedeutend, um sich nebenbei auch noch darüber Sorgen zu machen, inwiefern sie die einzelne Mutter oder den einzelnen Vater vielleicht aus der Fassung bringen könnten. Nachdem sie die Komplexität der Aufgabe, Kinder großzuziehen, groß herausgestellt haben, betrachten sie infolgedessen auch ihre eigene Rolle als unverzichtbar und entscheidend. In der Vergangenheit konzentrierten sich die Fachleute auf Problemfamilien, in denen Eltern offensichtlich unfähig waren, die Situation zu meistern. Diese relativ bescheidene Rolle ist jedoch inzwischen dem wesentlich ehrgeizigeren Projekt gewichen, allen Eltern »Unterstützung« zuteil werden zu lassen. Aus dieser Perspektive heraus betrachtet gibt es keine normalen, durchschnittlichen Eltern, die zu einer verantwortungsbewussten Erziehung ihres Nachwuchses in der Lage wären. Heutzutage gelten nur noch diejenigen Eltern als verantwortungsbewusst, die bereit sind, den unverzichtbaren Rat und die Unterstützung der Experten einzuholen.

Das gesamte Konzept der Elternweiterbildung beruht auf der Prämisse, dass Mütter und Väter nicht in der Lage seien, ihre eigenen Bedürfnisse und die ihrer Kinder zu erkennen, weshalb sie derlei Fähigkeiten von Fachleuten erlernen müssten. Ein solches Lehrer-Schüler-Verhältnis stellt per se niemals eine gleichberechtigte Partnerschaft dar. Die Hilfsorganisation National Children's Bureau definiert die Fortbildung und Hilfe für Eltern als ein »Spektrum an weiterbildenden und unterstützenden Maßnahmen, die Eltern und werdenden Eltern dabei helfen sollen, ihre eigenen sozialen, emotionalen, physischen und psychischen Bedürfnisse sowie die ihrer Kinder zu verstehen und die Beziehung zwischen ihnen zu verbessern«.[11] Doch es liegt auf der Hand, dass Weiterbildung für Eltern nicht darauf ausgerichtet ist, nützliche Tipps und vernünftige praktische Ratschläge zu erteilen.

Wie Fachleute wirklich über Eltern denken

Daher ist es so wichtig für Mütter und Väter zu durchschauen, dass die Kindererziehungs-Branche uns entweder als unfähige Amateure oder als potenzielle Gefahrenquelle für unsere Kinder sieht. Teilweise betrachten die Experten die Eltern als das eigentliche Problem und sehen sich selbst als ideale Lösung. Noch in den 1930er Jahren äußerten Fachleute solche Ansichten ganz offen. Eine britische Expertin, Jean Ayling, war davon überzeugt, Eltern hätten keine Ahnung davon, wie man Kinder großzieht. »Die meisten Kinder, die ich kenne, sind schon in einem zarten Alter schwer geschädigt«, schrieb sie. Sie schlug vor, die Rolle der Eltern zu begrenzen, da sie »nur einen sehr eingeschränkten Nutzen« hätten, und die weiteren Aufgaben der Sozialisation der Kinder den Experten zu überlassen.[12] Aylings herablassende Behauptung über die elterliche Inkompetenz prägte das Denken der Fachleute auch in der Zeit nach dem Zweiten Weltkrieg. Winnicott spielte auf diesen Trend an, als er davor warnte, »normalen Eltern« drohten »kleinliche Regeln, rechtliche Einschränkungen und jede Menge anderer Arten von Unsinn« durch die aufdringlichen Experten. Er war der Meinung, zahlreiche Experten seien »nicht im Geringsten von der Fähigkeit der Mutter überzeugt, ihr Kind besser als jeder andere zu verstehen«. Und er verwies warnend darauf, dass Ärzte und Krankenschwestern oft »so beeindruckt von der Ignoranz und Dummheit mancher Eltern« seien, dass sie auch all den anderen keine Klugheit mehr zugestehen.[13]

Heute trauen die Fachleute für Kinderpflege und Erziehung der Autorität der Eltern noch weniger zu als in den Tagen, da Winnicott ihre arrogante Haltung beschrieb. Fachleute sind so besessen von den Ausnahmefällen elterlicher Vernachlässigung und Kindesmisshandlung, dass sie sich oft so verhalten, als sei dies die Norm. Sie handeln nach der Prämisse, dass ein Elternteil von vornherein als schuldig zu gelten hat, bis er oder sie den Beweis für die gute und kompetente Versorgung des Kindes erbringen kann. Fachleute akzeptieren nicht länger den uralten Glauben, dass die meisten Erwachsenen liebevolle und verantwortungsbewusste Eltern sein werden. Ein Leitfaden zur Elternweiterbildung, herausgegeben von der NSPCC, stellt ausdrücklich fest, Kindesmisshandlung sei kein Problem, das sich nur auf »andere« Eltern beschränke. Die Organisation behauptet, dass »fast alle Eltern dieser Gefahr ausgeliefert sind, wenn ihnen einfach alles über den Kopf wächst«. Die Absicht des NSPCC-gesponsorten Programms sei es daher, dem Misshandlung vorzubeugen.[14] Dieses Misstrauen gegen Eltern führt folgerichtig dazu, dass die NSPCC von Plänen träumt, zukünftige Eltern einem psychologischen »Gesundheitscheck« zu unterziehen. Warum? Weil ein kleines Baby jede Mutter und jeden Vater so zur Raserei bringen kann, dass sie die Beherrschung verlieren und ihren Säugling verletzen könnten.[15]

Ein emotionaler Gesundheitscheck ist nur ein Weg, Eltern einer Qualitätskontrolle zu unterziehen. Ein weit perfiderer Vorschlag besteht darin, die Unfähigen auszulesen, indem man Eltern dazu zwingt, eine Lizenz zu beantragen – eine Idee, die in Großbritannien von Mukti Jain Campion in ihrem Buch *Fit to be a Parent?* propagiert wurde. Campion empfiehlt, die Kindererziehung an den gleichen Maßstäben auszurichten wie den Beruf eines Lehrers oder einer Krankenschwester. Sie glaubt, diese Professionalisierung der Kindererziehung werde es möglich machen, zukünftige Eltern zu kontrollieren und im Zweifelsfall Müttern und Vätern die Wahl von Erziehungsmethoden oder die weitere Kindererziehung ganz zu verweigern. Sie behauptet, eine Elternlizenz könne dazu beitragen, Kinder vor inkompetenten oder brutalen Eltern zu schützen.[16]

In Großbritannien mag die Idee einer Elternlizenz weit hergeholt erscheinen. In den Vereinigten Staaten jedoch wird sie weit ernster genommen. Jack Westman, Professor für Psychiatrie an der University of Wisconsin, ist ein wortgewandter Verfechter der Elternlizenz. Akademiker, Fachleute für Kindererziehung und Politiker haben seine Vorschläge ausgiebig diskutiert.[17] Wie viele andere Fachleute auf seinem Gebiet propagiert Westman die Regulierung der Kindererziehung, weil er den Standpunkt vertritt, Kinder würden oft von ihren Müttern und Vätern geschädigt. Würden diese Probleme sich auf eine kleine Gruppe von normabweichenden Eltern beschränken, ergäbe der Vorschlag, alle Eltern zu testen, natürlich keinen Sinn. Aus der Perspektive des Fachmanns für Kindererziehung gibt es jedoch so etwas wie normale Eltern gar nicht. Dieser Unwillen, zwischen der großen Mehrheit verantwortungsbewusster und intelligenter Erwachsener und einer winzigen Minderheit unbeherrschter, brutaler Eltern zu unterscheiden, ist wirklich ein großes Problem. Schon allein der Gedanke, dass alle Eltern getestet werden müssten, vermittelt die Botschaft, dass man ihnen nicht trauen kann. Viele Äußerungen bestätigen, dass Mütter und Väter die düstere Sicht moderner Elternschaft inzwischen verinnerlicht haben. Es fällt daher schwer, anderen Eltern zu vertrauen. Eine solche Pathologisierung der Elternschaft sät Misstrauen und spielt eine wichtige Rolle bei der Entstehung der Eltern-Paranoia.

»Learning by doing«

Die Professionalisierung des Elternseins ist enorm im Schwange. Regale, die unter der Last der Bücher und Zeitschriften über Probleme der Kindererziehung ächzen sowie Initiativen zur Unterstützung von Müttern und Vätern, die wie Pilze aus dem Boden schießen, lassen den Schluss zu, dass die Kindererziehungs- und Kinderschutz-Beratung zu einer boomenden Branche geworden ist. Leider halten wir nur selten inne und stellen uns die Frage: »Nutzt das denn etwas?« Das Widerstreben, über diese Branche nachzudenken und sie zu bewerten, ist um so überraschender, als es nur wenige Beweise dafür gibt, dass diese ganzen Anstrengungen die Leute zu besseren Müttern oder Vätern gemacht haben. Im Gegenteil: Obwohl die Professionalisierung des Elternseins nicht die grundlegende Ursache dieses Phänomens darstellt, kann es kaum Zweifel daran geben, dass sie die Probleme ständig verschlimmert und das Selbstvertrauen von Müttern und Vätern schwächt.

Selbst mit dem allerbesten Willen können Fachleute nicht anders, als den Status, das Selbstvertrauen und die Autorität von Eltern zu untergraben. Die Autorität des Fachmanns konkurriert mit der Autorität der Eltern. Keine Mutter und kein Vater könnte je der gleichwertige Partner des Experten für Kindererziehung sein. Jeder hat gelegentlich mit Experten zu tun, etwa mit Lehrern, Ärzten oder Automechanikern, die natürlich auf ihrem Gebiet mehr wissen als wir. Gerade deshalb gehen wir ja zu diesen Spezialisten: um ein Problem zu lösen, das uns zu hoch ist. Wenn Eltern mit einem Kind zum Arzt gehen, um seine Allergie behandeln zu lassen, hat dies keinerlei Auswirkungen auf ihr Selbstvertrauen. Doch die Dinge liegen ganz anders, wenn es um die Beziehung zwischen einer Mutter und einem Fachmann oder einer Fachfrau für Kindererziehung geht. Dann kommt es zu einem unmittelbaren Autoritätskonflikt darüber, wer besser weiß, was im Interesse des Kindes ist.

Effektive Kindererziehung hat viel mit der Autorität der Eltern zu tun. Die Beziehung zwischen dem Kind und seinen Eltern geht allmählich von einem physischen zu einem emotionalen und sozialen Verhältnis über. Das Gefühl der existenziellen Sicherheit gedeiht auf dem uneingeschränkten Vertrauen, das ein Kind zu seinen Eltern entwickelt. Für seinen Blick auf die Welt sind die allwissenden Eltern der Referenzpunkt, von dem aus es seine verwirrende Umwelt auf sinnvolle Weise interpretiert. Was die Eltern sagen und tun, ist für ein kleines Kind wirklich wichtig. Die Eltern wiederum verlassen sich auf ihre unbestrittene Autorität, um ihr Kind zu versorgen und es dann im

Laufe der Zeit zur Unabhängigkeit anzuregen. Deshalb sind Selbstvertrauen und der Glaube an unserer Rolle eine grundlegende Voraussetzung für eine effektive Erfüllung unserer Aufgabe als Eltern. Ohne dieses Vertrauen wird die Ausübung elterlicher Autorität zu einer problematischen Angelegenheit.

Doch wenn die Autorität der Eltern einmal auf eine Gruppe von Experten übergegangen ist, die unabhängig von der Familie existieren, verringert sich der Status der Eltern. Es ist nicht möglich, die Autorität, die bisher den Eltern zuerkannt wurde, zu teilen, ohne ihre Autorität insgesamt zu schwächen.

In dem Moment jedoch, da Eltern sich ständig beweisen müssen, können sie kein ausgeprägtes Gefühl der Sicherheit entwickeln. Diejenigen unter ihnen, die sich ihrer Autorität unsicher sind, werden Kindererziehung dann wahrscheinlich als höchst aufreibende und schwierige Aufgabe empfinden. Auch die selbstbewusstesten Eltern werden von diesem Trend beeinflusst, weil die Verringerung des Status, den die Gesellschaft der elterlichen Autorität zuspricht, alle Mütter und Väter betrifft, die ihre täglichen Pflichten erfüllen.

Die Pädagogen und andere Angehörige sozialer Berufe preisen die Tugenden einer verantwortungsbewussten Kindererziehung. Durch die Schmälerung der elterlichen Autorität, die sie selbst bewirken, tragen sie jedoch nicht zu einer solchen bei. Warum? Weil es nicht möglich ist, einen Teil der elterlichen Autorität abzugeben, ohne dadurch gleichzeitig auch ein gewisses Maß an Verantwortung für die Kindererziehung auf andere zu übertragen. Das sieht man zum Beispiel am schwierigen Problem der Disziplin. Obwohl sie es vielleicht nicht aussprechen, haben viele Mütter und Väter das Gefühl, ihnen fehle die nötige Autorität, um ihre Kinder wirkungsvoll zu disziplinieren, und oft sind sie schon im Voraus so entmutigt, dass sie es gar nicht erst versuchen. Das bringt viele Eltern dazu, sich nach anderen Quellen der Autorität umzusehen – zum Beispiel nach Lehrern und Schulen –, die die Verantwortung für die Disziplinierung der Jugend übernehmen sollen.

Wie wir bereits festgestellt haben, beruht viel von dem angeblichen Wissen der Fachleute auf Voreingenommenheit, die sich das Deckmäntelchen der Wissenschaft übergeworfen hat. Die fehlende Substanz dieser Wissenschaft überrascht nicht, da schon der Gegenstand der Erziehungswissenschaft an sich problematisch ist.

Die Experten gehen von der grundlegenden Annahme aus, für die Kindererziehung brauche man eine Reihe von Fertigkeiten, die Mütter und Väter erwerben müssten, und diese Fertigkeiten sollen sie von denjenigen erlernen, die die notwendige fachliche Ausbildung dazu besitzen. Dabei will natürlich niemand die Tatsache an sich bestreiten, dass Mütter und Väter erst lernen müssen, wie man Kinder großzieht. Eltern müssen lernen, wie sie die Phantasie ihres Kindes anregen und wie sie es fördern können und wann und wie sie es davon abhalten müssen, etwas Schädliches zu tun. Erfolgreiche Eltern lernen immer aus der Praxis. Alle diese Lektionen setzen jedoch keine abstrakten Fähigkeiten voraus, sondern die enge Beziehung, die wir zu unseren Kindern haben. Zu lernen, wie wir mit dieser Beziehung umgehen, um die Entwicklung unseres Kindes in die richtigen Bahnen zu lenken, ist entscheidend für eine erfolgreiche Erziehung.

Die Frage ist daher nicht, ob Elternsein gelernt werden muss, sondern ob es gelehrt werden kann. Die Lebenserfahrung zeigt, dass nicht alles, was man lernen muss, auch unterrichtet werden kann. Elternsein kann nicht gelehrt werden, weil es dabei um den Aufbau einer Beziehung und deren Pflege geht. Kinder und Erwachsene bekommen oft sehr gute Ratschläge zu hören, mit wem sie Umgang pflegen oder wen sie lieben sollten. Doch letztendlich lernen sie hauptsächlich durch ihre Interaktion mit ihren Mitmenschen. Das ist Grund dafür, warum wohlmeinender Rat so wenig nutzt. Menschen lernen, indem sie die Freude und den Schmerz, die Heiterkeit und die Enttäuschung in ihrem Umgang mit anderen erfahren, die für ihr Leben von Bedeutung sind.

Wenn es um Beziehungen geht, muss jeder persönlich für sich entdecken, was richtig und was falsch ist. Eltern lernen, was gut für ihre Kinder ist, indem sie mit ihnen interagieren. Es ist Männern und Frauen nicht angeboren, Kinder zu erziehen. Solange man kein eigenes Kind hat, bleiben selbst die simpelsten Fragen der Kindererziehung verschwommen und unklar. Wie viele Eltern bestätigen, hat das Wissen, das sie aus Ratgebern und von Fachleuten bezogen, letztendlich nur wenig mit ihren späteren Erfahrungen zu tun.

Der Wissenschaft ist es grundsätzlich möglich, Kenntnisse zu vermitteln, ohne dass persönliche Erfahrungen vorausgesetzt werden müssen. Es ist möglich, Techniken zu erlernen, die auf alle wissenschaftlichen Experimente anwendbar sind. Bei der Kindererziehung sieht das anders aus. Schon allein die Vergänglichkeit der Ratschläge für Eltern und die Regelmäßigkeit, mit der die bindenden Vorschriften von gestern heute kategorisch als hoffnungslos irrig abgelehnt werden, zeigen, dass das, was heute gelehrt wird, vermutlich schon morgen wieder als irrelevant verworfen werden muss.

Die Verbreitung von Selbsthilfeprogrammen und Ratgeberliteratur ist ein Beweis dafür, dass eine echte Nachfrage nach Informationen über Beziehungen besteht. Was uns diese Bücher und Programme allerdings wirklich bringen, steht auf einem anderen Blatt. Noch nie hat es so viele Publikationen darüber gegeben, wie die Menschen ein erfüllteres Sexualleben genießen können. Und noch nie hat es so viele Menschen gegeben, die so eifrig bestrebt waren, aus diesen Büchern zu lernen. Aber haben diese Bücher ihren Lesern wirklich zu einem aufregenden Sexleben verholfen? Können diese jetzt bislang ungekannte körperliche und emotionale Freuden genießen? Schon wenn man diese Fragen stellt, merkt man, wie absurd die Behauptung ist, Erfüllung in einer sexuellen Beziehung könne gelehrt werden. Das geht ebenso wenig, wie man den Menschen beibringen kann, gute Eltern zu sein.

Wie sehr die Sozialberufe den roten Faden verloren haben, zeigt der Ruf danach, Schulkindern beizubringen, wie sie gute Eltern werden. Schulen spielen eine wichtige Rolle, wenn es darum geht, Kinder mit der nötigen Bildung auszustatten, um ein erfolgreiches Erwachsenenleben zu führen. Gebildete Erwachsene mit guten Berufen wiederum haben die besseren Chancen, erfolgreiche Eltern zu werden. Anstatt also Unterricht in Kinderpflege und -erziehung zu erteilen, könnten Schulen viel mehr erreichen, wenn sie sich auf ihre eigentliche Aufgabe konzentrierten, nämlich zu garantieren, dass ihre Schüler gebildete Erwachsene werden.

Es gibt durchaus gute Argumente, die für eine fachlich kompetente Familienbetreuung sprechen. Doch eine solche Leistung sollte unaufdringlich sein und darauf ausgerichtet, der kleinen Minderheit von Eltern unter die Arme zu greifen, die es nicht schaffen, ihren Kindern gegenüber ihre Autorität zu wahren. Eine Erziehungsbranche, die unfähig oder unwillens ist, zwischen den Problemen dieser kleinen Minderheit und denen der Mehrheit aller Mütter und Väter zu unterscheiden, wird beiden Gruppen von Eltern nicht gerecht. Wenn alle Eltern als potenzielle Versager behandelt werden, müssen letztendlich die Kinder den Preis dafür bezahlen.

Eltern können viel von Experten lernen, sofern diese tatsächlich das entsprechende Fachwissen besitzen. Sie können praktische Fähigkeiten erwerben, die mit Gesundheit und Ernährung zu tun haben. Wenn sie möchten, können sie auch wichtige Fakten über die kindliche Entwicklung erfahren. Doch die eine Sache, die sie nicht von irgendjemand anderem lernen können, ist, wie sie die Beziehung mit ihren Kindern zu führen haben. Mütter und Väter können viel mehr von anderen Eltern und Verwandten lernen, die dieselbe Erfahrung gemacht haben wie sie und denen sie vertrauen. Doch letztendlich müssen Eltern auch wissen, dass meistens sie, und nur sie allein, über das Wissen verfügen, was das Beste für ihre Kinder ist.

Die Politisierung der Kindererziehung

Der Fachmann für Kindererziehung hat im Politiker einen eifrigen Verbündeten gefunden. Während des letzten Jahrzehnts sind Eltern immer mehr zum Gegenstand des öffentlichen und politischen Interesses geworden. Alle großen politischen Parteien betrachten das so genannte Erziehungsproblem als ihr Thema. Die politische Klasse hat die Ideologie des Eltern-Determinismus übernommen. Der Gedanke, der Einfluss der Eltern bestimme das Verhalten der Kinder, ist dabei zu einem echten Politikum geworden. Häufig wird so getan, als könne man alle Formen asozialen Verhaltens mit schlechter Erziehung durch die Eltern erklären. Buchstäblich jedes soziale Problem – Kriminalität, Drogen, Teenagerschwangerschaften, Analphabetismus und Armut – wurde zu gegebener Zeit schon einmal auf den Einfluss inkompetenter Eltern zurückgeführt.

Der erste Spitzenpolitiker, der dem Eltern-Determinismus in Großbritannien einen Platz auf der politischen Tagesordnung einräumte, war Sir Keith Joseph, der damalige Staatssekretär für soziale Angelegenheiten. 1972 behauptete der konservative Politiker in einer Rede, Armut und Unterprivilegierung würden innerhalb der Familie tradiert, und er brachte die These vor, eine bessere Vorbereitung auf die Rolle als Eltern könne dazu beitragen, diesen »Kreislauf der Unterprivilegierung« zu durchbrechen. Kritiker dieses Ansatzes wandten damals ein, man wisse doch noch keineswegs so genau, ob und wie Unterprivilegierung durch Erziehung bedingt werde. Es wurde auch darauf hingewiesen, dass man sich noch überhaupt nicht sicher sei, wie mit politischen Mitteln in die Kindererziehung eingegriffen werden könne, um den Kreislauf der Armut zu durchbrechen.

In den 1970er und den frühen 80er Jahren wurde die Thematisierung des Armutskreislaufs generell mit der Politik des rechten Flügels der Conservative Party assoziiert. Seit dieser Zeit jedoch, insbesondere seit den 90er Jahren, haben sich noch andere politische Interessengruppen dieser publikumswirksamen Thematik angenommen. Besonders die New-Labour-Partei hat sich die These des Eltern-Determinismus gründlich zu eigen gemacht. Im Oktober 1996 veröffentlichte die Labour Party ihr Diskussionspapier *Tackling the Causes of Crime* (Bekämpfung von Verbrechensursachen), in dem davon ausgegangen wird, dass es eine direkte Beziehung zwischen schlechter Erziehung und asozialem Verhalten von Kindern gebe. Das Beratungspapier *Supporting Families* (Unterstützung für Familien) für die New-Labour-Regierung aus dem Jahr 1998 stellt jedoch das bisher ehrgeizigste Projekt hinsichtlich der Politisierung der Kindererziehung dar.

Die britische Gesellschaft ist höchst beunruhigt über die hohe Kriminalitätsrate, über das asoziale Verhalten sowie ein allgemein verbreitetes Klima des Misstrauens und des offenkundigen Zerfalls der Familie. Zahlreiche altehrwürdige Institutionen – von der Familie bis hin zur Kirche – wirken verbraucht und desorientiert. Die Verunsicherung über moralische Werte ist weit verbreitet, und viele Menschen haben das Gefühl, die Gesellschaft befinde sich auf dem falschen Weg.

Moralische Verunsicherung verstärkt leider immer auch das Bedürfnis nach Patentrezepten. Es ist viel einfacher, ein moralisches Problem zu personalisieren, als dahinter das Abbröckeln eines moralischen Wertesystems zu erkennen. Also stürzen wir uns auf die unmoralischen Menschen. Und da die meisten unmoralischen Menschen von ihren Eltern erzogen wurden, ist die Versuchung groß, die Schuld für ihr Versagen auf ihre Mütter und Väter zu schieben. Denn wenn das Verhalten der Menschen von den Handlungen ihrer Mütter und Väter bestimmt wird, wen sonst sollten wir dafür verantwortlich machen?

In der Vergangenheit beschränkten sich die Politiker ausschließlich darauf, so genannte Problemeltern anzuklagen. Sir Keith Joseph bezog sich im Wesentlichen auf eine kleine Anzahl armer Randgruppenfamilien, als er den Vorschlag machte, die Regierung solle die Kindererziehung zu ihrem Anliegen machen. Später brachten das Abbröckeln der Institution Ehe und der offensichtliche Zerfall der Familie einige Politiker dazu, auch ledige Mütter als ein Symbol moralischen Verfalls zu präsentieren. In den 1990er Jahren wurde dann der Versager-Vater zum Gegenstand moralischer Bedenken. Und je intensiver die moralische Verunsicherung erlebt wurde, umso mehr Elterngruppierungen gerieten ins Visier. So gesellten sich bald die Yuppie-Eltern, die mehr an ihrer Karriere als an ihren Kindern interessiert waren, zur ledigen Mutter hinzu. Mittlerweile richtet sich der kritische Blick der Politiker nicht mehr länger nur auf eine bestimmte Gruppe von Müttern oder Vätern – heute werden praktisch alle Eltern von den Machern der Politik aufmerksam beobachtet.

In der Tat steht Großbritannien einer ganzen Reihe gesellschaftlicher Probleme gegenüber. Doch die Eltern für den gegenwärtigen Zustand moralischen Unbehagens verantwortlich zu machen hieße, das Symptom mit der Ursache zu verwechseln. Wie sich Eltern verhalten, wird von den kulturellen, moralischen und sozialen Einflüssen bestimmt, die auf sie einwirken. Die Werte, die sie ihren Kindern vermitteln, sind nicht ihre Erfindung, sondern beruhen auf den Eindrücken, die sie aus dem alltäglichen Leben in ihrer Gemeinschaft beziehen. Eltern können viel dafür tun, ihre Kinder darauf vorzubereiten, ordentliche Bürger zu werden. Doch eine andere Erziehungsmethode wird nur wenig dazu beitragen können, eine Welt zu verbessern, die in Bezug auf ihr moralisches Wertesystem verunsichert ist. Es spricht für den moralischen Analphabetismus der politischen Klasse, dass sie lieber Gardinenpredigten über Erziehungsmethoden hält, als die großen gesellschaftlichen Probleme anzugehen.

Hinter der Politisierung der Kindererziehung steckt nicht zuletzt eine ganze Menge Opportunismus. Großbritannien hat mit einer ganzen Reihe sozialer Probleme zu kämpfen, aber es kostet eben viel mehr Geld, das Bildungssystem, das Gesundheitswesen sowie die sozialen Dienste zu verbessern, als Eltern vorzuschreiben, sie sollten ihren Kindern öfter vorlesen, mit ihnen kuscheln oder sie stillen. Kindererziehung als ein Werkzeug der Sozialpolitik ist wahrscheinlich nicht sehr effektiv, aber es hat den Vorteil, ziemlich billig zu sein.

Politiker haben sich die neuen Ansichten über frühkindliche Entwicklung sehr rasch zu eigen gemacht. Inzwischen werden regelmäßig Experten für Kindererziehung konsultiert. Eltern stehen in der derzeitigen Sozialpolitik an zentraler Stelle. Die Professionalisierung der Kindererziehung wurde mittlerweile durch die Gründung des National Family and Parenting Institutes institutionalisiert.

Die Politisierung der Kindererziehung wird zum Teil durchaus von der ehrlichen Sorge rund um die vielen Probleme beeinflusst, die mit dem Familienleben verknüpft sind. Doch leider können gut gemeinte und sogar konstruktive Vorschläge nur sehr wenig dazu beitragen, die Probleme der Eltern zu lösen. Regierungspolitik ist ein viel zu grobes Instrument, um damit den Umgang mit den intimen emotionalen Beziehungen zwischen Eltern und Kind zu regulieren.

Die öffentliche Aufmerksamkeit auf private Probleme zu lenken trägt vor allem dazu bei, die Lage noch zu verschlimmern, so wie auch wohlmeinende aufdringliche Verwandte eine ohnehin schon instabile Lage verschlimmern können. In der Vergangenheit war man sich darüber einig, dass eine solche Einmischung schädlich sein kann und dass es wichtig ist, dass Eltern ihre Kinder auf ihre eigene Weise erziehen können. Diese Einsicht ist inzwischen verloren gegangen. Es ist evident, dass eine der Hauptursachen der Eltern-Paranoia darin besteht, dass intime familiäre Beziehungen in hohem Maße Gegenstand öffentlicher Einmischung und minutiöser Beobachtung geworden sind. Ein solcher Druck, ob nun in Form von »hilfreichen Ratschlägen«, periodischen Warnungen vor Gesundheitsgefahren oder der Einmischung von Fachleuten oder Politikern, führt dazu, das Selbstvertrauen der Eltern immer mehr zu erschüttern.

Kindererziehung: nicht Sache des Staates

Einige verantwortungsvolle Persönlichkeiten haben intuitiv erkannt, dass die Professionalisierung der Kindererziehung Gefahren für das Familienleben in sich birgt. Das politische Beratungspapier mit dem Titel *Supporting Families* (Unterstützung für Familien) weist auf das Problem hin. »Regierungen müssen mit politischen Plänen, die unsere intimsten Beziehungen betreffen, sehr vorsichtig umgehen«, wird darin gewarnt.[1] In einer anderen Passage findet sich der Appell, »die Familienpolitik mit der nötigen Bescheidenheit« anzugehen. Leider gehört es zu den typischen Eigenschaften politischer Initiativen, sich auszuweiten, wenn sie erst einmal in Gang gesetzt wurden. Politik und öffentliche Einmischung haben ihre eigene Dynamik, und wenn Kindererziehung erst einmal zu einem Tummelplatz öffentlicher Einmischung geworden ist, können Politiker kaum der Versuchung widerstehen, sich darauf in Pose zu setzen.

Trotz der darin ausgesprochenen Warnung dringt *Supporting Families* in Bereiche ein, die höchst sensible Aspekte des Familienlebens betreffen. In dem Papier wird die Absicht der Regierung erklärt, ein Programm zur Vorbereitung auf die Ehe auf die Beine zu stellen. Es wird außerdem vorgeschlagen, Projekte zur Rettung von Ehen in Angriff zu nehmen. Und es werden Strategien erwogen, wie man Eltern helfen kann, mit der Geburt eines Babys fertig zu werden. Weiter wird in einem drohenderen Unterton vorgeschlagen, Eltern, die augenscheinlich bei der Erziehung ihrer Kinder versagt haben, Vorschriften über ihr Verhalten zu machen.

Mit der Veröffentlichung von *Supporting Families* hat die Regierung eine höchst intervenierende Haltung angenommen und die Kindererziehung weiter politisiert. Jack Straw, der britische Innenminister, erklärte, die Kultur der Kindererziehung müsse dahingehend verändert werden, dass »das Suchen von Rat und Hilfe nicht als Versagen, sondern als Akt fürsorglicher und verantwortungsbewusster Eltern angesehen wird«. Keine andere Regierung hat je zuvor ein derart ehrgeiziges sozialwissenschaftliches Programm im Zusammenhang mit der Kindererziehung in Gang gesetzt.[2] Das Sure-Start-Programm der britischen Regierung, ausgestattet mit einem Etat von 540 Millionen Pfund, ist zwar auf sozial schwache Familien ausgerichtet, hat aber auch vor, besser gestellte Eltern weiterzubilden. Das bereits erwähnte, vor kurzem gegründete National Family and Parenting Institute geht noch einen Schritt weiter und hat sich vorgenommen, ein flächendeckendes Netz von Weiterbildungsprogrammen für Eltern aufzubauen. Offizielle Mitarbeiter dieses Instituts setzen darauf, dass die Menschen diese Weiterbildungsseminare bald genauso selbstverständlich in Anspruch nehmen wie die Schwangerschaftsvorsorge. Das Innenministerium hat die Veröffentlichung einer Broschüre für Väter mit dem Titel *The Bounty Guide to Fatherhood* gesponsert, die Väter in sehr herablassender Manier darüber informiert, was für eine bedeutende Rolle sie spielen können, wenn sie mit dem Baby im Mutterleib sprechen.

Eine der aufdringlichsten Initiativen der Regierung war jedoch die Kampagne für das Stillen im Frühjahr 2000, die bereits diskutiert wurde. Es gab nicht nur eine Prämie für stillende Mütter, sondern auch eine öffentliche Plakatserie, deren Motive darauf angespielten, dass Mütter, die ihre Babys nicht stillten, nicht das Beste für ihr Kind täten. Der Einsatz öffentlicher Gelder für die Finanzierung einer Kampagne zur Einschüchterung von Müttern, damit sie sich für das Stillen entscheiden, ist ein Beweis mehr für eine überhebliche und autoritative Einstellung zu Fragen der Kindererziehung.

Augenblicklich konzentriert sich der autoritative Impuls in der Politik wieder vor allem auf eine kleine Gruppe »verantwortungsloser Eltern«. Zwischen September und Dezember 1999 ergingen 122 amtliche Anordnungen zur Kindererziehung. Diese Anordnungen fordern die Eltern straffällig gewordener Kinder auf, ihren Nachwuchs zu disziplinieren und Weiterbildungskurse für Eltern zu besuchen.[3] Wenn aber schon eine bestimmte Gruppe von Eltern dazu gezwungen werden kann, Eltern-Pflichtkurse zu besuchen, warum nicht auch alle anderen? Ist das generelle Misstrauen gegenüber den Eltern erst einmal politisch institutionalisiert, könnten theoretisch alle Mütter und Väter von der Bürokratie ins Visier genommen werden. Und haben die Bürokraten erst einmal begonnen, einer Gruppe von Eltern beizubringen, wie sie ihre Kinder zu erziehen haben, wie lange wird es dann dauern, bis sie ihre Zielgruppe erweitern? Dass elterliches Versagen kriminalisiert wird, ist die logische Folge dieser unerbittlichen Ausweitung der Professionalisierung der Kindererziehung. Die Botschaft an alle Eltern lautet: »Nehmt euch in Acht!«

Eines der Argumente, das immer wieder von offiziellen Mitarbeitern der Regierung angeführt wird, ist, dass Eltern den wichtigsten Beruf der Welt ausüben und dennoch so wenig dafür getan würde, sie zu unterstützen. Jack Straw bedauerte die Tatsache, dass Kindererziehung in der britischen Kultur als Privatangelegenheit betrachtet wird, obwohl es doch auch eine öffentliche Frage mit »Auswirkungen auf die Kinder sowie die Gesellschaft« sei.[4] Natürlich ist Kindererziehung etwas sehr Wichtiges, genauso wichtig sind zum Beispiel auch Liebesbeziehungen, Ehen und andere Formen des Zusammenlebens. Doch die Tatsache, dass etwas für die Gesellschaft und ihre einzelnen Mitglieder wichtig ist, bedeutet noch lange nicht, dass auch die Einmischung des Staates gebraucht wird. Wann immer die staatliche Politik in den Bereich persönlicher Beziehungen eindringt, ist es wahrscheinlich, dass diese dadurch Schaden erleiden.

Die Vorstellung, Politiker und ihre Bürokraten wüssten besser, was im Interesse der Kinder ist, als deren eigene Eltern, ist zudem ein Affront gegen die Würde einer jeden Mutter und eines jeden Vaters. Eltern geben sich die allergrößte Mühe, ihren Pflichten nachzukommen, und meistens gelingt ihnen das sehr gut. Was sie tun, geht den Staat überhaupt nichts an. Die Rolle der öffentlichen Autoritäten sollte sich darauf beschränken, in außergewöhnlichen Umständen einzugreifen, wenn ein Kind wirklich droht, Schaden zu erleiden. Die Gesellschaft hat ein legitimes Interesse am Schutz und am Wohlergehen ihrer Kinder. Aber sie kann kein Interesse an der Politisierung der Kindererziehung haben – die zudem auf völliger politischer Kurzsichtigkeit beruht. Nachdem sie sich als unfähig erwiesen haben, effektive Sozialprogramme auszuarbeiten, die die wirklichen Probleme zu lösen vermögen oder in Großbritannien ein vernünftiges Bildungssystem aufzubauen, nehmen diese Politiker aus unerfindlichen Gründen an, sie seien trotzdem dazu in der Lage, die Eltern weiterzubilden. Und da die meisten Eltern sich in der Defensive fühlen, haben sie diesen Angriff auf ihre Würde bisher klaglos hingenommen.

Man muss die Politik aus der Kindererziehung heraushalten. Staatliche Intervention im Bereich der Erziehung bietet keine Lösungen. Sie lenkt die Menschen bloß davon ab, die wahren Probleme in Angriff zu nehmen, und dramatisiert das Problem der Elternschaft auf unnötige Weise. Schon Winnicott hat diese Gefahr eindeutig vorausgesehen und vor ihr gewarnt: »Wenn man den Gedanken, dass die meisten Eltern zunächst einmal verantwortungsbewusste Menschen sind, nicht unterstützt, wird dies auf lange Sicht schädliche Auswirkungen auf das Herz der Gesellschaft haben.«[5]

Schlusswort

Wie wir im Laufe dieses Buches gesehen haben, haben die Probleme der Eltern-Paranoia überraschend wenig mit dem Leben von Kindern zu tun, sondern mehr damit, dass häufig Befürchtungen, die aus der Instabilität der Erwachsenenidentität resultieren, auf die Welt der Kinder übertragen werden, die dann letztendlich die Konsequenzen unserer eigenen Ängste tragen müssen. Auch öffentliche Bedenken gegenüber dem Verhalten von Eltern wurzeln in der allgemeinen Orientierungslosigkeit, die Erwachsene in Bezug auf ihr Leben empfinden. Diese Orientierungslosigkeit hat vor allem überproportional starke Auswirkungen auf das Leben derer, die für die Erziehung von Kindern verantwortlich sind.

Viele der Einflüsse, die elterliche Ängste schüren, haben keine direkte Relevanz zu praktischen Aspekten der Kindererziehung. Die Tendenz, unsere emotionalen Investitionen in unsere Kinder immer mehr zu erhöhen, resultiert nicht zuletzt aus den Schwierigkeiten der Beziehung zwischen Frau und Mann. Der Prozess, der weiter oben als Aushöhlung der Erwachsenenidentität und Schwächung der Erwachsenenautorität beschrieben wurde, existiert unabhängig von Kindererziehungsfragen und prägt das Leben aller Erwachsener. Natürlich hat die Tatsache, dass Erwachsene Schwierigkeiten haben, ihre Angelegenheiten auf zufriedenstellende Weise zu regeln, einen erheblichen Einfluss auf die Art und Weise, wie wir unsere Kinder großziehen. Der Rückgang der Solidarität unter Erwachsenen und des Verantwortungsgefühls für das Wohlergehen der Jugend hat weit reichende Folgen für diese Diskussion. Unweigerlich macht sich Unsicherheit in einer Kindererziehungskultur breit, die zu stark auf den Schultern isolierter Mütter und Väter ruht.

Der Autorität beraubt, die sie brauchen, um ihrer Verantwortung wirkungsvoll nachzukommen, haben Eltern oft das Gefühl, kaum noch Kontrolle über das Leben ihrer Kinder auszuüben. Leider haben die Angehörigen der Sozialberufe und die Politiker jedoch nicht begriffen, warum sich die Eltern in einer solch prekären Lage befinden.

Selbst wenn sie die besten Vorsätze hegen, tragen Fachleute für Kindererziehung viel mehr zu den Schwierigkeiten der Eltern bei. Ihre Intervention bewirkt, dass sie weiter entmachtet werden. Denn tief im Inneren weiß jeder vernunftbegabte Erwachsene, dass das Gewähren von Unterstützung auf ein Versagen hindeutet. Wir unterstützen hilflose Menschen oder Institutionen, die sich nicht von alleine tragen. Wenn es um Kindererziehung geht, ist Unterstützung von außen ein destruktiver Anschlag auf die Autorität der Eltern.

Die Unfähigkeit der Politiker, die wahren gesellschaftlichen Probleme zu erkennen, beruht nicht auf einem Mangel an Phantasie. Politiker halten immer nach Problemen Ausschau, die sie lösen können. Doch die Probleme, die Eltern hauptsächlich plagen, sind für politische Lösungen nicht zugänglich. Die Orientierungslosigkeit der Erwachsenen wird von sozialen, moralischen und kulturellen Prozessen beeinflusst, und diese können nicht durch noch so ausgeklügelte Gesetze überwunden werden. Was wir dagegen brauchen, ist eine veränderte Einstellung der Erwachsenen bezüglich der Sozialisation von Kindern. Anstatt die Probleme von Müttern und Vätern zu vergrößern, indem man ihnen die Botschaft vermittelt, sie seien inkompetent, sollten Politiker sich lieber der wichtigen Frage annehmen, wie sie eine Gesellschaft aufbauen können, in der Eltern anderen Erwachsenen mehr Vertrauen im Hinblick auf das Wohlergehen ihrer Kinder entgegenbringen können.

Was können wir tun?

Schon das Verständnis der misslichen Lage, in der sich Mütter und Väter befinden, trägt dazu bei, die individuellen Schwierigkeiten von Eltern aus der richtigen Perspektive heraus zu betrachten. Wir alle sollten uns darüber im Klaren sein, dass die meisten wirklich großen Sorgen, die Eltern quälen, nur wenig mit den Problemen zu tun haben, die direkt mit der Kindererziehung zusammenhängen. Das gegenwärtige geschärfte Bewusstsein für die Gefahren, denen Kinder ausgesetzt sind, basiert nicht auf irgendwelchen praktischen Erkenntnissen über ihr Leben. Fast alle Kräfte, die die Eltern-Paranoia schüren, stammen aus unverarbeiteten Spannungen in der Welt der Erwachsenen. Die Aushöhlung der Erwachsenenidentität, die Verunsicherung in Bezug auf moralische Werte, die Professionalisierung und die Politisierung der Kindererziehung sowie das Abbröckeln der Solidarität unter Erwachsenen sind Folgen von Entwicklungen in der gesamten Gesellschaft. Eltern können nur wenig tun, um diese Auswirkungen auszugleichen. Doch sie können Schritte unternehmen, um ihren Einfluss auf ihre Familie einzudämmen, und mit aller Kraft versuchen, nicht ihre Probleme als Erwachsene auf ihre Kinder zu projizieren. Wenn Sie das nächste Mal sagen wollen: »Ich würde es mir nie verzeihen, wenn meinem Kind etwas passieren würde«, denken Sie einmal darüber nach, dass Sie in diesem Moment hauptsächlich mit Ihren eigenen Sorgen beschäftigt sind und weniger mit dem Wohlbefinden Ihres Kindes.

Wir sollten uns stets vor Augen halten, dass unsere neurotische Besorgtheit um die Sicherheit unserer Kinder ihnen wahrscheinlich mehr schadet als alle Risiken, denen sie in ihrem täglichen Kontakt mit der Welt begegnen können. Kinder sind in der Lage, sich nach Unfällen relativ schnell wieder zu erholen. In einer liebevollen Umgebung kann ein Kind selbst nach einem traumatischen Erlebnis wieder auf die Beine kommen und sich zu einem selbstbewussten Erwachsenen entwickeln. Doch wenn Erwachsene ihre Kinder mit neurotischen Zwängen ersticken und ihren Erkundungsradius eingrenzen, verinnerlichen Kinder das Gefühl ständiger Verwundbarkeit. Loszulassen ist für Eltern immer eine schwierige Übung, doch es ist unbedingt notwendig, die Kinder von den Neurosen der Eltern-Paranoia zu befreien, damit sie sich gesund entwickeln können.

Es gibt einfach keine vernünftige Alternative zum Loslassen. Wenn Kinder übertrieben vor Risiken geschützt werden, verpassen sie wichtige Gelegenheiten zum Lernen und dazu, ihr Selbstvertrauen und ihre Widerstandskraft zu stärken. Solche seelischen Ressourcen schützen sie aber weit besser als das gegenwärtige Regime permanenter Beaufsichtigung durch Erwachsene.

Anstatt Kindern beizubringen, Fremden zu misstrauen und der

Welt draußen mit Skepsis zu begegnen, sollten die Eltern lieber das Selbstvertrauen und das Selbstbewusstsein von Kindern stärken. Kinder können lernen, auf sich selbst aufzupassen, wenn sie genaue Vorstellungen von dem haben, was richtig und was falsch ist. Anstatt sich auf negative Themen wie *stranger-danger* zu konzentrieren, sollten Eltern ihnen lieber eine positive Einstellung zu ihren Mitmenschen vermitteln. Wir sind dafür verantwortlich, sie in dem, was sie von sich und anderen erwarten, zu ermuntern und nicht zu schwächen.

Ein Weg, wie Eltern ihren Ängsten wirkungsvoll begegnen können, besteht darin, den Zusammenbruch der Erwachsenensolidarität nicht einfach hinzunehmen. Eltern müssen aktive Schritte unternehmen, um aus ihrer Isolation herauszukommen. Sie müssen Freundschaften und die Kontakte zu Kollegen und Freunden pflegen, damit diese ihnen bei ihrer Aufgabe des Kindergroßziehens behilflich sein können. In dem augenblicklichen Klima des Misstrauens bedeutet dies harte Arbeit. Wir müssen Kontakt zu anderen Eltern aufnehmen und uns mit ihnen anfreunden, um unsere eigene kleine Gemeinschaft für die Bewahrung des Wohlergehens unserer Kinder zu schaffen. Einige Eltern haben mehr Möglichkeiten als andere, ein solches Netzwerk erwachsener Helfer aufzubauen. Aber wir alle können sicherlich zumindest ein paar solcher Kontakte knüpfen. Schließlich sind sich die meisten Eltern in unserem Umfeld der Tatsache bewusst, dass man auf gegenseitige Hilfe angewiesen ist. Kooperation unter Eltern trägt dazu bei, die Auswirkungen der Isolation zu minimieren, und außerdem wehrt sie am effektivsten die Folgen der Professionalisierung der Kindererziehung ab.

Kindererziehung ist keine komplexe Wissenschaft. Sie ist überhaupt keine Wissenschaft. Sie ist ein im Grunde sehr natürliches Unterfangen. Zwar ist das Großziehen von Kindern manchmal langweilig, alltäglich und sogar banal, doch auf der anderen Seite auch stets sehr anspruchsvoll. Dabei können Eltern es sich durchaus leisten, Fehler zu machen, obwohl sie natürlich gut daran täten, aus ihnen zu lernen. Doch solange, wie Sie Ihr Bestes für Ihr Kind tun, werden Sie wahrscheinlich keine professionelle Hilfe brauchen. Vermutlich wird niemand die Situation Ihres Kindes besser verstehen als Sie –

also können Sie auch einfach das tun, was Ihnen als das Beste erscheint.

Verzichten Sie auf die Ratschläge von Fachleuten! Sie beruhen bestenfalls auf gesundem Menschenverstand und schlimmstenfalls auf Voreingenommenheit. In den meisten Fällen handelt es sich aber einfach nur um die persönliche Meinung irgendeiner Person. Solche Ratschläge sind formelhaft, äußerst allgemein, in neun von zehn Fällen völlig nutzlos, und sie beruhen oft auf Vorurteilen, die unter dem Deckmäntelchen der Wissenschaft daherkommen. Sie müssen sich darüber klar sein, dass die beiden wesentlichen Vorstellungen, von denen die Kindererziehungskultur heutzutage geprägt sind – der Kindheits- und der Eltern-Determinismus – fundamentale Denkfehler aufweisen. Bei der Aufgabe des Kindergroßziehens sind sie ungefähr so hilfreich wie in der Vergangenheit, für Weltumsegler die Vorstellung, die Erde sei eine Scheibe. Sie sind der Aberglaube von heute. Die Erfahrung zeigt, dass die autoritativen Ratschläge von heute wahrscheinlich in fünf Jahren als rückständig verworfen werden – also fühlen Sie sich nicht dazu verpflichtet, sie zu befolgen. Die Ratschläge von Freunden und Verwandten sind vermutlich viel hilfreicher, da diese Menschen die Umstände, in denen Sie leben, und tatsächlich auch Ihr Kind ein wenig kennen. Doch letztendlich ist die Erziehung Ihres Kindes Ihre Sache, und deshalb können Sie auch genauso gut auf Ihre eigenen Instinkte hören. Trauen Sie sich, den Fachleuten und selbst ernannten Experten sowie ihren Empfehlungen mit einer gesunden Skepsis zu begegnen.

Es ist nicht die Absicht dieses Buches, ängstlichen Eltern von oben herab Ratschläge zu erteilen. Dieses Werk ist vielmehr aus der Überzeugung heraus entstanden, dass wir etwas dazu beitragen können, unser Selbstvertrauen als Eltern wiederzugewinnen, wenn wir verstehen lernen, warum das Großziehen von Kindern in unserer Zeit zu einem so problematischen Unterfangen geworden ist. Die heutige Kindererziehungskultur lähmt systematisch die natürlichen Fähigkeiten von Müttern und Vätern. Sie übt einen enormen Druck auf Eltern aus, sich von dem abzuwenden, was nur sie allein tun können. Die gute Nachricht ist, dass wir tatsächlich etwas dafür tun können, uns von diesen Zwängen zu befreien, vorausgesetzt, wir sind uns ihrer bewusst. Vermutlich werden wir uns dann immer noch um das Wohlergehen unserer Kinder Sorgen machen, aber zumindest wird es uns gelingen, mit unseren Ängsten auf eine vernünftigere Weise umzugehen.

Anmerkungen

Einführung

[1] Siehe »Security Concerns Affect Pre-School Choice«, Parents News, August 1997.

[2] Siehe The Mirror, 10. Mai 2000.

[3] Zitiert in: »Crimes Against Children Drop«, Sunday Times, 11. Juni 2000.

[4] Observer, 17. Mai 1998.

[5] Siehe McCaslin, M. & Infanti, H. (1998), »The Generativity Crisis and the ›Scold War‹: What About Those Parents«, Teachers College Record, vol. 100, no. 2, S. 282-283.

[6] Siehe »The Good Parent Test«, Daily Telegraph, 18. Januar 1997.

Eltern-Paranoia – was ist das eigentlich?

[1] Zur Illustration dieses Besorgnis-Trends siehe R. Landau (1995), »The impact of new medical technologies in human reproduction on children's personal safety and well-being in the family«, Marriage and Family Review, 21 (1-2).

[2] Siehe »Computers rot our children's brains: expert«, Observer, 16. April 2000.

[3] Strasburger and Donnerstein (1999), S. 129.

[4] System Three (1998), Poll on the Safety of Children in Society in Scotland, Edinburgh, Stickler and Simons (1995), S. 47.

[5] Umfrage zitiert in HMSO (1994), Social Focus on Children (Central Statistical Office: London).

[6] Orpinas and Murray (1999), S. 774-777.

[7] Diese Ansicht vertritt Jean Richardson, Professorin für Präventivmedizin an der Universität von Südkalifornien. Sie wird zitiert in »Figuring out when children are ready to stay at home alone«, Christian Science Monitor, 9. Juli 1996.

[8] Alderson (2000), S. 100 f.

[9] NSPCC Presseverlautbarung, »NSPCC warns of risks to children this summer«, 2. August 1999.

[10] Zitiert in »Parents rearing ›risk-free‹ generation, Daily Telegraph, 27. November 1997.

[11] Lindon (1999), S. 9.

[12] Hardyment (1995).

[13] Siehe »Children safer despite the worries of parents«, Sunday Times, 11. Juni 2000.

[14] Zitiert in Amanda Root (1997), S. 128.

[15] Siehe Hillman, Adams and Whiteleg (1990), S. 84.

[16] Auf der Grundlage von Berichten über Forschungen, die an der University of Coventry durchgeführt wurden. Siehe »Children safer despite the worries of parents«, Sunday Times, 11. Juni 2000.

[17] D. Norris (1999), Protecting our Children: A Guide for Parents, London, S. 3.

[18] Siehe »Smoke without fire«, Guardian, 12. Januar 2000.

[19] Zitiert in The Times, 9. August 1999.

[20] Siehe »Yes, it's the paedophiles I blame«, Guardian, 27. Juli 1999.

[21] Siehe Daily Telegraph, 26. September 1997.

[22] Siehe Salvation Army (1996), Safe and Sound, London, S. 2.

[23] Interview: Colonel Joy Paxton, 9. September 1998.

[24] Safe from Harm: A Code of Practice for Safeguarding the Welfare of Children in Voluntary Organisations in England and Wales (1993), Britisches Innenministerium, London, S. 2.

[25] Child Protection: Awareness and Procedures for All Adults Involved in Cricket for Children and Young People (1999),

England and Wales Cricket Board, London, S. 9.

[26] Siehe Daily Telegraph, 16. Mai 1998.

[27] Zitiert in Daily Telegraph, 25. Juli 1999.

[28] Zitiert in Guardian, 29. August 1998.

[29] Siehe »Lord Puttnam: the arts chose moral ambiguity«, The Times, 1. Juni 2000.

[30] Emily Wilson, »The touchy-feely kids«, Guardian, 3. November 1999.

[31] Siehe NSPCC Presseverlautbarung, »Cruelty to children must stop«, 2. August 1999.

[32] Ich bedanke mich an dieser Stelle bei Dr. Vanessa Pupavac von der Nottingham University, die mir die Einzelheiten dieses Vorfalls mitteilte.

[33] Siehe Guardian, 21. April 2000.

[34] Siehe das Interview in Furedi and Brown (1997), S. 22.

[35] J. Adams, »Hypermobility«, Prospect, März 2000.

[36] Royal Mail (1999), The 21st Century Family: A Royal Mail Study on Communication and the Modern Family, London.

Der Mythos des verwundbaren Kindes

[1] Furedi (1997), S. 19-21.

[2] Clinton (1996), S. 12-13.

[3] Elliot (1999).

[4] »You can't play here«, Daily Mail, 30. Mai 2000.

[5] Siehe »Helping children to play stunts creativity«, Independent, 13. Juni 2000.

[6] »Dare we let them out of sight?«, Prima, August 1999.

[7] The Mental Health Foundation (1999), Bright Futures, London, S. 6.

[8] Siehe Kagan (2000).

[9] Diese Vorstellungen werden untersucht in Scarr and Dunn (1987).

[10] Scarr and Dunn (1987), S. 73.

[11] K. C. Parker and D. Forrest (1993), »Attachment disorder: an emerging concern for school councellors«, Elementary School Guidance and Counselling, 27 (3) (Februar).

[12] Tizard (1997).

[13] J. Bowlby, M. Ainsworth, M. Boston and D. Rosenbluth (1956), »The effects of mother-child separation: a follow-up study«, British Journal of Medical Psychology, 29, S. 233.

[14] Siehe A. Clarke and A. Clarke in Bernstein and Brannen (1996).

[15] S. Ventegodt (1999), »A prospective study on quality of life and traumatic events in early life – a 30-year follow up«, Child: Care, Health and Development, 25 (3), S. 213 ff., 220.

[16] Zitiert in Schaffer (1998a), S. 366.

[17] Werner and Smith (1982), S. 159.

[18] Schaffer (1998a), S. 376-379.

[19] Zitiert in Schaffer (1998a), S. 368.

[20] Interview, Mai 2000.

[21] Zitiert in »The science of cuddles«, Daily Telegraph, 15. November 1997.

Die Eltern als Götter

[1] »Over-protective parents may be causing anorexia«, Independent, 1. Februar 2000.

[2] »Parents get blame for terrible twos«, Daily Telegraph, 30. Juli 1996.

[3] Siehe Daily Telegraph, 17. März 1995.

[4] Zwei Panorama-Dokumentationen, 1997 und 1999, waren diesem Thema gewidmet.

[5] »Postnatal blues can lower IQ of baby boys«, Guardian, 22. Januar 2000.

[6] Siehe Observer, 21. November 1999

[7] Siehe »Screaming parents ›damage‹ teenagers«, Independent on Sunday, 9. April 2000.

[8] Siehe »Children are damaged by quality time«, in The Times, 13. April 2000.

[9] Kagan (2000), S. 158 ff.

[10] Zur Diskussion dieses Ereignisses und seiner weiteren Auswirkungen siehe Bruer (2000), S. 1-27.

[11] Siehe Sonderausgabe von Newsweek

(Frühjahr/Sommer 1997) über dieses Thema.

[12] Time Magazine, 3. Februar 1997.

[13] NSPCC Presseverlautbarung, »Help for a New Generation of Children«, 27. Januar 2000.

[14] Siehe zum Beispiel J. Briscoe (1997), »Breaking the cycle of violence: a rational approach to at-risk youth«, Federal Probation, 61 (3).

[15] Zitiert in »What should children be eating?«, Co-ordinate, Januar 1997, S. 10.

[16] »Not in front of the children?«, Mother and Baby, Mai 2000.

[17] Zitiert in »Dummies: the pros and cons«, Parents, September 1997, S. 33. Siehe auch »The truth about dummies«, Prima Baby, Sommer 1998.

[18] Siehe »Breast way forward«, Mother and Baby, Januar 2000, und »Music to your ears«, Mother and Baby, April 2000.

[19] »Overture for babies«, Guardian, 23. Juni 2000.

[20] »Mental strength«, Parents, August 1999.

[21] »When they are old enough to …«, Prima Baby, April/Mai 2000.

[22] »Speak«, Practical Parenting, April 2000.

[23] »Kill your television«, Baby Magazine, März 2000.

[24] »Enjoy books«, Prima Baby, April/Mai 2000.

[25] Bruer (2000).

[26] Scar and Dunn (1987), S. 187

[27] Rauschers Forschungen werden diskutiert in Lancet, 28. August 1999, S. 749.

[28] Gopnik, Meltzoff und Kuhl (2000).

[29] Bruer (2000).

[30] Zitiert in Bruer (2000).

[31] Scarr (1992), S. 16.

[32] Harris (2000).

[33] Duin and Sutcliffe (1992), S. 114-115.

[34] Siehe HMSO (1991).

[35] »How to have a brainy baby«, Prima Baby, Juni/Juli 1999.

[36] Siehe »Guide book will tell men how to be a good father«, Daily Telegraph, 11. September 1999.

[37] Naish and Roberts (2000), S. 9, 11 und 111.

[38] J.V. Priya (1992) Birth Traditions and Modern Pregnancy Care (Element Books: Dorset).

[39] A. Fleissig (1991), »Unintended pregnancy and the use of contraception: changes from 1984 to 1989«, British Medical Journal, 302, S. 147.

Zuwendung auf Verlangen – das neue Konzept der Kindererziehung

[1] Spock (1970), S. 242.

[2] Leach (2001).

[3] Jackson (1999), Three in a Bed, S. 34-35.

[4] Siehe Young (1990).

[5] Leach (2001), S. 144.

[6] D. Rowe, »Foreword« to Parker and Stimpson (1999), S. 1; Leach (2001), S. 144; und Jackson (1999), S. 41.

[7] Siehe Parker and Stimpson (1999), S. 95; D. Rowe, »Foreword« to Parker and Stimpson (1999), S. 1; und NSPCC (2000), S. 2.

[8] J. Kagan, »Our babies, our selves«, in New Republic, 5. September 1994.

[9] Goleman (1999).

[10] Siehe J. Gottman, »Are you a good parent?«, Daily Telegraph, 18. Januar 1997.

[11] Siehe NSPCC (1998), Positive Ways of Managing Children's Behaviour: Notes for Group Leaders, London, S. 6, und Parker and Stimpson (1999), S. 77.

[12] Siehe »Listen with your heart«, Practical Parenting, Mai 2000 und BabyPower, April 2000.

[13] Siehe Practical Parenting, Mai 2000 und Jackson (1999), S. 77-105.

[14] »Touch early and often«, Time Magazine, 27. Juli 1998.

[15] Zitiert in Cassidy (1998), S. 87.

[16] Lasch (1987).

[17] S. Orbach, »Holding on to vision: emo-

tional literacy«, Auszug aus »Responsible Parenting Requires a Responsible Society«, 13. Oktober 1992, S. 49.

[18] Siehe Future Foundation (2000), S. 5.

[19] Siehe »Parents take on 7 hours' homework«, Daily Telegraph, 27. März 2000.

[20] Elizabeth Newson (1972), »Towards an understanding of the parental role«, Papers given at the National Children's Bureau's Annual Conference, September (NCB: London).

[21] Siehe »Teachers threatened by ›parents from hell‹«, Daily Telegraph, 27. April 2000.

Elternsein – eine Qual?

[1] Sunday Times, 25. Mai 1997.

[2] Zitiert in »The myth of quality time«, Newsweek, 12. Mai 1997.

[3] »Pushyparent.co.uk going public«, Guardian, 19. April 2000.

[4] Nestlé Family Monitor no. 3, »The school summer holiday: at home«, 1998, S. 2.

[5] J. Gershuny (1997), »Time for the family«, Prospect, Januar, S. 56 und »Men wear the aprons as wives work more«, Daily Telegraph, 16. April 1998.

[6] S. Hofferth (1999), »Changes in American children's time, 1981-1997«, The Brown University Child and Adolescent Behavior Letter, 15 (3), S. 1 und 5.

[7] Hofferth, »Changes in American children's time«, S. 5.

[8] Siehe Future Foundation (2000).

[9] Future Foundation (2000).

[10] A. Hochschild, »There's no place like work«, New York Times Magazine, 20. April 1997.

[11] Maushart (1999), S. 10, und Jeffers (1999).

[12] ICM Research, »Mothercare 2000«, Presseverlautbarung, 10. November 1999.

[13] »No kids please, we're modern«, Independent, 8. Juli 1998.

Warum Eltern ihre Probleme auf ihre Kinder projizieren

[1] Siehe Galinsky (1999).

[2] Chernofsky and Gage (1996).

[3] Hardyment (1995), S. 299.

[4] Health Education Authority (1992), S. 5.

[5] Leach (2001), S. 145.

[6] Cassidy (1998).

[7] Hamand (1994), S. 18.

[8] Siehe F. Pittman (1995) »How to manage your kids«, Psychology Today, 28 (3), S. 42.

[9] Cassidy (1998), S. 43.

[10] Zelizer (1985), S. 8.

[11] Zitiert in Zelizer (1994), S. 9.

[12] Siehe Elkind (1991).

[13] Sennett (2000).

[14] Zu einer Übersicht über diese Trends siehe Family Policy Studies Centre (2000), Family Change: Guide to the Issues.

[15] Office for National Statistics (1997) Social Focus on Families.

[16] Siehe Langford (1999), Straw (1998) und Lewis (1999).

[17] Firestone (1999).

[18] Jenks (1996), S. 107.

[19] Zoë Balls Interview in der Zeitschrift Marie Claire wird diskutiert in »Doomed from the start«, The Times, 24. März 2000.

[20] Beck und Beck-Gernsheim (1990), S. 55.

[21] Kagan (2000).

[22] Zelizer (1995), S. 265.

[23] Future Foundation (2000), S. 6.

Der Umgang mit dem eigenen Erwachsensein

[1] Jacobson (1996), S. 582-588 und M. Wolfenstein, »Fun morality: an analysis of recent American child-training literature", in Mead and Wolfenstein (1955).

[2] Hewlett and West (1998), S. 126.

[3] Calcutt (1998), S. 236.

Das Problem mit der Konsequenz

[1] Bob Franklin, »The case for children's

rights: a progress report«, in Franklin (1995), S. 14-15 und Alderson (2000), S. 24-25.

[2] Siehe Gordon (1989), S. 123; Leach (2001), S. 528; und Ringen (1998).

[3] Franklin (1995), S. 14 und Ringen (1998).

[4] Siehe Times Educational Supplement, 7. Januar 2000.

[5] Siehe »Fear rules«, Guardian, 27. Juni 2000.

[6] Parker and Stimpson (1999), S. 171.

[7] Baumrind (1996), S. 828.

[8] NSPCC (1998), Positive Ways of Managing Children's Behaviour: Group Activities, S. 6 und Health Education Authority (1992), S. 40.

[9] Zitiert in D. Barasch, »Defiance«, Family Life, Juni/Juli 1999, S. 45.

[10] Siehe »Giving guidance on child discipline«, Leitartikel im British Medical Journal, 29. Januar 2000.

[11] F. Hamcock, »Why smack?«, Nursery World, 29. Juli 1993.

[12] Leach (2001), S. 528-534.

[13] Zu einer Diskussion über dieses Thema siehe »This book says you should beat your children, not cuddle them«, Daily Telegraph, 22. Februar 1998.

[14] Leach (1999), S. 19 und M. Strauss (1996), »Spanking and the making of a violent society«, Pediatrics, 98 (4), S. 842.

[15] Siehe Hyman (1996) und Eron (1996), S. 822.

[16] Siehe R. Larzelere (1996), »A review of the outcomes of parental use of nonabusive or customary physical punishment«, Pediatrics, 98 (4) und Baumrind (1996).

Empfehlungen voller Widersprüche und Voreingenommenheit – da ist guter Rat teuer

[1] Isaacs (1960), S. 2.

[2] Mead and Wolfenstein (1955), S. 145.

[3] Mead and Wolfenstein (1955), S. 145.

[4] J. Davey, »When you feel like smacking«, Parents, März 1995.

[5] Siehe NSPCC (1999).

[6] Parker and Stimpson (1999), S. 81.

[7] Zitiert in »Advise and consent«, Newsweek, Frühjahr/Sommer 1997, Sonderausgabe.

[8] Siehe Guardian, 17. Juni 2000.

[9] Zu diesen widersprüchlichen Ansichten siehe »Lights on at night may harm children's sight«, Daily Telegraph, 20. Mai 1999 und »Nursery lights do not damage young eyes, say scientists«, Daily Telegraph, 9. März 2000.

[10] Siehe »Dishing out dirt«, Guardian, 12. Oktober 1999.

[11] Siehe K. Carpenter, »Childcare selections to grow on«, Library Journal, 8. Januar 1992.

[12] Zu Spocks Standpunkt siehe Etaugh (1980), S. 314. Die Veränderung in den Ansichten über die Berufstätigkeit von Müttern werden dokumentiert von Young (1990), S. 21.

[13] A. Carlson, »Trojan horse of child care«, Executive Speeches, Juni/Juli 1998.

[14] Siehe »Invisible men«, Guardian, 17. November 1999.

[15] Siehe Young (1990), S. 23.

[16] Siehe Baby Magazine, März 2000 und Mother and Baby, Mai 2000.

[17] Siehe »What's stopping you breastfeeding?«, Prima Baby, Sommer 1997; Prima Baby, Sommer 1998; »How to have a brainy baby«, Prima Baby, Juni/Juli 1999; Parents, Mai 1999; Pactical Parenting, Mai 2000 und Mother and Baby, Mai 2000.

[18] Der Artikel wird zitiert in »Baby-friendly frenzy«, Health Visitor, September 1996.

[19] Siehe »Breast-feeding mothers may pass toxins to babies«, Sunday Times, 30. April 2000.

[20] Jackson (1999), S. 175.

[21] Zu einer näheren Beschreibung von McKennas Forschungen siehe M. Small and M. Hellweg, »A reasonable sleep«, Health and Hygiene, April 1992. Newburn wird zitiert in »Should the baby sleep in your bed?«, Express, 9. Dezember 1999. The Federal Consumer Product Safety Commission's Report wird diskutiert in »Baby in parents' bed in danger? U. S. says yes, but others demur«, New York Times, 30. September 1999.

[22] Siehe »Off to a good start«, Newsweek, Sommer 1997, Sonderausgabe.

[23] Stilwell wird zitiert in S. Lang, »Music – good for not only the soul, but the brain«, Human Ecology Forum, Frühjahr 1999, S. 24. Siehe auch »Music beats computers at enhancing childhood development«, Teaching Music, Juni 1997.

[24] Siehe Smith, Van Loon, De Frates-Densch and Schrader (1998).

[25] Anderson (1973), S. 8.

[26] Horwood and Fergusson (1999), S. 1023.

[27] Diese Vorstellungen finden sich in Dr. Alan Prout (1999), »Living arrows: children's lives and the limits of parenting«, The Parenting Forum, Nr. 15; Practical Parenting, Mai 2000 und Mother and Baby, Mai 2000.

[28] Siehe Schaffer (1998a), S. 4 f.

Professionelle Ratschläge und das Abbröckeln der elterlichen Autorität

[1] Barnardo's (1999), Attitudes to parenting, London, S. 9.

[2] C. Smith (1999), Developing Parenting Programmes, London, S. 33.

[3] Zitiert in Alberta Report, 19. April 1999.

[4] Straw (1998), S. 8 und 21.

[5] Siehe National Family and Parenting Institute (1999) The Millennial Family, London, S. 6.

[6] Siehe M. T. Owen and B. A. Mulvihill (1994), »Benefits of a parent education and support program in the first three years«, Family Relations, 43 (2) (April).

[7] Smith (1999), op. cit., S. 93, 97.

[8] R. S. Smith (1997), »Parent education: empowerment or control?«, Children and Society, 11, S. 144f.

[9] Freely (2000), S. 187.

[10] Pugh and De'Ath (1984), S. 13f.

[11] Siehe The Parenting Forum Newsletter, Nr. 2, 1996.

[12] Ayling (1930), S. 204, 213.

[13] Winnicott (1991), S. 173-174.

[14] NSPCC (1998), Parenting: A Rough Guide. Group Activities, London, S. 5.

[15] Siehe Daily Telegraph, 28. Oktober 1999.

[16] Siehe Campion (1995).

[17] Zu einer Übersicht über diese Debatte siehe Society, November 1996.

Die Politisierung der Kindererziehung

[1] Supporting Families: A Consultation Document, 1998, Innenministerium, London, S. 30.

[2] »Draft speech for the Home Secretary – launch of the Lords and Commons Family and Child Protection Group's report ›Family Matters‹«, 23. Juli 1998, bietet einen Überblick über dieses ambitionierte Programm.

[3] Guardian, 4. Dezember 1999.

[4] Rede im Rahmen einer Ministerkonferenz mit dem Thema »Promoting successful parenting«, 10. November 1997 im St. Ermin's Hotel, London.

[5] Winnicott (1991), S. 175.

Ausgewählte Bibliographie

Artikel

Baumrind, D. (1991), »The influence of parenting style on adolescent competence and substance use«, *Journal of Early Adolescence*, II (I).

Baumrind, D. (1996), »A blanket injunction against disciplinary use of spanking is not wanted by the data«, *Pediatrics*, 98 (4),.

Bigner, J. and Yang R. (1996), »Parent education in popular literature: 1970-1990«, *Family and Consumer Sciences Research Journal*, 25 (I).

Burgess, E. W. »The familiy in a changing society«, *The American Journal of Sociology*, 53 (6).

Eron, L. (1996), »Research and public policy«, *Pediatrics*, 98 (4).

Etaugh, C. (1980), »Effects of nonmaternal care on children: research evidence and popular views«, *American Psychologist*, 35 (4).

Gardels, N. (1998), »The crime of quality time«, *New Perspectives Quarterly*, 15 (3).

Holloway, S. and Fuller, B. (1999), »Families and child care: divergent viewpoints«, *Annals of the American Academy of Political Science*, 563 (May).

Horwood, L. and Fergusson, D. (1999), »A longitudinal study of maternal labour force participation and child academic achievement«, *Journal of Child Psychology and Psychiatry*, 40 (7).

Hyman, I. (1996), »Using research to change public policy: reflections on 20 years of effort to eliminate corporal punishment in schools«, *Pediatrics*, 98 (4).

Jacobson, L. (1996), »Revitalizing the American home: children's leisure and the revaluation of play, 1920-1940«, *Journal of Social History* (Winter).

McCaslind, M. and Infanti, H. (1998), »The generativity crisis and the ›Scold War‹: what about those parents? *Teachers College Record*, 100 (2).

McCord, J. (1996), »Unintended consequences of punishment«, *Pediatrics*, 98 (4).

Mahoney, G. and Kaiser, A. (1999), »Parent education in early intervention: a call for a renewed focus«, *Topics in Early Childhood Education*, 19 (3).

Ojemann, R. (1948), »A functional analysis of child development material in current newspapers and magazines«, *Child Development*, 19.

Orpinas, P. and Murray, N. (1999), »Parental influences on students' aggressive behaviors and weapon carrying«, *Health Education and Behavior*, 26 (6).

Owen, M. T. and Mulvihill, B. A. (1994), »Benefits of a parent education and support program in the first three years«, *Family Relations*, 43 (2) (April).

Powell, D. R. and Diamond, K. (1995), »Approaches to parent-teacher relationships in U. S. early childhood programs during the twentieth century«, *Journal of Education*, 177 (3).

Root, A. (1997), »Walk: don't drive: why are children's journeys to school increasingly made by car?«, *New Economy*, 4 (2).

Rutter, M. (1999), »Psychosocial adversity and child psychopathology«, *British Journal of Psychiatry*, no. 174.

Scarr, S. (1992), »Development theories for the 1990s: development and individual differences«, *Child Development*, 63.

Smith, M., Van Loon, P., DeFrates-Densch, N. and Schrader, T. »Content changes in parent education books for parents of adolescents«, *Family and Consumer Sciences Research Journal*, 27 (2).

Stickler, G. B. (1996), »Worries of parents and their children«, *Clinical Pediatrics*, 35 (4).

Stickler, G.B. and Simons, P. (1995), »Pediatricians' preferences for anticipatory guidance topics compared with medical anxieties«, *Clinical Pediatrics*, 34 (7) (July).

Strasburger, V. and Donnerstein, E. (1999), »Children, adolescents, and the media: issues and solutions«, *Pediatrics*, 103 (I).

Strauss, M. A. (1999), »Is it time to ban corporal punishment of children?« *Canadian Medical Association Journal*, 161 (7).

Ventegodt, S. (1999), »A prospective study on quality of life and traumatic events in early life – a 30-year follow up«, *Child: Care, Health and Development*, 25 (3).

Young, K. T. (1990), »American conceptions of infant development from 1955 to 1984: what the experts are telling parents«, *Child Development*, 61.

Bücher

Alderson, P. (2000), *Young Children's Rights: Exploring Beliefs, Principles and Practice* (Jessica Kingsley Publishers: London).
Anderson, M. (ed.) (1973), *Sociology of the Family* (Penguin: Harmondsworth).
Archard, D. (1993), *Children: Rights and Childhood* (Routledge: London).
Ayling, J. (1930), *The Retreat from Parenthood* (Kegan Paul, Trench, Trubner & Co.: London).
Beck, U. und Beck-Gernsheim, E. (1990), *Das ganz normale Chaos der Liebe* (Suhrkamp: Frankfurt am Main).
Bernstein, B. and Brannen, J. (eds) (1996), *Children, Research and Policy* (Taylor & Francis: London).
Brazelton, B. T. (1981), *On Becoming a Family: The Growth of Attachment* (Delacorte/Seymour Lawrence: Boston).
Bruer, J. T. (2000), *Der Mythos der ersten drei Jahre: Warum wir lebenslang lernen* (Weinheim und Basel: Beltz).
Buchanan, A. and Hudson, B. (1998), *Parenting, Schooling and Children's Behaviour: Interdisciplinary Approaches* (Ashgate Publishing: Aldershot).
Calcutt, A. (1998), *Arrested Development: Popular Culture and the Erosion of Adulthood* (Cassell: London).
Campion, M. J. (1995), *Who's Fit to be a Parent?* (Routledge: London).
Cassidy, A. (1998), *Parents Who Think too Much* (Dell Publishing: New York).
Chernofsky, B. and Gage, D. (1996), *Change Your Child's Behavior by Changing Yours* (Crown Publications: Chicago).
Clinton, H. R. (1996), *Eine Welt für Kinder* (Hoffmann und Campe: Hamburg).
Damon, W. (1995), *Greater Expectations: Overcoming the Culture of Indulgence in Our Homes and Schools* (Free Press: New York).
Davis, A. (1997), *Confident Parenting: A Hands-on Approach to Children* (Souvenir: Brighton).
Duin, N. and Sutcliffe, J. (1992), *A History of Medicine* (Simon & Schuster: London).
Elkind, D. (1991), *Das gehetzte Kind: Werden unsere Kleinen zu schnell groß?* (Kabel: Hamburg).
Elliot, M. (1999), *Cool bleiben. 501 Tips für gestreßte Eltern* (Gesundheit/VVA: Gütersloh).
Eyer, D. (1996), *Motherguilt: How Our Culture Blames Mothers for Whats Wrong with Society* (Random House: New York).
Families for Freedom (1998), *Stranger Danger* (Families for Freedom: London).
Franklin, B. (1995), *A Handbook of Children's Rights* (Routledge: London).
Freely, M. (2000), *The Parent Trap: Children, Families and the New Morality* (Little Brown: London).
Fukuyama, F. (2000), *Der große Aufbruch: Wie unsere Gesellschaft eine neue Ordnung erfindet* (Zsolnay: Wien).
Furedi, F. (1997), *The Culture of Fear: Risk Taking and the Morality of Low Expectations* (Cassell: London).

Furedi, F. and Brown, T. (1997), *Disconnected: Aging in an Alien World* (Reconnecting: Canterbury).
Future Foundation (2000), *Complicated Lives: A Report by the Future Foundation for Abbey National* (Future Foundation: London).
Galinsky, E. (1999), *Ask the Children: What American Children Really Think about Working Parents* (William Morrow & Company: New York).
Goleman, D. (1995), *Emotionale Intelligenz* (Hanser: München).
Gopnik, A., Meltzoff, A. und Kuhl, P. (2000), *Forschergeist in Windeln: Wie Ihr Kind die Welt begreift* (Hugendubel: München).
Gordon, T. (1989), *Familienkonferenz: Die Lösung von Konflikten zwischen Eltern und Kind* (Heyne: München).
Gottman, J. (1997), *The Heart of Parenting* (Bloomsbury: London).
Hamand, J. (1994), *Father over Forty* (Optima: London).
Hardyment, C. (1995), *Perfect Parents: Baby-care Advice Past and Present* (Oxford University Press: Oxford)
Harris, J. C. (2000), *Ist Erziehung sinnlos?: Die Ohnmacht der Eltern* (Rowohlt: Reinbek bei Hamburg).
Health Education Authority (1992), *Birth to Five: A Guide to the First Five Years of Being a Parent* (Health Education Authority: London).
Hewlett, S. A. and West, C. (1998), *The War Against Parents: What we Can Do for America's Beleaguered Moms and Dads* (Houghton Mifflin Co.: Boston).
Hilman, M., Adams, J. and Whiteleg, J. (1990), *One False Move ... A Study of Children's Independent Mobility* (PSI Publishing: London).
HMSO (1991), *Fourth Report of the Health Committee: Maternity Services: Preconception,* vol. I (HMSO: London).
Isaacs, S. (1960), *The Nursery Years: The Mind of the Child from Birth to Six Years* (Methuen: London).
Jackson, D. (1999), *Three in a Bed: The Benefits of Sleeping with Your Baby* (Bloomsbury: London).
Jenks, C. (1996), *Childhood* (Routledge: London).
Jeffers, S. (1999), *I'm Okay, You're a Brat« Freeing Ourselves from the Guilt-making Myths of Parenthood* (Hodder & Stockton: London).
Kagan, J. (2000), *Die drei Grundirrtümer der Psychologie* (Weinheim und Basel: Beltz Verlag)
La Fontaine, J. (1990), *Child Sexual Abuse* (Polity Press: Cambridge).
Langford, W. (1999), *Revolution of the Heart* (Routledge: London).
Lasch, C. (1987), *Geborgenheit: die Bedrohung der Familie in der modernen Welt* (dtv: München).
Leach, P. (2001), *Die ersten Jahre deines Kindes* (dtv: München).
Leach, P. (1999), *The Physical Punishment of Children: Some Input from Recent Research* (NSPCC: London)
Lewis, J. (1999), *Individualism and Commitment in Marriage and Cohabitation* (Lord Chancellor's Department: London).
Lewis, J., Clark, D. and Morgan, D. (1992), *Whom God Hath Joined Together: The Work of Marriage Guidance* (Routledge: London).

Lindon, J. (1999), *Too Safe for Their Own Good? Helping Children Learn about Risk and Lifeskills* (National Early Years Network: London).
Maccoby, E. and Martin, J. (1983), »Socialization in the context of the family: parent-child interaction«, in E. Heatherington (ed.), Handbook of Child Psychology, 4th edn (New York: John Wiley).
Maushart, S. (1999), *The Mask of Motherhood* (Pandora: London).
Mead, M. and Wolfenstein, M. (eds) (1955), *Childhood in Contemporary Cultures* (University of Chicago Press: Chicago).
Naish, F. and Roberts, J. (2000), *Healthy Parents, Better Babies: A Couple's Guide to Natural Preconception Care* (Newleaf: Dublin).
NSPCC (1999), *Get Ready! Preparing Yourself for Your Baby* (NSPCC: London).
NSPCC (2000), *Baby's First Year* (NSPCC: London).
Parker, J. and Stimpson, J. (1999), *Raising Happy Children: What Every Child Needs Their Parents to Know from 0 to 7 Years* (Hodder & Stoughton: London).
Pittman, F. (1996), *Warum Söhne ihre Väter brauchen: der schwierige Weg zur Männlichkeit* (dtv: München).
Pugh, G. and De'Ath, E. (1984), *The Needs of Parents, Practice and Policy in Parent Education* (Macmillan: London).
Ringen, S. (1998), *The Family Question* (Demos: London).
Rodger, J.J. (1996), *Family Life and Social Control: A Sociological Perspective* (Macmillan: Basingstoke).
Scarr, S. and Dunn, J. (1987), *Mothercare/Other Care: The Child-care Dilemma für Women and Children* (Penguin Books: Harmondsworth).
Schaffer, H.R. (1998a), *Making Decisions about Children* (Blackwell: Oxford).
Schaffer, H.R. (1998b), *Social Development* (Blackwell: Oxford).
Sennett, R. (2000), *Der flexible Mensch: Die Kultur des neuen Kapitalismus* (Goldmann: München).
Spock, B. (1970), *Säuglings- und Kinderpflege: Pflege und Behandlung des Säuglings, Probleme der Kindheit und Jugend, Krankheiten und Erste Hilfe* (Ullstein: Frankfurt/M., Berlin, Wien).
Straw, E. (1998), *Relative Values: Support for Relationships and Parenting* (Demos: London).
Tizard, B. (1997), *Adoption: A Second Chance* (Open Books: London).
Werner, E. and Smith, R. (1982), *Vulnerable but Invincible: A Longitudinal Study of Resilient Children and Youth* (McGraw Hill: New York).
Winnicott, D.W. (1991), *The Child, the Family, and the Outside World of Early Childhood* (Routledge: London).
Woodhead, M., Faulkner, D. and Littlejohn, K. (eds) (1996), *Cultural World of Early Childhood* (Routledge: London).
Zelizer, V.A. (1985), *Pricing the Priceless Child: The Changing Social Value of Children* (Priceton University Press: Priceton, N.J.)

Register